거래의 신, 혼마

거래의 신, 혼마

초판 1쇄 발행 2004년 9월 13일
6쇄 발행 2007년 6월 20일
개정판 1쇄 발행 2008년 4월 15일
19쇄 발행 2025년 1월 24일

원작 혼마 무네히사
편저 이형도

펴낸곳 (주)이레미디어
전화 031-908-8516(편집부), 031-919-8511(주문 및 관리) | 팩스 0303-0515-8907
주소 경기도 파주시 문예로 21, 2층
홈페이지 www.iremedia.co.kr | 이메일 mango@mangou.co.kr
등록 제396-2004-35호

편집 공순례 | 디자인 오렌지 | 마케팅 김하경
재무총괄 이종미 | 경영지원 김지선

저작권자 ⓒ 이형도
이 책의 저작권은 저작권자에게 있습니다. 저작권자와 도서출판 이레미디어의
서면에 의한 허락 없이 내용의 전부 혹은 일부를 인용하거나 발췌하는 것을 금합니다.
또한 본문과 표지에 사용된 우키요에는 일본국제교류기금의 사용허가를 받은 것으로
동의 없이 복제할 수 없습니다.

ISBN 978-89-91998-16-2 03320

·가격은 뒤표지에 있습니다.
·잘못된 책은 구입하신 서점에서 교환해드립니다.

주식시장의 캔들차트와 사께다 전법의 창시자

거래의 신, 혼마

혼마 무네히사 원작 이형도 편저

이레미디어

| 개정판을 내면서 |

캔들차트를 만든 혼마 무네히사

「거래의 신, 혼마」를 집필하게 된 동기는 단순했다. 거의 모든 투자자들이 항상 참고하는 캔들차트를 누가 만들었을까 하는 평범하기 그지없는 의문에서 비롯되었던 것이다.

투자를 하면서 나는 아무런 문제의식 없이 캔들차트를 보면서 주식 거래에 임하곤 했었다. 아마도 많은 사람들이 나와 비슷할 것이라 생각한다. 그러다 어느 날 캔들차트를 만든 사람이 누구인지 궁금하게 되었고 그에 대해 알아보려 했다. 그런데 정작 이런 의문에 대답을 해줄 수 있는 사람이 아무도 없었다.

캔들차트는 거의 전 세계인이 투자에 참고하는 아주 편리한 차트다. 캔들차트에는 사람들의 심리가 담겨 있고 시장의 에너지가 드러난다. 또 방향성이나 방향성의 변화를 잡아낼 수 있도록 일목요연하게 고안되어 있다. 그야말로 투자를 하는 데 없어서는 안 될 필수도구라 할 만하다. 이런 유용한 도구를 아무런 의식 없이 사용하고 있었던 것이다.

이런 생각을 하던 중 불현듯 뇌리를 스치는 무언가가 있었다. '이 사람이다!' 하는 생각이었다. 이렇게 유용한 투자도구를 만든 사람이라면 무엇인가 평범하지 않은 철학과 안목, 투자법을 가지고 있을 법하며, 정통파 중의 정통파, 투자의 대가 중 대가임에 틀림없을 것이나. 내 스승이 되기에 차고 넘칠 것이다. 이렇게 나는 생각했다. 그렇다면 그에게서 투자법을 배우는 것이야말로 정글과 같은 시장에서 승리자가 되는 첩경이 아닐까 생각했다. 이런 생각이 그때부터 혼마 무네히사를 찾는 여행을 떠나도록 만들었다. 나는 참으로 우여곡절 끝에 그를 만났다.

또 그를 만남으로 하여 또 다른 투자의 대가들을 만나게 되었다. <삼원금천비록>의 시운사이 우시다 겐자부로, 주식투자로 일본 납세 1위를 기록했던 고레카와 긴조, 추세매매의 아버지 제시 리버모어, 엘리어트 파동이론을 창안한 R. N. 엘리어트, 갠이론의 W. D. Gann, 캔들차트를 서구에 소개하여 오늘날 어디서든 누구나 쉽게 캔들차트를 사용할 수 있도록 만든 스티브 니슨 등.

주식시장을 자본주의의 꽃이라고 한다. 이런 시장에 참여하고 있는 뛰어난 투자자들에게 철학이 없으리라고 보는 것은 정말 어리석은 생각일 것이다. 투자의 시작은 투자에 철학이 필요하다는 관점에서 이뤄져야 한다고 생각한다. 그것이 실패를 줄이는 길이다. 즉 거래에 철학이 빈곤하다면 거기서 얻어지는 이득은 요행이고 일시적인 것이어서 끝까지 지키기 어려울 수밖에 없다. 나는 수많은 실패 속에서 겨우 뒤늦게 이런 관점에 서게 됐다. 그리고 혼마 무네히사를 찾는 여행을 떠났으며 만신창이가 되어서야 가까스로 그를 만났던 것이다.

나는 독자들이 혼마 무네히사를 만남으로써 단순히 투자의 기술만 아니라 투자의 자세와 마음을 다스리는 법, 세상의 흐름을 보는 안목, 투자의 철학에 이르는 길을 제시받게 될 것이라 확신한다.

감사의 말

「거래의 신, 혼마」 개정판을 내게 되어 참으로 감회가 깊다. 4년이 순식간에 흘러간 듯하다. 이 책을 처음 내던 당시 종합주가지수는 800선에 머물렀었다. 그런데 지금은 지수 2000을 경험하고 1600선까지 조정을 거치고 있다. 또한 출간 당시 노무현 정부 초기였으나 지금은 이명박 정부가 막 출범했다. 길다면 긴 세월 동안 독자 여러분들이 책을 아껴주셨다. 그리고 이제는 증권시장의 필독서로 추천을 해주시고 자리를 잡아가고 있다. 과분한 사랑에 독자 여러분들께 이 자리를 빌어 감사한 마음을 전한다.

　이번 개정 작업은 독자 여러분들의 요청도 큰 부분을 차지했다. 혼마 무네히사의 개인적인 삶에 대해 추가적으로 확보된 자료를 활용, 보다 구체적으로 재구성했고 여러 에피소드를 발굴해 생생하고도 친근하게 다가갈 수 있도록 했다. 또한 혼마 가문에 대해서도 관련 인사들과의 인터뷰와 자료조사를 통해 독자 여러분이 이해하기 쉽도록 만들었다. 여기에 화보를 곁들여 시각적인 효과도 강화했음을 밝혀둔다.
　끝으로 이 책을 읽는 모든 분들에게 부디 매매로 시작하여 자신을 탐구하고, 철학에 이르는 투자의 정도가 열리기를 진심으로 기원한다. 반드시 시장에서 승리하고 두 다리로 세상에 우뚝 서시기를 바라면서.

2008년 2월 **이 형 도** 드림

농사와 투자는 뿌리가 같다
노력하는 건 사람이나 농작물이 자라는 건 하늘의 은혜다
마음을 비우고 하늘에 의탁하는 사람은
풍요로운 세상으로 들어갈 것이다
손익보다 항상 마음이 먼저다

책에 대한 이야기

데와의 텐구(天狗)

얼마 전에 다섯 살 어린 딸과 함께 <고양이의 보은>을 영화관에서 본 적이 있다. 딸아이가 아주 재미있다고 해 <센과 치히로의 행방불명>도 비디오 대여점에서 빌려봤다. 볼 때마다 느끼는 것이지만 언제 어느 작품을 봐도 미야자키 하야오의 상상력은 참 묘한 데가 있다. 그래서인지는 몰라도 딸아이도 그의 작품을 좋아하는데 특히 <이웃집 토토로>를 좋아해 비디오를 보면서 등장인물보다 먼저 대사를 할 정도다. 요즘 들어서는 세 살배기 딸아이까지 가세해서 <이웃집 토토로>에 나오는 막내 메이의 대사를 따라하며 말을 배우고 있다. <이웃집 토토로>의 가족구성이 우리 가족과 비슷해서 그럴까, 아무튼 아이들이 무척 좋아한다.

일본의 많은 애니메이션들, 특히 <모노노키히메>나 <이웃집 토토로> 등 미야자키 하야오의 애니메이션들을 보다 보면 '도대체 어디서 저런 생각이 나왔을까?' 하고 그의 상상력에 감탄을 금치 못하게 된다. 그런데 주의 깊게 살펴보면 그의 작품을 특별하게 하는 요소 중 하나가 상상 속 동물들의 등장 때문이라는 것을 알 수 있다. 예를 들면 <이웃집 토토로>에서 '동그리 검뎅먼지'와 '토토로', '고양이 기차' 등이 그러하다.

이러한 동물들의 탄생배경이랄 수 있는, 미야자키 하야오만의 상상력을 가능케 하는 문화적 토양은 무엇일까? 필자의 생각으로는 일본의 토속적 종교 세계와 관련이 있지 않을까 한다. 우리나라의 민간신앙과 마찬가지로 일본에도 그러한 신앙이 널리 퍼져 있는데 우리나라보다 더욱 생활에 가까운 것이 특징이다.

이런 토속적 신앙을 구성하고 있는 요소들이 바로 요카이妖怪들이다. 우리에게는 요카이라는 말보다는 요괴라는 말이 더 알아듣기 쉽다. 일본 애니메이션 중에 <요괴인간>이 우리나라에서 방송된 적이 있어 요괴라는 말이 그리 낯설지는 않다. 나이 드신 분들 중에는 요괴라는 말을 기억하는 분이 꽤 있을 것이다. 하지만 우리는 그러한 존재를 가리켜 귀신이나 도깨비라는 말을 주로 쓰고 요괴라는 말은 쓰지 않는다.

이들 요카이의 우두머리는 텐구天狗다. 신사 가장 윗자리를 차지하고 있으며, 이자카야 체인점 업체명으로 쓰이고 있기도 하다. 텐구는 흰머리에 코가 긴 얼굴을 하고 있어 데즈카 오사무의 애니메이션 <우주소년 아톰>에 나오는 '유명한 박사'를 떠올리면 비슷하게 맞는다. 원래는 코가 매부리코였으나 변천을 거듭하여 지금은 '유명한 박사'와 유사한 모습으로 널리 퍼져 있다. 주로 산에서 일어나는 일들에 관여하는 걸로 되어 있고, 불가사의한 일들에 대해 표현할 때 텐구를 들먹인다. 예를 들면 놀연 산에서 사람들이 웃고 떠드는 소리가 났는데 사람들의 자취가 없다든가, 나무 넘어지는 소리가 났지만 넘어진 나무가 없다든가, 아이들이 산에서 갑자기 행방불명되었을 때, 텐구가 웃었다, 텐구가 나무를 넘어뜨렸다, 텐구가 아이들을 데려갔다고 한다.

사람들과 친숙한 만큼 사람들의 기호에 맞춰 변형되는데 이자카야에서는 술 취한 사람처럼 얼굴이 붉게 표현되기도 하고, 지나치게 잘난 척하는 사람을 보고 텐구에 비유하기도 한다. 또 때때로 그 커다란 코 탓인지는 몰라도 아이를 낳지 못하는 부인들에게 아이를 갖게 하는 정력이 강한 요카이로도 통한다. 한마디로 텐구는 일본인들에게 친숙하면서도 능력 있고 불가사의한 것들을 해내는 우리나라의 산신령 같은 존재다.

이 책에서 필자가 소개하려는 혼마 무네히사는 지금의 야마가타 현 사카타 시 근방인 데와 출신이다. 일본 제일의 상인이며 신출귀몰한 최고의 상술로 유명하다. 그리고 현재까지도 전 세계에서 사용되고 있는 일본식 차트인 '캔들차트'의 고안자로 알려져 있고, 그의 '사카타 5법-우리나라에는 '사께다 전법'으로 더 많이 알려져 있는-은 전 세계 투자자들이 참고하는 투자비법이다. 그는 당시 사람들에게 '데와의 텐구', '거래의 신'이라는 별칭을 받았던 전설적 인물이다. 또한 일본인에게 양심적인 기업인의 전형으로 잘 알려진 혼마가를 일본 제일의 부자 가문이 되게 한 장본인이다.

전국시대로부터 수백 년의 전통을 지닌 많은 상인 가문이 있고, 나름대로의 상술과 상법으로 크든 작든 일본사회와 일본인들의 생활에 영향을 미치고 있지만 혼마 가문만큼 일본 사회와 일본인들의 생활에 깊이 뿌리내리고 오늘날에 이르기까지 지속적으로 영향을 주는 상인 가문은 드물다 할 것이다. 그 영향력은 이미 오래전부터 일본을 벗어나 우리나라뿐만 아니라 전 세계 어느 곳이든 미치고 있을 정도다.

그런데 마치 어린 시절을 일본 애니메이션을 보면서 자라났지만 소개가 제대로 되지 않아 일본 것인지 몰랐던 것처럼, 사람들은 거의 날마다 혼마 가문에서 만들거나 유래된 도구들을 사용하고 있으면서도 정작 그것들을 만든 혼마 가문에 대해서는 잘 모르고 있다. 소개된 바가 적기 때문인데 혼마 무네히사에 대해서는 더욱 그렇다.

    투자에 관한 한 영원한 승리자인 혼마 무네히사. 그를 도저히 따라갈 수 없어 일본인들이 우리말로 '귀신같은 존재', 즉 '데와의 텐구'라 불렀던 혼마 무네히사. 그리하여 일본 최고의 부자가 되었고 혼마가를 일본 제일의 가문으로 만들었던 장본인. 이 책을 통해 국내 최초로 그의 삶과 어록, 비법을 발굴, 소개하게 된 것을 기쁘게 생각한다.

2004년 9월 **이 형 도**

| 차례 |

| 개정판을 내면서 | 4 |
| 책에 대한 이야기 | 9 |

제1부 | 250년 전 속요에 담긴 비밀

1. 속요에 등장하는 천하제일의 갑부, 혼마   29
| 사카타와 도오지마, 쿠라마에에서는 무슨 일이 일어났었나?   33
| 산쿄창고를 통해 본 쌀 산지에서 출하까지   51
| 쌀 거래로 천하를 흔들다   59

2. 도오지마 곡물거래소와 선납수표(先納手票)   61
| 선물거래, 선물시장이란 무엇인가?   62
| 밭떼기 거래와 선납수표의 관계   64
| 아시아 최초의 선물시장, 오사카 도오지마 곡물거래소   68

3. 사라졌던 일본 최고의 상법서, 「혼마비전」(本間秘傳)   73
| 「혼마비전」은 왜 사라졌었나?   74
| 혼마 무네히사의 출생과 가문   77
| 데와의 텐구로 불리다   80
| 전해지는 이야기들   84

4. 베푸는 것은 유리한 것이다   88
| 공익의 원조라 일컬어지는 혼마 미츠오카   89
| 쇼나이번에서는 굶어죽는 사람이 없었다   94

제2부 | 「혼마비전」本間秘傳

1. 삼위의 방책(三位の傳)   105
- 거래는 시작이 중요하다   105
- 하락시세는 월초에 강하고 월말에 약하다   115
- 사람들이 서쪽으로 달리면 나는 동쪽을 향한다   125
- 모두가 무기력할 때에는 마음을 바꾸고 사기 시작하라   138

2. 작황의 선악이 시세의 근본   145
- 겨울부터 정이월까지 정체상태에 있는 쌀   145
- 정월까지 천정가격의 쌀은 이후 하락한다   150
- 7~10월 천정시세의 쌀   152
- 작황이 나쁠 때의 대처 방법   154

3. 시장이 말하는 소리를 들어라   163
- 급격한 시세에는 기민한 대응이 요구된다   163
- 삼법(三法)   166
- 막바지에 다다른 천정가격   173
- 천정 친 후의 움직임   176

4. 자연스러움을 아는 것이 중요하다   184
- 시세의 고저는 천성자연의 이치   184
- 정체상태에서의 상승 표출 이후   189
- 정체상태에서 하락으로 표출될 때   192
- 매수적기를 놓쳤을 때는 냉정하게 때를 기다려라   194

| 차례 |

갑자기 기세가 꺾인 약세	201
이익은 크게 늘려라, 작은 이익에 머물지 말라	204
상승 후의 하락	212
판단이 틀렸을 때는 재빨리 처분하고 쉬어라	214

5. 이익보다 마음이 먼저다   218
이운(利運)의 때, 마음의 자세	218
승리에 도취되지 말라	222
바닥을 노리고 천정을 노리는 것	228
가마니가 날아다니는 급상승	230
파는 것을 잘 해야 성공한다	234

6. 쉴 때 무엇을 해야 하는가   237
여름에 냉기가 강하면	237
쉬는 것도 중요하다	240
자금이 바닥난 해	245
천정, 바닥 3년	246
마음을 정하지 않고 움직이면 손실만 있다	247
시세를 거역하는 것은 금물이다	250

7. 전체로서의 쌀을 보라   254
후회에는 두 가지가 있다	254
천정과 바닥의 움직임을 포착한다	257
생각을 바꾸는 일	260
나의 일 푼의 판단	263

| 욕심에서 벗어나라 | 267
| 일관성을 유지하라 | 271
| 정체상태 거래수칙 | 273
| 매매하려는 마음이 일면 이틀 기다려라 | 275
| 내가 낙관적일 때는 타인도 낙관적이다 | 278
| 급하게 벌려고 생각하지 말라 | 280
| 작황의 선악이 근본이다 | 284

8. 해야 할 일과 해서는 안 되는 일들   287

| 풍년에 쌀을 팔지 말라 | 287
| 흉년에 쌀을 사지 말라 | 290
| 천정에서 사지 말고 바닥에서 팔지 말라 | 292
| 풍년의 흉작, 흉년의 풍작 | 298
| 거래에 감정은 금물이다 | 302
| 쌀 거래는 군술(軍術)과 같다 | 304
| 잘 모르면 나누어 팔라 | 307
| 마음가짐이 제일이다 | 310
| 거래를 서두르지 말라 | 311
| 시세 고저를 논하는 어리석음 | 314
| 전년의 선입견에서 벗어나라 | 317
| 연중 내내 거래하고 있으면 이운(利運)에서 멀어진다 | 320
| 하루의 시세를 생각하여 거래하지 말라 | 323
| 자금을 정하여 시작하라 | 326
| 심심풀이 삼아 시작하지 말라 | 330
| 이 글을 다른 사람에게 절대 보여서는 안 될 것이다 | 332

❀ 혼마 무네히사 本間宗久, 1717-1803

에도시대 '데와의 텐구', '거래의 신'이라 불릴 정도로 신출귀몰한 매매술을 발휘한 상인. 혼마가 3대에 이르러 상속자의 대리인으로 가업을 운영하면서 가문을 전국 최고의 갑부가 되게 했을 정도로 쌀 거래에서 성공했다. 현재 전 세계에서 사용되고 있는 캔들을 고안했으며 매수매도의 시기를 판단하는 기준으로 사카타 5법을 정리했다. 최근 공개된 그의 거래 비법이 담긴 밀전서 「혼마비전」은 현대 주식시장에서도 중요한 위치를 차지하고 있다.

❂ 혼마 무네히사의 자취

지도에 표시된 지역은 본문 중 속요에 나오는 지명들이다. 혼마가의 가업을 위임받았던 사카타 시절, 사카타미회소에서 쌀 거래를 시작해 짧은 시간에 막대한 부를 이뤘다. 사카타는 전국의 주요 쌀 산지 중 하나로도 유명했는데 여기서 수확된 쌀이 오사카와 에도로 실려나가 거래가 됐다. 혼마 무네히사는 사카타에서의 성공을 발판으로 에도에서도 거래를 시작했는데 크게 실패하고 돌아온다. 이후 얼마간의 휴지기를 보낸 후 오사카로 떠나 이곳에서 자신만의 거래비법을 세워나가며 연전연승을 기록한다. 말년에는 에도에 살면서 거래를 계속했고 자신의 비법을 정리해 후세에 남겼다.

✿ 산쿄창고

1893년부터 1897년까지 15동의 창고를 건축했는데 현재 남아 있는 것은 12동이다. 그중 1동은 사카타 시에서 자료관으로, 2동은 갤러리와 판매점으로 활용하고 있으며 나머지는 현재도 농업창고로 쓰인다. 자료관의 자료에 의하면 당시 최대 저장량이 동 평균 1,134톤까지였다고 하니 어느 정도 규모였을지 짐작할 수 있다.

❀ 혼마가 옛집

1768년 혼마가 3대 당주 미츠오카가 당시 번주에게 기증한 것으로 막부의 관리가 번의 행정을 살피러 왔을 때 머물 수 있도록 하타모토 정도의 무사계급 수준에 맞춰 지은 집이다. 이후 혼마가에서 되돌려 받아 직접 사용하면서 뒤쪽을 개축해 무사계급 방식과 상인계급 방식의 두 가지 양식이 혼합됐다. 1945년 패전과 함께 정부에 넘겨져 공민관으로 사용되기도 했으나 현재는 야마가타 현 유형문화재로 지정돼 일반에 공개되고 있다.

🌲 방사림 防沙林

1758년 혼마 미츠오카가 일으킨 대대적인 공익사업으로 쓰루오카 남부에서 시작해 쇼나이 해변을 따라 장장 35km 구간에 송림이 빽빽하다. 당시 동해로부터 불어오는 바람과 모래먼지로 이 지역은 해마다 엄청난 고통을 당하고 있었다. 하지만 재정적인 문제로 누구도 손도 대지 못했던 것을 미츠오카가 사재를 털어 해결하고자 나선 것이다. 이 방사림 덕분에 쇼나이 평야는 전국 최고의 곡창지대로 떠올랐으며 이와 함께 사카타의 상업과 해운업도 급속히 발달하게 됐다. 혼마가를 전국 최대의 지주일 뿐만 아니라 공익에 앞서는 가문이라는 명성을 갖게 한 사업이다.

❀ 혼마미술관

원래는 혼마가 4대 당주 미츠미치가 1813년에 세운 가문의 별장이었다. 이역시 공익사업의 일환이었는데 당시 겨울이 되면 굶주림에 떨어야 했던 부두노동자들에게 일거리를 제공하기 위해서였다. 쇼나이 번주가 이 지역을 순찰할 때 휴식을 취하는 장소로 쓸 수 있도록 사카이 가문에 기증했으나 사실상 혼마가 별장으로 사용됐다. 건축 이후 100여 년을 별장으로 사용하다가 1945년 패전을 거치면서 문화와 전통의 가치를 알리기 위해 1947년 혼마미술관이라는 이름으로 다시 태어났다. 미술관 개관은 전쟁 직후 사회적인 격동기를 거치면서 쇠락해가던 혼마가의 명성을 되살리는 계기가 됐다.

❀ 도호쿠공익문과대학

2001년 혼마 미츠오카의 공익정신을 받들어 설립된 세계 유일의 공익학 전문 대학이다. 사카타 시는 대대로 부호와 유지들이 지역사업에 자발적으로 앞장섰던 곳이다. 이 대학은 선조들의 뜻을 하나의 학문으로 정착시킴으로써 미래를 밝히고자 한다는 설립 취지를 내세우고 있다. 200여 년 전 혼마 미츠오카가 남겼던 '베푸는 것은 유리한 것이다'를 모토로 하고 있다. 2005년에는 인근 쓰루오카 시에 대학원도 개교했다.

❀ 혼마 묘지

87세에 생을 마친 혼마 무네히사는 현재에도 사카모토마찌에 있는 즈이도쿠지라는 조그만 신사에 잠들어 있다. 직접 만난 적은 없을지라도 그의 비전서를 통해 거래의 숨은 뜻과 인간 심리에 대해 배운 수많은 후학들의 발길이 끊이지 않고 있다.

酒田照る照る，堂島曇る，江戸の蔵前雨が降る
本間さまには及びもないが，せめてなりたや殿様に

사카타는 해가 쨍쨍하고, 도오지마는 흐리고,
에도의 쌀 창고 앞에는 비가 내리네.
아, 혼마님에게는 미치지 못하지만, 적어도 번주님만큼은 되고 싶어라.

제1부

250년 전
속요에 담긴 비밀

속요에 등장하는
천하제일의 갑부, 혼마

혼마 무네히사 本間宗久, 1717-1803*를 알게 된 것은 우연한 기회를 통해서였다. 우리나라에 '사께다 전법'이라고 알려진 투자법에 대해 글을 쓰기 위해 조사하던 중 의미심장한 속요 하나를 찾아낸 것이다. 그때만 해도 '사께다 전법'이라 하면 막연히 사께다라는 사람이 만든 이론일 것이라는 정도로만 알려져 있었고 필자 또한 그렇게 알고 있었다.

그런데 속요를 해석해나가면서 새로운 사실들을 알게 됐다. 그것은 신세계로 나아가는 열쇠 같은 것임을 후에 깨닫게 됐다.

---

* 本間宗久의 이름은 혼마 무네히사(むねひさ) 또는 소우규(そうきゅう)로 읽힌다. 고유명사이므로 당시에는 한 가지로 불렸을 것이나 한자로만 자료가 전해지고 요미가나(よみがな)가 남아있지 않아 현재는 혼용되고 있다. 여기서는 국내에 더욱 널리 알려진 바를 따라 혼마 무네히사라 부르기로 한다.

酒田照る照る，堂島曇る，江戸の藏前雨が降る
　　本間さまには及びもないが，せめてなりたや殿様に

이를 번역하면 다음과 같다.

사카타는 해가 쨍쨍하고, 도오지마는 흐리고,
에도의 쌀 창고 앞에는 비가 내리네.
아, 혼마님에게는 미치지 못하지만,
적어도 번주님만큼은 되고 싶어라.

　이 속요는 혼마本間라는 사람을 노래하고 있는데 혼마 가문의 누구를 뜻하는지는 명확하지 않다. 혼마는 성姓인데 그 가문의 가주를 가리키는지 아니면 혼마 무네히사를 말하는 것인지는 알 수 없다. 다만 그가 대단한 존재라는 점은 분명하다.
　또 여기에는 사카타酒田와 도오지마堂島, 에도江戸라는 지명이 나온다. 노래 내용으로 보면 세 지명의 날씨가 비교되어 있어 상호관계가 있음을 유추할 수 있게 하는데 무슨 관계가 있는지는 확실치 않다. 다만 하나의 실마리가 될 수 있는 것으로 쌀 창고라는 말이 있을 뿐이다.
　그런데 여기서 한 가지 짚고 넘어가야 할 사실이 있다. 속요 중 쿠라마에藏前는 도쿄에 현존하는 지명이다. 도쿄 도 다이토台東 구의 아사쿠사浅草에서 니혼바시日本橋 방향으로 가다 보면 왼쪽으로 스미다가와隅田川를 끼고 있는 지역이다. 그런데 필자가 이를 쌀 창고라고 해석한 것은 藏前이 藏米*로 기록되어 있는 다른 기록들이 많음을 참고했다. 일본어로 藏前은 '쿠라마에', 藏米는 '쿠라마이'라 읽히기 때문에 당시 사람들이 두 말을 혼용했거나, 구분하기 무의미할 정도로 쌀 창고의 성격이 분명했던 것이 아닌가 하는 판단에서였다. 이에 따라 다른 지명도 혹시 쌀과 관련이 있는 것은 아닐까 추측했다.

그리고 두 번째 행에서 언급된 '번주'**란 에도시대 막번체제幕藩體制하 일개 번藩의 영주를 뜻하는 것으로 해석됐다. 이에 의하면, 메이지 원년이 1868년이므로 지금부터 적어도 140년 이전에 불린 속요임을 추리할 수 있다. 중요한 사실은 '혼마님에게는 미치지 못하지만, 번주님만큼은 되고 싶어라'라고 하는 노래 내용으로 보아 혼마라는 사람이 번주보다 대단한 존재임을 강조하고 있다는 것이다.

여기에 덧붙여 번주의 영지를 미루어 짐작할 여지가 있는

---

* 쌀을 저장하는 창고
** 속요에서 도노사마(殿樣)는 통상 주군 등 귀인을 높여 부르는 말이다. 이를 에도시대로 한정하면 다이묘나 하타모토(旗本), 즉 쇼군 직속으로 녹봉을 받던 무사를 일컫는다. 문맥상 미루어 번주로 해석했다.

데 '사카타는 해가 쨍쨍하고, 도오지마는 흐리고, 에도의 쌀창고 앞에는 비가 내리네'라는 흐름이다. 즉 사카타를 긍정적으로 묘사하고 있어 혼마라는 사람이 사카타 지역과 관련이 있음을 알 수 있고, 혼마와 비교되고 있는 번주 역시 사카타 지역을 지배했던 것으로 추측할 수 있다. 만일 이러한 추측이 옳다면 에도시대 사카타 지방을 다스렸던 번은 쇼나이에 있었고 번주는 사카이酒井 가문이었다. 즉 혼마는 바로 이 쇼나이 번주 사카이보다 더 도달하기 어려운 경지에 있는 사람이었다.

이렇게 부족하지만 개략적인 해석을 할 수밖에 없었고, 완벽한 해석에 이르기 위해서는 이와 같은 해석을 바탕으로 추가적인 조사를 진행해야만 했다.

사카타와 도오지마, 쿠라마에에서는 무슨 일이 일어났었나?

사카타

우선 속요에 언급된 지명들부터 살펴보기로 한다. 처음 등장하는 지명은 사카타인데 이는 오늘날 일본의 야마가타山形 현 중에서 북쪽에 해당하며 동해와 맞닿아 있는 곳이다.

   야마가타 현은 일본 본토의 북서쪽에 위치하며 125만 명이 넘는 인구가 살고 있다. 현청 소재지는 야마가타 시에 있다. 동쪽으로는 초카이鳥海 화산대가 있는 오우奧羽 산맥이 남북으로 길게 뻗어 있고 서쪽으로는 데와出羽, 에치고越後 산맥이 역시 남북으로 뻗어 있다. 그리고 두 산맥 사이로 모가미가와最上川가 흐르며 강 하류에 쇼나이 평야가 형성되어 있다. 주요 산업은 농업이고 특히 벼농사가 주를 이룬다. 이곳은 메이지유신 이전 도쿠가와 막부 때 쇼나이번이 위치했던 곳이기도 하다.

쇼나이 평야

쇼나이 번주인 사카이는 도쿠가와 막부 창업자인 도쿠가와 이에야스德川家康, 1543~1616의 손발과 같았던 사천왕 중 하나였다고 전해진다.* 이에야스는 도요토미 히데요시豊臣秀吉, 1536~1598의 사망 이후 통일제국의 권력을 잡았다. 그러나 일찍이 전국시대를 거치면서 권력기반이 허약할 경우 다이묘大名**들의 충성이 그리 믿을 만한 것이 못 된다는 사실을 잘 알고 있었기 때문에 전국의 영지를 재편해 권력 강화를 시도했다.

이 다이묘들에게 영지를 수여하는 사람은 쇼군將軍***으로 천황보다 더 실질적인 권력을 행사하는 막부의 수장이었다. 더욱이 대를 이어 계승했으므로 막강한 권력은 체제가 유지되는 동안 계속됐다. 이 때문에 이에야스로부터 시작된 260여 년간의 도쿠가와 막부를 쇼군과 쇼군에 충성하는 다이묘들의 정치체제, 즉 막번체제라 한다. 그리고 이에야스가 에도에 막부를 설치하고 일본을 지배했던 시대를 에도시대라 한다.

---

* 사카이 타다쓰구(酒井忠次, 1527~1596). 이에야스가 인질로 있던 시절부터 섬겨온 가신으로 사천왕 중 필두라 할 수 있다. 그 외 혼다 타다카쓰(本多忠勝, 1548~1610), 사카기바라 야스마사(榊原康政, 1548~1606), 이이 나오마사(井伊直政, 1561~1602) 등이 있다.

** 에도시대에 1만 석 이상의 영지를 소유한 영주로 쇼군을 섬기는 무사를 가리킨다. 이들의 영지를 번이라 불렀다.

** 세이이타이쇼군(征夷大將軍). 통상 줄여서 쇼군이라 부른다. 도쿠가와 이에야스가 천황으로부터 쇼군에 임명된 시기는 1603년으로 이때가 에도시대의 시작이다.

한편 이에야스가 히데요시의 세력을 제압하고 권력을 잡는 과정에서 그에게는 잠재적인 적이 많이 생길 수밖에 없었다. 비록 그들이 권력자인 이에야스에게 충성을 맹세하긴 했지만 그리 신뢰할 수는 없는 일이었다. 그래서 에도에 막부를 설치한 후 자신의 정권을 보호하기 위해 에도 주변을 직할영지로 삼고 다이묘들을 세 부류로 나눠 정치, 경제, 군사적으로 중요한 정도에 따라 배치했다. 신반다이묘親藩大名, 후다이다이묘譜代大名, 도자마다이묘外様大名가 그것이다. 여기서 신반다이묘란 이에야스의 친척에 상당하는 영주들로 에도 주변에 임명하고, 후다이다이묘는 원래부터 가신이었던 그룹으로 신반다이묘 다음으로 가까운 지역에 배치했다. 도자마다이묘란 세키가하라関ヶ原 전투* 이후 투항한 영주들로 충성도가 낮았고 언제든 반란을 일으킬 우려가 있었기 때문에 도쿠가와 막부는 항상 이들을 견제했으며 에도로부터 먼 곳에 영지를 주었다. 이로써 에도는 신반다이묘와 후다이다이묘에 의해 보호될 수 있었다.**

야마가타 현에 위치한 쇼나이번의 경우 이에야스의 가신

---

* 1600년 기후(岐阜) 현 세키가하라 분지에서 있었던 이에야스와 히데요시 측의 전투. 텐카와케메노타타카이(天下分け目の戦い)라고도 하는데 천하의 패권을 결정짓는 전투라는 의미다. 실제로 이에야스가 권력을 장악할 수 있었던 결정적인 전투였다.

** 후에 막부의 세력이 약해지자 이러한 차별대우에 불만이 많았던 도자마다이묘들이 주역이 되어 정권을 장악하고 메이지유신을 단행한다.

그룹인 후다이다이묘에 해당하는 번이었다. 특히 사카이 가문이 이에야스의 측근으로 신임이 두터웠다는 사실은 쇼나이번의 위치가 에도로부터 그리 멀지 않은 곳에 위치하고 있다는 점에서 간접 확인된다.

사카타 시는 이 야마가타 현 안에 있다. 인구 10만 명이 좀 넘는 소도시로 항만 공업도시라 할 수 있다.

인근에는 쇼나이 평야가 드넓게 펼쳐져 있는데 예부터 이 비옥한 땅을 차지하기 위해 쟁탈전이 끊이지 않았다. 남북으로 100km, 동서로 40km가 넘는 일본 최대의 곡창지대 중 하나다. 이 평야와 사카타 시를 지나는 모가미가와가 동해로 연결된다. 이 강은 농사를 짓는 데 꼭 필요한 물길이었을 뿐 아니라 여기서 수확된 쌀을 에도나 오사카 등으로 실어나르기 위해 필요한 해상로이기도 했다. 일본은 지형적으로 높은 산이 많아 사카타에서 에도까지 육로로 쌀을 운반할 경우 1년 가까이 걸렸지만 하천과 바다를 이용한 해로가 개척된 후로는 3개월 정도로 단축됐다.

사카타 시내에서 모가미가와로 니이다가와新井田川라는 작은 하천이 흘러가는데 그 천변에 이 지역의 대표적인 쌀 창고인 산쿄山居창고가 있다. 현재도 이 창고는 이름 있는 관광지로 많은 사람들이 찾고 있다. 창고에 대해서는 조금 후에 자세히 살펴보도록 한다.

사카타 시 | 사카타 역을 중심으로 북쪽 방향이다. 저 멀리 보이는 산들 너머로 초카이산이 있다.

모가미가와 | 강 남단에서 사카다항을 바라본 모습. 왼쪽으로 동해와 만난다.

니이다가와 | 산쿄창고 앞을 지나 모가미가와로 합류해 동해로 이어진다.

제1부 250년 전 속요에 담긴 비밀 | 37

사카타 항구는 메이지유신 이후 쇠퇴했으나 현대에 접어들어 화학공업을 주축으로 한 공업지대의 형성과 대형선박을 위한 시설들을 증축함으로써 재도약을 이뤄가고 있다.

도오지마

속요에 보면 '사카타는 해가 쨍쨍하고, 도오지마는 흐리다'고 되어 있는데 그럼 도오지마는 어디일까.

도오지마는 현재도 오사카에 존재하는 지명으로 옛날부터 쌀 거래가 활발했던 곳으로 유명하다. 에도시대에는 일본 최대의 곡물거래소가 있었다고 전해지는데 일본의 쌀 수급을 좌우하는 규모여서 이곳에서의 거래가 전국의 쌀 가격을 결정지을 정도였다고 한다.

그렇다면 도오지마가 어떻게 곡물 집산지가 될 수 있었을까? 그것은 오사카의 역사적 특성에서 찾아볼 수 있다.

현재의 오사카는 인구 250여만 명의 대도시로 우에마치上町 대지와 요도가와淀川 삼각주로 이루어져 있다. 도심부는 도오지마가와堂島川, 도사보리가와土佐堀川, 히가시요코보리가와東横堀川, 기즈가와木津川, 도톤보리가와道頓堀川 등으로 둘러싸여 있어 흔히 물의 도시水都, 스이토라 부른다. 여기에 800개가 넘는 다리가 있어서 다리의 도시八百八橋, 핫뱌쿠야바시라고도 한다.

이 도시가 급속히 발전하게 된 계기는 1583년 히데요시가

물의 도시 오사카 | 시내를 가로지르는 하천들이 운송로가 되어 전국의 곡물이 모여듦으로써 오사카를 '천하의 부엌'이라는 별칭으로 불리게 만들었다.

오사카 성을 건축하면서부터다. 이후 노구가와 막부의 지배하에 들어갔지만 교토와 근접해 있어 쌀을 비롯한 곡물과 각종 상품의 교역지가 되어 상업도시로 지속적인 발전을 했다. 오사카는 에도시대에 이르러 '천하의 부엌'てんかのだいどころ이라 불릴 정도로 중요한 역할을 했고 교토, 에도와 더불어 일본의 3대 도시가 됐다.

오사카를 언급할 때 빼놓을 수 없는 것이 바로 도요토미 히데요시인데 사실상 그로부터 오늘날 오사카가 유래한다고 할 수 있기 때문이다. 그가 오사카 성을 건축하기까지 간략하게 소개를 하자면 다음과 같다.

일본은 '오닌應仁의 난'이 일어난 1467년부터 약 100년간 영웅들의 시대가 열렸는데 이 영웅들을 센고쿠다이묘戰國大名라 하고 당시를 센고쿠지다이戰國時代라 한다. 이 중 비교적 작은 영지를 지배하던 다이묘 오다 노부나가織田信長, 1534~1582는 이마가와 요시모토今川義元, 1519~1560의 군대를 무너뜨려 세력을 크게 확장한 이후, 다케다 신겐武田信玄, 1521~1573과 그의 아들 가쓰요리勝頼, 1546~1582의 군대를 격파했다. 그리고 쟁쟁했던 우에스기 겐신上杉謙信, 1530~1578과도 자웅을 겨뤘다. 이후 겐신마저도 출전을 앞두고 급사하면서 천하통일이 눈앞에 펼쳐지는 듯했다. 그러나 노부나가는 측근이었던 아케치 미쓰히데明智光秀, 1528?~1582의 배반으로 혼노지本能寺에서 궁지에 몰려 결국 스스로 불에 타 죽는다. 이는 일본 전국시대의 한 획을 긋는 사건으로 일설에는 히데요시가 미쓰히데와 손잡고 꾸민 일이라고도 한다.

아무튼 묘하게도 혼노지 사건의 최대 수혜자는 히데요시였다. 그는 먼저 배반자 미쓰히데의 군대를 격파, 응징했다. 미쓰히데는 그 전투에서 간신히 살아남아 빠져나왔지만 결국 농민에게 잡혀 죽임을 당했다. 그 후 히데요시의 세력 확장을 시기하던 최대 정적 시바타 가쓰이에柴田勝家, 1522~1583의 성을 함락시키고 스스로 할복자결하게 만들었다. 이렇게 되고 보니 이에야스 외에는 사실상 히데요시에게 대적할 만한 상대가 없었다. 그런데 부담스런 적수 이에야스마저도 히데요시와 강화를 체결하고 후에 신하가 됐다. 이로써 히데요시는 노부나가가 혼노지에서 불에 타 죽은 지 8년 만에 천하의 모든 다이묘들을 자신에게 복종시키고 명실상부한 통일국가의 지배자가 됐다.

그는 천하통일이 눈앞에 보이자 오사카에 성을 짓기 시작했다. 오사카는 교토와 가깝다는 점에서 중요 거점이 된다. 전국시대에는 천황이 있는 곳을 얼마나 빨리 장악할 수 있느냐가 천하지배의 관건이었기 때문이다. 또한 요도가와 오사카 만이 있어 해상 수송로가 확보되어 있으며, 평야로 둘러싸여 있고 발달된 여러 도시와 근접해 있다는 점도 호조건이었다. 또한 노부나가가 함락을 위해 5년 동안이나 공격을 해야 했던 이시야마혼간지石山本願寺도 있어 군사적으로도 요충지랄 수 있었다.

히데요시는 오사카 성을 건축하기로 결정하고 오사카를 교토 이상 가는 도시로 만들고자 대대적인 공사를 계획했다. 이를 위해 전국의 다이묘들에게 자재와 인력 지원을 명령했다. 여기에는 다이묘들의 세력을 약화시키기 위한 의도도 있었다. 그 후 전국으로부터 엄청난 규모의 자재들이 오사카로 몰려들어 왔으며 히데요시의 사치스러운 성을 만들기 위해 석공, 목공, 대장장이 등과 수만 명의 인부들이 동원됐다.

또한 히데요시는 전국에 검지관檢地官을 파견해 땅을 실제 측량하는 방법으로 토지조사를 실시했다. 이 과정에서 일본의 경지면적이 폭발적으로 늘어났고 연공을 걷는 다이묘들의 창고에는 쌀이 넘쳐날 정도였다. 이 쌀이 대부분 상인들에 의해 오사카나 교토로 흘러들어가 거래가 이뤄졌다. 더욱이 히데요시가 임진왜란을 일으켜 조선과의 전쟁을 준비하고 수행하는 과정에서 엄청난 군량미와 무기 등의 물자들도 이 도시에서 거래됐다. 에도시대에 이르러 일본인들이 '천하의 부엌'이라는 별칭으로 부를 정도로 전국의 산물이 오사카로 모여들면서 오사카는 전국 경제의 중심으로 발전하게 된다.

이러한 오사카에서도 쌀이 집중적으로 거래된 곳이 바로 도오지마 곡물거래소였다. 이전까지 상인들은 기타하마北浜의 창고 앞에서 쌀을 거래했으나 1697년에 거래 장소가 도오지마로 이전하면서 일본 내 물자 유통의 거점이 됐다. 이후 전국 쌀 시세의 중심지로 발전했고 1710년경부터는 현물뿐 아니라 선물거래도 왕성하게 이뤄지기 시작했다. 1730년에는 막부로부터 쌀의 경쟁거래를 공인받은 '도오지마 쌀 시장'이 개설됐으며 지금은 그 자리를 기념해 벼를 쥐고 있는 어린이 동상이 서 있다.*

---

*   일본에는 현재 증권거래소(도쿄 · 오사카 · 나고야 · 삿포로 · 후쿠오카 · 자스닥) 6곳과 상품거래소(도쿄곡물상품거래소 · 도쿄공업거래소 · 중부오사카상품거래소 · 간사이상품거래소) 4곳이 있고, 금융선물거래소로 도쿄국제금융선물거래소가 있다. 선물거래의 경우 도오지마 쌀 시장을 발상지로 본다.

쿠라마에

속요에 보면 '사카타는 해가 쨍쨍하고, 도오지마는 흐리고, 에도의 쌀 창고 앞에는 비가 내리네'라고 되어 있다. 그렇다면 에도는 또 어떤 곳인가?

에도는 이미 사카타와 도오지마를 설명하면서 언급됐듯이 도쿠가와 막부가 있던 곳이며 지금의 도쿄다. 이에야스가 막부를 설치하고 나서 260여 년간 일본 역사의 중심무대가 되는 곳으로 그래서 도쿠가와 막부시대를 에도시대라 부른다. 다시 말해 에도는 에도시대 일본의 수도였다. 도쿄는 현재 일본의 수도로 더 이상의 설명이 필요 없는 도시지만 그 역사가 도쿠가와 막부로부터 비롯된다는 점은 강조해둘 만하다.

1598년 히데요시가 사망하자 이에야스는 서서히 정권 장악을 위한 행보를 시작하는데 이 야망의 가장 큰 걸림돌이었던 이시다 미쓰나리石田三成, 1563~1600를 1600년 세키가하라 전투에서 격파한다. 이후 차례로 히데요시의 측근을 제거, 권력을 장악해간다. 그리고 말년에 이르러 결국 눈엣가시 같던 히데요시의 아들 히데요리秀賴, 1593~1615의 오사카 성을 함락시키고 명실상부한 천하제일의 권력자가 된다. 그 뒤 이에야스는 자신의 후손이 영원토록 집권할 수 있도록 다이묘들의 세력을 약화시키고 권력을 집중시키기 위해 부심했는데, 이러한 고민이 해결된 것은 3대 쇼군 이에미쓰家光, 1604~1651에 이르러서였다.

2대 쇼군 히데타다秀忠, 1579~1632는 다이묘들이 지켜야 할 법령인 무가제법도武家諸法度를 공표해 그들을 통제하는 주요한 수단으로 삼았다. 무가제법도의 중요한 것 중 하나가 결혼제도로, 다이묘의 가문에서 이뤄지는 결혼은 반드시 막부의 승낙을 받아야 한다는 규정이었다. 막부에서는 혈연관계를 다이묘들을 통제하는 중요한 수단으로 삼았는데 특히 혼인을 활용했다. 쇼군의 딸을 유력한 다이묘 가문에 시집보내거나 양녀로 보내 인척관계를 형성했고, 그도 아니면 다이묘 가문의 딸을 쇼군의 양녀로 삼아 충성을 강제했다. 도쿠가와 막부는 혈연관계에 민감해 다이묘 가문끼리 혼인함으로써 그들의 유대관계가 정치 세력화하는 것을 우려했기 때문에 혼인 시에는 반드시 막부의 허락을 받도록 했다. 그밖에 다이묘들이 성을 새로 짓는 것을 금지했고 성 보수공사 역시 허락을 받은 후에 할 수 있도록 해 반란의 가능성을 사전에 차단했다. 만일 다이묘들이 무가제법도를 어기는 경우 영지를 몰수하고 당사자를 처벌하는 등 강경하게 대응해 철저하게 시행되도록 했다. 이러한 막부의 정책은 효과적으로 다이묘들을 통제하는 방법이 됐고 무가제법도는 정착됐다.

히데타다에 이어 집권한 3대 쇼군 이에미쓰는 참근교대參勤交代를 무가제법도에 포함시켰다. 참근교대란 다이묘들로 하여금 에도에 자신이 살 집을 짓고, 1년 혹은 반년 간격으로 에도와 영지를 오가면서 집무하게 하는 제도다. 이때 가족은 에도의 집에 정착해 살아야만 했다. 이 제도에 따라 다이묘들은 에도에 많은 돈을 들여 가족과 식솔들이 거주할 저택을 지어야 했고, 정기적으로 수많은 부하들을 거느리고 먼 거리를 이동해야 했기 때문에 경비가 과도하게 지출됐고 이에 따라 경제적 기반이 급속히 약화됐다.

이에 반해 에도로는 경제력이 집중돼 풍요로워졌고 상업도 급속도로 발달했다. 그 와중에 에도는 2개의 특색 있는 지역으로 나뉘었는데 무사계급 등이 주로 거주하는 지역을 야마노테山手라 하고 상인들과 수공업자 등이 주로 거주하는 상업지역을 시타마찌下町라 불렀다. 그중에서 야마노테는 대부분 현대적인 모습으로 바뀌었지만 시타마찌에서는 대대로 가업을 잇는 경우가 많아 아직도 에도시대의 흔적이 많이 남아 있다. 특히 아사쿠사 일대에는 전통적인 가게가 많은데 대표적인 곳이 센소지淺草寺 가는 길에 있는 나카미세仲見世다. 아사쿠사의 상징으로도 유명한 가미나리몬雷門을 지나 본당의 입구인 호조몬寶藏門에 이르기까지

나카미세 | 센소지 가는 길 양쪽으로 에도시대부터의 전통적인 가게들이 늘어서 있다.

를 말하는데 길 양쪽으로 전통가게들이 즐비하다.

또 니혼바시 일대도 전통을 느낄 수 있는 지역이다. 이 지역은 원래 바다에 면한 곳이었는데 이에야스가 에도에 들어오면서 매립 작업을 실시해 육지가 됐다. 그 후 배수로를 겸해 니혼바시천日本橋川을 만들었고 에도성을 정면으로 바라볼 수 있는 위치에 거대한 다리를 만들어 니혼바시라 불렀다. 축조되던 당시인 1603년에는 목조였지만 현재는 석조로 1911년에 재건한 것이다. 이곳 역시 에도시대부터 이어져오는 전통 깊은 상점들이 많으며 일본의 중앙은행인 일본은행을 비롯 도쿄증권거래소 등 은행과 증권사 본점들이 위치해 상업지구로서의 면모를 과시하고 있다.

니혼바시 | 1911년에 재건되어 이 다리 자체로는 에도시대의 흔적을 찾기 힘들지만 이 다리 이름에서 유래된 이 지역 일대, 즉 니혼바시 구는 유서 깊은 상업지구로 이름이 높다.

어시장 기념비 | 현재의 위치가 에도시대 어시장 발상지였음을 알려주고 있다. 막부와 다이묘들에게 조달하고 남은 생선 등을 팔기 시작하면서 형성됐다는 표지판이 있다.

원표 | 이곳이 시작점임을 알리는 표시.
니혼바시는 1604년부터 에도에서 시작되는 5개 국도의 기점이다.
다리 아래에 이를 나타내는 원표(元標)가 있다.

문화도 꽃을 피웠다. 다이묘들은 자신들의 힘이 점차 약화될수록 권력에 가까이 가기 위해 경쟁적으로 돈을 쓰게 됐다. 그러한 그들의 권력욕은 상대적 우월감을 표현하고자 허영과 과시의 경향이 짙어갔고 에도는 사치스러운 문화가 넘쳐나게 됐다. 이때 등장한 화풍이 우키요에浮世絵*인데 사람들의 일상생활이나 예쁜 유희들, 스모 선수, 풍경 등을 많이 다뤘다. 처음에는 묵화로 단색 그림이 많았으나 18세기에 들어 화려한 색상을 띠는 경향이 짙어지면서 채색 목판화가 우키요에의 한 특징이 됐다. 정치적인 주제니 권력사 능에서 벗어난 일상적인 장면이 그림의 주제로 다뤄지면서 서민들에게도 가까이 다가갈 수 있었다. 뒷장에 소개하는 그림은 에도시대 대표적인 우키요에 화가들의 작품이다.

아무튼 다이묘들이 에도에 정치력을 집중하고 사치스러워질수록 그들 번의 재정은 적자가 누적되어갔고 세력은 더욱 약화되어갔다. 당시 다이묘들의 경제기반은 쇼군으로부터 하사받은 영지에서 거둬들이는 세금이었는데 쌀이 대부분이었다. 이 쌀로 다이묘들은 땅을 하사받지 못한 가신에게 봉급으로 주기도 하고 하급무사에게 수당으로 지불하기도 했다. 막부 초기의 다이묘들은 이렇게 영지에서 거둬들이는 쌀

---

* 우키요(浮世)는 '덧없는 세상, 현세'라는 말이고 '에(絵)'는 '그림'이라는 뜻이다. 즉 현재 살고 있는 세상의 모습이나 풍속을 주로 그리며 하나의 유파를 형성한 에도시대 화가들의 그림이다.

니혼바시 | 에도시대 니혼바시를 오가는 서민들의 일상생활을 엿볼 수 있다. 안도 히로시게(安藤廣重, 1797~1858)의 작품이다.

후지산 36경 중 '에도 니혼바시' | 멀리 후지산을 배경으로 한 니혼바시 인근 쌀 창고의 모습. 쌀을 실어나르는 배와 하역작업을 하는 인부들의 모습이 보인다. 가쓰시카 호쿠사이(葛飾北齋, 1760~1849)의 작품. 이 책의 뒷표지에도 호쿠사이의 작품이 실려 있다.

을 자신들의 영지 창고에 쌓아두고 사용하기만 하면 됐다. 하지만 참근교대제도가 생기고부터는 경비 충당을 위해 에도나 오사카에 쌀 창고를 만들 필요가 있었다. 다시 말해 언제든지 현금화하거나 필요물품으로 교환할 수 있도록 창고를 경영할 수밖에 없는 구조가 만들어진 것이다. 그리하여 오사카만 해도 각 번에서 운영하는 쌀 창고가 100개 이상에 이르렀으며 쌀 거래가 갈수록 활발해졌다. 이런 쌀 창고가 몰려 있던 곳 중의 하나가 에도의 쿠라마에다. 속요에서는 이해를 위해 편의상 쌀 창고라고 번역했다.

현재 쿠라마에 역 앞의 안내판에는 다음과 같이 적혀 있다. '본 시가는 1934년 당시까지 존재하던 것을 정리, 통합한 것이다. 처음 쿠라마에라는 이름이 붙여진 것은 1621년

쿠라마에 | 현재 이곳에는 옛 흔적이 남아 있지 않고 다만 에도시대에 쌀 창고가 있었다는 흔적만 이정표로 남아 있다.

스미다가와 | 쿠라마에로 쌀이 들어오는 물길이 됐던 스미다가와. 아사쿠사 쪽에서 쿠라마에 방향을 바라보고 있다.

의 일로 막부의 쌀 창고가 있던 곳이라는 데서 유래했다. 이 쌀 창고는 직할영지에서 보내온 쌀을 보관하기 위해 도리고에鳥越 언덕을 깎아 그 흙으로 스미다가와 강변을 다져 1615년경에 만들었다. 당시 아사쿠사 막부 쌀 창고 등으로 불리는 67동 정도의 창고가 있었는데 약 62만 5,000가마니3만 7,500톤의 쌀을 저장할 수 있었다. 이 쌀은 막부의 비상용 비축미로서의 역할을 하는 한편 영지를 갖고 있지 못한 하타모토 등에게 급료로 지급하는 데 쓰였다. 쿠라마에바시藏前橋 옆에 예부터 쌀 창고가 있던 자리임을 알리는 비석이 세워져 있다.'

산쿄창고를 통해 본 쌀 산지에서 출하까지

에도시대부터 현대에 이르기까지 일본의 주요 쌀 산지와 거래지에는 수많은 창고가 세워졌다. 그중 혼마 무네히사의 고향인 사카타 시의 산쿄창고를 예로 쌀이 어떻게 입고되고 관리됐는지 사진으로 알아본다. 산쿄창고가 맨 처음 건축된 시기가 1893년이므로 혼마 무네히사와 직접적인 관련은 없다고 할 수 있다. 히지민 이전에도 미회소米會所가 있었다는 기록이 있고, 이 창고들을 세울 때 이전의 경험을 바탕으로 했다고 되어 있으므로 현재의 모습으로 혼마 무네히사 생시의 창고도 미루어 짐작할 수 있을 것이다.

1886년 개업한 (주)사카타미상회소가 창고 건축의 주역이다. 이 명칭은 1893년에 (주)사카타미곡취인소로 바뀌는데 같은 해 취인소 부속창고로 7동을 신축했다. 1894년 4동, 1895년 2동, 1897년에 2동을 차례로 증축함으로써 총 15동의 창고가 있었다는 기록이 있다. 1동의 크기는 120평$_{396m^2}$이었고 각 동마다 평균 13,400가마니$_{804톤}$의 저장 능력을 갖고 있었다고 하며 천장까지 쌓아올릴 경우 최대 1,134톤까지 가능했다.

현재 남아 있는 것은 12동으로 그중 1동은 사카타 시에서

창고 전경

산쿄바시

쌀을 창고로 싣고 오는 농민들

쌀을 반입하는 장면

'쇼나이 쌀 역사 자료관庄內米歷史資料館'으로 개축해 일반에 공개하고 있으며 2동은 '사카타유메노쿠라酒田夢の俱樂'라 하여 갤러리와 토산물 판매지 겸 관광시설로 이용하고 있다. 나머지가 현재도 전농쇼나이全農庄內의 농업창고로 사용된다.

창고가 세워지던 1893년에 산쿄바시山居橋도 함께 만들어졌었는데 1959년에 철거했다가 관광지로 재정비하면서 목조로 다시 만들었다. 아랫줄 2개의 사진은 자료관 안에 비치된 것으로 당시 농민들이 산쿄바시를 통해 쌀을 싣고 오가는 모습과 창고에 반입하는 모습이다.

창고 안팎을 둘러보면 오랜 경험과 당시의 기술력이 결합된 독창적이고 과학적인 산쿄창고만의 설계 지혜를 발견할 수 있다. 먼저 창고 뒤편에는 아름드리 느티나무가 줄지어 서 있다. 창고의 검은 벽채와 어울리는 모습이 장관을 이루기도 하지만 그보다 더 깊은 뜻이 숨어 있다. 느티나무들은 한낮과 오후에 햇빛이 드는 방향인 남서쪽으로 '니은' 자 모양으로 심어져 있다. 여름에는 무성한 그늘로 태양열을 막아 창고의 온도가 급격히 올라가는 것을 막는 역할을 하며 겨울에는 동해쪽에서 불어오는 바람을 막아 온도 유지에 도움을 준다.

또한 건물 자체도 온도와 습도를 유지시킬 수 있는 과학적 설계에 의해 지어졌음을 구조도를 보면 알 수 있다. 가장 큰 특징으로는 실제 저장하는 장소와 지반 사이에 공간을 두어 통풍이 원활하도록 한 점이다. 이 공간은 지열이나 습기가 창고로 올라오지 않게 할 뿐 아니라 쌓여 있는 가마니들에서 발생하는 열을 분산시키는 역할도 한다.

또 벽은 나무 뼈대에 흙을 사용한 20cm 두께의 흙벽으로 자연적으로 습도를 조절할 수 있도록 했다. 흙벽은 천장까지 이어지는데 그 위에 공간을 두고 기와지붕을 올렸고 흙벽 표면에는 석회를 발라 방화, 방수 성능을 높였다. 이런 방식을 도조즈쿠리土藏造り, 창고 만드는 방법라 하는데 에도시대 대화재

창고 뒤편 느티나무

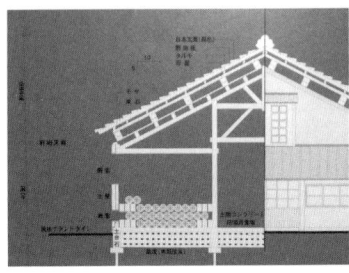

창고 구조도　　　　　　　　배수와 방화용 홈통

후 일반 주택에도 장려됐다. 도조즈쿠리로 지은 건물은 화재가 발생하더라도 부분만 탈 뿐이며 지붕이 건물 본체와 분리돼 있기 때문에 큰 화재로 이어지지 않는다.

여기에 지붕에서부터 창고 앞쪽 지상까지 홈통을 연결해 빗물이 빠르게 흘러내려가도록 하고 그 빗물을 받아두어 화재에 대비했다. 건물이 연달아 있는 창고에서 한번 화재가 발생하면 큰 손실이 나기 때문에 이에 대한 여러 대책을 마련해놓은 것이다.

이러한 설계에 따라 창고를 만드는 데 드는 비용은 어느 정도였을까? 자료관 안에는 다음과 같은 내용의 글이 있었다. '1893년에 7동을 건축한 이래 1897년까지 15동, 1,792평의 규모가 됐다. 총건설비는 당시 가격으로 20만 9,387엔이었다. 당시의 쌀 평균가격이 60kg에 약 3엔 20전이었고 현재는 약 2만 엔이므로 추산하면 10수억 엔이 되는 금액이다. 하지만 당시 쌀 가격 이외의 물가를 감안해 계산하면 수십억 엔이 될 것이라 보고 있다.'

 자료관 안에는 당시의 작업 현장을 그려볼 있는 여러 모형들이 있는데 쌀의 동신을 따라 입고까지의 과정을 살펴보자.

 일단 창고에 도착한 쌀은 품질과 무게 등 여러 검사 과정을 거쳐야 한다.

 여기에는 사무원과 검사원 그리고 사는 쪽과 파는 쪽의 농민 양자가 입회한다. 표준쌀견본법標準米見本法이라는 정해진 기준에 따라 엄격히 심사해 1등부터 5등까지 등수를 매긴다. 등수가 매겨진 쌀가마니는 4되斗*의 규정무게가 맞는지 확인한 후 합격한 쌀에 한해 사무원이 '입고표入庫票' 통칭 '표切符'를 교부해준다. 그러면 비로소 쌀가마니가 창고에 들어갈 수 있는데 이 입출고 작업은 '온나나카시女仲仕'라 하는 하역작업전문 여성들이 맡는다. 어떤 온나나카시는 5가마니를

---

* 쌀의 무게를 재는 단위는 다음과 같은 것들이 있었다. 1되(升)는 약 1.5kg, 1 말(斗)은 10되로 약 15kg, 1 섬(石)은 10되로 약 150kg이었다. 또 1가마니(俵)에는 4되가 들어가므로 약 60Kg을 가리킨다.

쌀 검사 풍경

온나나카시

미권을 발행하는 목판

쌀가마니를 져 나르는 온나나카시

한꺼번에 옮기기도 했다고 전해지는데 사실이라면 300kg을 등에 진 셈이다. 자료관 안에는 실제로 어느 정도의 무게인지를 실감할 수 있도록 30kg과 60kg짜리 실험용 가마니를 만들어두었다.

쌀이 창고에 들어갈 때 농부가 받는 입고표가 등급별로 10섬약 1,500kg에 이르면 미권米券*으로 바꿀 수 있었다. 미권은 언제라도 시가에 매매할 수 있었으며 은행에서도 환영받았다. 특히 산쿄창고의 엄격한 쌀 검사와 관리 덕분에 이곳의 미권은 언제라도 현금으로 교환할 수 있을 만큼 권위와 신용이 있었다. 그 명성은 오사카 도오지마에까지 알려져 도오지마 쌀 거래소에서도 산쿄창고의 미권은 최고의 대우를 받았다.

창고에 들어온 쌀은 거래를 위해 집산지로 출고된다. 조감

산쿄창고와 주변 조감도

센고쿠부네

* 창하증권(倉荷證券), 예미증권(預米證券), 질입증권(質入證券) 등으로 쓰여 있는데 미권으로 통칭했다.

도에서 보듯이 니이다가와의 선착장에서 쌀을 실은 배가 오른쪽으로 하천을 따라 가다 보면 모가미가와를 만나며 다시 동해로 이어져 니시마와리코로西廻り航路*를 따라 대도시로 간다. 이때 센고쿠부네千石船라 하는 선박을 이용하는데 말 그대로 '1,000섬, 즉 150톤'을 실을 수 있을 정도였다고 한다. 이렇게 산지에서 배를 타고 이동된 쌀가마니는 오사카나 에도 등지의 쌀 창고로 들어가 거래가 될 때까지 보관된다.

* 1671년 막부 정부는 쇼나이 평야의 쌀을 더욱 쉽고 빠르게 에도로 운반하기 위해 해로를 개척했다. 이 중 일본 본토를 서쪽 방향으로 도는 바닷길을 니시마와리코로라 하는데 사카타에서 시모노세키(下關), 오사카를 거쳐 에도에 이른다. 이와 반대로 일본 본토를 동쪽 방향으로 도는 바닷길을 히가시마와리코로(東廻り航路)라 하는데 츠가루(津輕) 해협을 지나 태평양을 거쳐 에도에 도착한다.

쌀 거래로 천하를 흔들다

지금까지의 내용을 정리해보면 속요에 나타난 세 지명, 즉 사카타, 도오지마, 에도의 쿠라마에는 모두 쌀과 밀접한 관련이 있다는 것을 알 수 있다. 사카타는 일본 북서부 지방의 주요 쌀 산지이고 도오지마는 관서지방의 주요 쌀 산지일 뿐만 아니라 최대 집산지였으며, 쿠라마에 역시 관동지방과 에도시대 수도권 쌀 산지의 집산지였다. 문제는 오사카나 에도에 비해 상대적으로 촌구석 변두리에 불과한 사카타가 어떻게 오사카와 에도보다 우위를 점한다고 노래하는가 하는 점이다.

사카타는 해가 쨍쨍하고, 도오지마는 흐리고,
에도의 쌀 창고 앞에는 비가 내리네.
아, 혼마님에게는 미치지 못하지만,
번주님만큼은 되고 싶어라.

속요의 문맥상 변두리인 사카타가 쟁쟁한 오사카와 에도보다 우위로 표현되고 있는 것은 혼마라는 사람과 관련이 있음을 짐작하게 한다. 또한 혼마라는 사람은 세 지명을 관통하고 있는 쌀과 관계가 있음도 미루어 짐작할 수 있다. 따라서 최소한 140년 이상 된 위 속요에 담겨 있는 중요한 비밀은 바로 쌀인 것이다.

이는 혼마 무네히사가 쌀 거래로 거대한 부를 쌓았다는 사실과 맞아떨어진다. 속요에서 혼마는 번주보다 부자인데 번주는 사람들이 그렇게 되고 싶다는 희망을 가질 정도의 부자였지만 혼마는 아예 꿈도 꿀 수 없는, 전혀 도달하기 어려운 부의 세계에 있었던 사람이다. 이미 일개 번을 떠나 도요토미 히데요시의 오사카를 흐리게 하고, 도쿠가와 막부의 수도인 에도마저도 비가 내리게 하는 절대 부의 영역에 있었던 것이다. 전설에 의하면 혼마 가문의 땅은 차를 타고 1시간 이상을 달려야 하는 거리, 지금의 아키타秋田에서 니가타新潟에 이르렀다고 한다. 참으로 어마어마한 부자라 할 수 있다.

또한 위 속요를 영향력이라는 측면에서 본다면 변두리였던 사카타에서의 거래가 일본 전국의 쌀 가격을 좌지우지할 정도로 그의 투자법이 남달랐다는 뜻이기도 하다. 에도시대 도쿠가와 막부 8대 쇼군인 요시무네吉宗, 1684~1751가 천하를 다스리던 시절, 촌구석에 불과한 사카타에서 쌀 하나로 전국을 흔들어댔던 혼마 무네히사.

그렇다면 혼마 무네히사는 누구인가?

02 도오지마 곡물거래소와 선납수표 先納手票

혼마 무네히사를 말하기 위해서는 앞서 몇 가지 알아야 할 것이 있다. 그중 하나가 쌀에 얽힌 오사카의 도오지마 곡물거래소에 대한 이야기다.

도오지마 곡물거래소가 에도시대 전국 최대의 곡물거래소였다는 것은 이미 언급한 바 있다. 당시 오사카에는 전국 다이묘들의 쌀 창고가 운영되고 있었고 다이묘들의 정치자금, 무사들의 봉급, 참근교대에 따른 필요경비, 사치스러운 사교 경비 그리고 생활비 등을 마련하기 위해 쌀 거래가 활발히 이뤄졌다. 거래 장소는 오사카에 여러 곳 있었지만 그중 쌀의 직접적인 거래뿐만 아니라 선물거래도 왕성했던 곳이 바로 도오지마였다.

선물거래, 선물시장이란 무엇인가?

선물이란 미래를 예측해 오늘 당장 대비하는 개념으로 볼 수 있다. 일반적인 거래 형태는 언제든 필요한 물건이 있으면 시장에 가서 값을 치르고 물건을 사거나 값을 받고 파는 것이다. 그러나 거래에는 그때그때 필요한 대로 사고파는 방식만 있는 것은 아니다. 당장은 필요하지 않지만 후일에 어떤 물건이 필요할 수 있고 후일에 물건을 팔아야 할 때도 있다.

선물은 바로 이러한 점에 주목해 만들어진 상품이다. 미래 어느 때 물건을 사야 한다면 그때 가서 사도 되지만 지금 형성되고 있는 가격에 비해 비싸진다면 문제는 달라진다. 혹은 나중에 지금보다 현저히 싸진다면 그것도 문제가 된다. 특히 덩어리가 큰 사업을 하는 사람일 경우 자금 운영에 큰 차질이 발생할 수 있다. 물론 이러한 때를 대비해 물건을 미리 사둘 수도 있지만 미리 사두는 데 따르는 자금, 이자, 보관비용, 가격변동 등 여러 위험에 노출된다.

그리하여 사용할 물건이 그리 먼 미래에 필요한 것이 아니라면 물건값의 일부만 지불하고 계약해두는 방식이 현명할 수 있다. 이렇듯 구매대금의 일부를 지불하고 계약한 다음 미래 어느 시점에 물건을 인도받는 방식이 일종의 선물거래방식이다.

우리나라에서는 70년대 오일쇼크로 사회전반이 큰 충격을 받아서 유가 급등과 같은 외부의 충격을 흡수하고자 정부가 나서서 선물거래제도를 마련했다. 이때가 1975년인데 당시만 해도 주로 구리, 알루미늄 등의 상품선물거래가 행해졌고 채권이나 통화, 주가지수 등의 금융선물거래가 이루어진 것은 90년대에 이르러서였다.

서구사회에서는 이미 16세기 네덜란드에서 시작되어 유럽으로 확산됐으며, 19세기에는 미국에서까지 시행되면서 세계적인 규모로 선물시장의 발전이 이뤄졌다. 이에 비해 일본의 경우 이미 18세기에 선물거래가 이뤄지고 있었으니 상당히 의미가 있다. 도오지마의 곡물거래소는 아시아 최초이며 서구의 영향을 받지 않고 자생적으로 발달한 선물시장이었다.

밭떼기 거래와 선납수표의 관계

우리나라에서도 상인들 사이에서는 선물거래 비슷한 거래가 오랜 전통을 가지고 관례처럼 이뤄져왔다. 예를 들어 어떤 농부가 배추를 300평 심었다고 하자. 이를 이래저래 알게 된 어떤 배추상이 배추가 다 자라기도 전에 밭에 배추가 있는 그대로 미리 사는 경우가 있다. 이를 '밭떼기 거래'라 하는데 거래대상물을 후일에 주고받기로 한다는 점에서 현물거래는 아니다.

 이런 거래를 하는 이유는 배추상의 경우 나름대로 오랫동안 장사를 해온 노하우가 있어 앞으로 배추를 수확할 때쯤 되면 산지 배추값과 집산지에서 넘기는 배추값의 차익을 얻을 가능성, 즉 배추값이 오를 가능성이 많다고 보기 때문이다. 물론 기본 물량을 다른 상인들에 앞서서 확보할 목적이기도 하지만 가장 중요한 것은 가격상승 가능성이다. 그러나 배추 수확기가 됐을 때 상인의 예측과 달리 값이 조금밖에 오르지 않을 수도 있고, 전국의 수확량이 너무 많아 폭락할 수도 있다. 이럴 때 그는 적당한 이익을 얻거나 엄청난 손실을 본다. 하지만 배추값이 폭등한다면 엄청난 이익을 보는 것은 당연하다.

농민의 입장에서는 '밭떼기 거래'로 넘기면 배추값을 어느 정도 받아서 수확 전에 미리 현금을 만져 좋고, 수확기에 가격이 폭락할 경우 배추를 그냥 밭에서 썩히는 일이 없어서 좋다. 또한 배추를 수확해도 막상 팔아줄 상인이 나타나지 않아 판매처를 확보하느라 고생하지 않아도 좋은 것이다.

이러저러한 이유로 농민과 상인은 상호보완적인 관계가 형성되고 '밭떼기 거래'는 성행했다. 이를 선물거래와 구별하기 위해 먼저 넘기는 거래, 즉 선도거래라 한다. 이러한 거래방식은 배추만이 아니라 인삼이나 쌀, 고추, 배, 무, 마늘, 고구마, 감자 등 다양하게 적용돼 우리나라에서 상당히 오랫동안 행해져온 상거래방식이다.

선물거래는 이런 선도거래에서 한발 디 나아간 거래방식이라 할 수 있다. 위에 언급한 배추상을 김 씨라 하고 그가 '밭떼기 거래'로 배추를 확보했다고 하자. 이 배추를 수확하려면 한 달 정도의 기간이 필요하다고 할 때 그 한 달이라는 기간 안에는 여러 가지 변화가 생길 수 있다. 예를 들어 태풍이 전국을 강타하고 물난리가 나서 특히 농토에 심각한 타격을 입혔다고 하면 산지의 배추값이 급등하게 될 것이다. 이 경우 김 씨는 자신이 사둔 밭의 배추가 무사하기만 하다면 조만간 상당한 이익을 보게 될 것이다.

그런데 이때 마침 김 씨의 어머니가 간이 나빠져서 병원에

입원하게 되고 급한 돈이 필요하게 된다면 그는 상당한 이익이 확실시 되는 '밭떼기 거래' 계약서를 다른 상인에게 팔고자 할 수 있다. 비록 수확까지 기다려서 팔지는 못하지만 어느 정도 이익을 계산해 다른 배추상에게 자신이 농민과 계약한 금액보다 비싸게 팔았다고 하면 이것이 바로 선물거래다. 즉 이 배추상들은 현물배추을 살 수 있는 권리인 계약서선물를 사고팔았기 때문에 선물거래를 한 셈이다. 물론 김 씨가 산지 배추값이 오르지 않은 상태에서 어머니 병원비 때문에 농민과의 계약금액보다 싸게 처분할 수도 있다. 이 경우에도 '밭떼기 거래' 계약서를 매매했다면 선물거래가 된다. 싸게 팔고 비싸게 팔고가 문제가 아니라 '밭떼기 계약서'를 사고판 행위가 바로 선물거래인 것이다.

선물을 사고팔게 만드는 이유는 수천만 가지도 넘을 것이다. 미래는 불확실하기 때문에 김 씨와 달리 어떤 사람은 자신이 배추를 미리 사두느라 사용한 필요경비와 자신의 일당 등과 비교해 조금만 비싸게 준다 해도 팔고자 할 수 있다. 혹 어떤 사람은 수확기가 오기 전에 현물값이 폭락해 울며 겨자 먹기로 손실을 보고 팔기도 할 것이다. 반면 어떤 사람은 현물값이 폭락할 때 수확기까지 가격이 충분히 다시 오를 수 있음을 예상하고 다른 사람이 헐값에 처분하는 것을 쓸어 모을 수도 있을 것이다. 이러한 여러 가지 이유가 바로 거래가 일어나게 만드는 요인이며 이런 선물거래가 집중적으로 일어나는 곳이 선물시장이다.

아시아 최초의 선물시장,
오사카 도오지마 곡물거래소

도오지마 곡물거래소는 쌀의 매매만이 아니라 선물거래가 이뤄졌던 곳이다. 교통과 정보통신의 수준이 오늘날과 비교할 수 없었던 250여 년 전의 일본에서 쌀을 현물거래하기 위해서는 엄청난 규모의 인력이 필요했다. 쌀을 산지에서 에도나 오사카로 운반하기 위해서는 그 자체로 엄청난 운반자금이 소요됐을 뿐 아니라 거래가 되어 넘기기 전까지는 쌀을 쌓아둘 커다란 창고도 필요하고 그 창고를 관리하는 사람도 필요했다. 게다가 쌀은 가을에 수확되기 때문에 1년 동안 가격변동에 노출되는 문제가 있다.

일본의 경우 쌀은 그들의 주식이며, 우리나라에서도 과거에 그런 경향이 있었듯이 현금처럼 통용되는 중요한 곡물이었다. 그럼에도 일본의 쌀 수확량은 전체 인구에 비해 부족해 조선으로부터 수입하는 상황이었다. 뿐만 아니라 일본은 태풍이나 지진 등 기후조건으로 인해 기근이 들기가 다반사였다. 이때마다 매점매석과 쌀 가격 폭등락이 이어지므로 막부의 고민은 이만저만이 아니었다. 또한 다이묘들의 경우에도 농민들로부터 세금으로 쌀을 거둬들이는 비용과 오사카나 에도의 창고로 옮기는 운반비, 창고 보관비가 막대하게 들어갔을 뿐 아니라 항상 가격변동의 위험에 노출되어 있었다. 다시 말해 쌀 가격이 폭등하면 당연히 좋겠지만 폭락할 경우 쌀에 수반되는 고정비용이 있었기 때문에 엄청난 손해가 발생했고, 기후에 따라 품질에 문제가 생기기도 해 쌀 거래에 따르는 고민이 심각했다. 이러한 문제를 해결할 방법이 바로 선물거래였다.

또한 자금 조달 면에서도 선물거래는 훌륭한 해결책이 된다. 도쿠기와 막부는 막부내로 다이묘들은 다이묘대로 자금이 많이 소요됐다. 막부는 막부를 유지하기 위한 물자를 공급받고 인력을 유지하고 각종 행사를 진행하거나 행정력을 발휘하기 위해서 항상 자금이 필요했다. 그리고 다이묘들은 참근교대에 따른 비용과 자신들의 번을 지배하기 위한 고정 비용 등이 필요했다. 또한 에도시대 내내 문젯거리였던 사치 문화의 영향 아래 있었기 때문에 언제든 현금을 융통할 수 있어야 했다. 특히 다이묘들에게는 번의 적자가 누적되면서 선물거래에 의존하는 정도가 더욱 심해졌다. 창고에 쌀이 없더라도 수확기인 가을에 쌀을 내주겠다는 증서를 발행해 당장 필요한 자금을 조달할 수 있었기 때문이다.

이 쌀을 주겠다는 증서가 바로 선물거래의 전제조건이라 할 수 있다. 이 증서는 지금으로 말하면 수표와 같아서 에도

시대에는 언제든 쌀로 바꿀 수 있었다. 다만 지금의 수표와 다른 점은 10만 원짜리 수표는 언제든 10만 원의 가치가 있어 은행에서 10만 원으로 바꿔주지만 쌀 증서는 10만 원짜리가 될 수도 있고 8만 원짜리가 될 수도 있고 12만 원짜리가 될 수도 있는 가격변동이 가능한 거래대상이라는 점이다. 즉 쌀 가격의 변동에 따라 수표의 가격 역시 다르게 결정되는 것이다. 이 증서를 '돈을 먼저 주고 쌀을 나중에 받는다' 하여 선납수표先納手票라 했다.

도쿠가와 막부에서는 선납수표를 막부 차원에서 보호해 상인들이 원한다면 언제든지 쌀로 바꿔줄 수 있도록 했고, 설사 어떤 다이묘가 처벌을 받게 돼 그 영지를 몰수하더라도 증서만은 몰수대상에서 제외시켜 유통의 안전을 보장했다. 따라서 선납수표는 현금처럼 인식되는 안전한 재산이었다. 그러나 이 수표는 가격변동 요인에 노출돼 있어서 자칫 잘못 살 경우 가격폭락으로 커다란 재산상의 손실을 입을 수도 있었다.

도오지마에서는 오사카의 쌀 창고에 쌓여 있는 어마어마한 쌀을 바탕으로 선물거래가 활발히 일어났으며 여기에서 엄청난 부를 축적하는 사람도 있었고 가산을 탕진하는 사람도 비일비재하게 출현했다. 이러한 파산자들 가운데는 수십만 석의 영지를 가진 다이묘들도 상당수 있었다. 다이묘들은 원래는 수십만 석의 영지를 가지고 있었지만 계속되는 적자로 자금이 고갈되면서 항상 급전이 필요했다. 이때마다 손쉽게 돈을 마련할 수 있는 방법이 선납수표의 발행이었다. 이 수표를 상인들에게 팔기 위해서는 수확기에 예상되는 쌀 가격보다 가능하면 싸게 발행해야 했고, 다이묘의 재정상태를 잘 아는 상인들은 되도록 싸게 사려고 했다. 결국 돈이 급한 다이묘는 헐값에 수표를 발행하게 되고 그 결과는 가을 수확기에 쌀을 헐값에 처분하는 결과로 이어져 적자는 더욱 심해져갔다.

이런 다이묘들의 재정적인 문제는 커다란 사회변화를 이끌어냈다. 사농공상士農工商* 계급이 철저하게 지켜지던 에도시대에 상인계급의 신분상승이 점차 두드러지고, 심지어는 무사들조차 상인들에게 머리를 숙여야만 하는 일들이 종종 일어나게 된다. 이런 변화는 무사계급에게는 끔찍한 일로서 당시 평민들에게는 귀신보다 더 무서운 다이묘였지만 오사카의 상인이 성내면 천하의 제후들도 벌벌 떤다고 풍자되기도 했다. 상인들의 빚 독촉에 전전긍긍하는 다이묘들의 모습을 지적한 것이다. 영주인 다이묘들이 그랬을 정도니 그 아

---

* 에도시대에 세습되던 신분계급을 말한다. 여기서 '사(士)' 는 우리나라와 달리 '무사' 를 가리킨다. 무사계급은 단순히 칼을 휘두르는 자가 아니라 당시 사회의 지배계급이자 특권층이면서 다른 계급의 모범이 될 수 있도록 엄격한 생활 규범을 갖고 있었다.

래에 있는 하급무사들의 경우는 이루 말할 수가 없을 정도였다. 땅을 빼앗기거나 신분을 팔기도 했고 다이묘를 섬겨야 할 그들이 아예 상인에게 고용되기도 했다. 무사에게는 절사어면切捨御免이라는 특권이 있어 '무사를 모욕하는 자는 베어도 책임을 묻지 않는다'고 했다. 그 정도의 계급적 특권을 향유하던 그들이기에 상인계급에게 벌벌 떠는 상황으로의 전락은 중요한 사회변화라고 할 수 있었다.

이런 변화를 가능케 한 것이 바로 쌀의 힘이었고 오사카의 도오지마라는 곳이었다. 그리고 도오지마에서 가장 유명한 인사가 혼마 무네히사였다.

그는 도대체 어떻게 해서 돈을 벌었을까?

03 사라졌던 일본 최고의 상법서, 「혼마비전」 本間秘傳

일본 사회를 말하는 데 빼놓을 수 없는 것이 대대로 이어지는 직업이라거나 철저하게 소수에게 전수되는 자신들만의 비법 등이다. 우리가 흔히 장인정신이라 하여 눈여겨보곤 하는 부분이다. 여기에는 자신들만의 고집스러운 세계가 녹아 있고 세상에 대해 스스로를 존중하면서 접근하는 방식이 들어 있다. 그리고 자신들만의 기술로 일가를 이룰 수 있다는 비전이 잠재하고 있다. 그 단적인 예가 검술유파로 무슨 류 다 하여 직속제자에게만 가르치는 전통이 그것이다. 때때로 이러한 시도들은 무사로서 크게 성공을 거둬 수만에서 수십만 석의 영지를 하사받는 번주가 되거나 쇼군이나 번주를 섬기는 높은 관직에 나아가기도 했다.

「혼마비전」은 왜 사라졌었나?

혼마 무네히사 역시 이러한 전통 위에 서 있다고 할 수 있다. 그는 크게 성공해 거대한 부를 얻은 뒤 87세까지 편안한 여생을 보냈으며 그동안 자신의 성공법을 정리해 세상에 남겼다. 혼마 무네히사와 동시대 상인들뿐 아니라 그의 사후에도 거상巨商을 꿈꾸는 수많은 사람들이 가르침을 얻고자 했지만 그의 글은 철저히 비밀에 부쳐졌고 메이지유신이 일어날 때까지 사람들에게 알려지지 않았다. 세간에서는 그의 비법 일부가 알려지면서 혼마 무네히사가 남긴 상법서가 존재할 거라는 추측들이 난무했지만 행방을 찾을 수가 없었다.

그리하여 사람들은 결국 그의 상법서가 존재하지 않으며 상법서가 있을 거란 소문은 그야말로 소문에 불과하다는 생각을 갖게 됐다. 사람들이 그 존재를 부정하고 잊어버리면서 혼마 무네히사의 상법서는 세상에서 사라진 것과 마찬가지가 됐다. 그러던 것이 먼 친척인 가토 코사쿠加藤耕作에 의해 혼마 무네히사의 자필 원고가 발견됐고 그는 여러 자료를 참조해 '혼마 무네히사 비전本間宗久秘傳'으로 정리해냈다. 이것은 후에 '삼위전三位傳' 혹은 '시세삼위전市勢三位傳', '상장삼매전相場三昧傳' 등의 이름으로 세상에 알려지게 된다.

후에 알려진 바로는 「혼마비전本間秘傳」은 혼마가 51세 때인 1768년부터 쓰기 시작해 81세까지 약 30년에 걸쳐 정리한 것으로 되어 있고 그의 육필 원고는 '혼마 무네히사 비화本間宗久秘話'라는 제목이었다고 한다.

이러한 내용을 통해 유추해볼 수 있는 사실은 혼마가 말년에 자신의 거래 경험을 집약해 오랜 기간에 걸쳐 상법서를 집필했고 철저히 후손들에게만 전해졌으리라는 것이다. 또한 후손들에 의해 제목이 붙여져 소중히 보존되어왔음도 짐작할 수 있다.

혼마 무네히사가 남긴 글에 보면 자필 원고가 세상에 공개되지 않았던 이유를 알 수 있다.

'이 글, 아무리 막역한 사이라 할지라도 절대 보여주어서는 안 된다. 오직 나 혼자 부자가 되고자 함이 아니다. 이 글을 잘 이해하지 못하고 쉽게 생각해 매매를 함으로써 실수하게 되고, 때에 따라서는 신상에 해를 끼치고 원한을 사기 때문에 다른 사람이 보는 것은 무용한 일이므로 반드시 비밀로 할 것이다. 특히 '삼위의 방책三位の傳'은 천하에 드문 법을 세우므로 아는 사람이 적다. 이 법에 따라서 팔고 사기를 한다면 복덕福德 이운利運을 얻고 손실을 입는 일이 없다. 소중히 생각하고 비장해야 하며, 삼가야 하고, 비밀로 해야 한다.'

혼마 무네히사의 상법서라 할 수 있는 「혼마비전」은 두루

뭉술한, 그저 다 옳은 이야기를 기술한 일반적인 것들과는 다르다. 평이한 진술을 통해 마치 도인의 말처럼 함축적이면서도 알기 쉽게 자신의 비법을 기술하고 있기는 하지만 그 내용을 더듬어보면 분명한 이론체계가 바탕이 되어 있음을 알게 된다. 사실 이러한 측면을 간과하고서는 그의 글을 제대로 이해하기 어렵기도 하다. 또 하나의 특징이라면 그의 진술이 구체적이라는 점인데 실제 상거래에 기반한 내용이기 때문에 현재에도 시장에서 적용되고 있을 정도다.

혼마 무네히사의 글이 세상에 나타나자 막연히 전설로만 내려오던 그의 상법서가 현존한다는 사실에 일본인들은 놀라움을 금치 못했고, 그의 정연한 시장분석과 이론체계에 감탄했다. 그가 남긴 유산인 '캔들차트'와 '사카타 5법', 「혼마비전」이 세 가지를 관통하는 연결고리를 찾아 일본에서는 오늘날까지도 끊임없이 그의 글을 참고하고 가르치고 있으며 실제 투자법으로서 시장에서도 활용하고 있다.

혼마 무네히사가 남긴 글을 소개하기에 앞서 그에 관한 간단한 소개와 혼마 가문에 대해 언급할 필요가 있겠다.

혼마 무네히사의 출생과 가문

일본에서는 사카타라는 곳을 잘 모르는 사람들조차 '혼마가'라 하면 '데와의 그 혼마가?'라고 되물었다고 한다. 그 정도로 일본 제일의 대지주로 널리 알려져 있었던 것이다. 지금에 와서는 많이 쇠락했지만 당시는 천하가 알 정도였다고 이야기되는데 단지 입이 떡 벌어질 정도의 부자여서만은 아니었다. 혼미가는 대대로 공익과 부의 사회환원에 앞장서 왔는데 해당 시대의 정부나 기관이 엄두도 내지 못할 대규모의 업적들이 많았다.

혼마 무네히사가 주로 활동했던 시기는 8대 쇼군 요시무네 치세하이며, 9대 쇼군 이에시게家重, 1751~1761, 10대 쇼군 이에하루家治, 1761~1786를 지나 11대 쇼군 이에나리家齊, 1786~1841 연간인 1803년까지 이어진다.

전설에 의하면 혼마 무네히사는 1717년 쇼나이번의 곡창지대인 데와出羽에서 출생했다고 전해진다. 그 후 당시 사카타의 부농이었던 혼마가의 양자가 되는데 그때 혼마 무네히사라는 이름을 얻었다고 한다.* 그래서 후에 세상 사람들은 그의 출신지명을 따서 귀신같은 존재라는 뜻으로 '데와의 텐

---

* 혼마미술관 관장 다나카 쇼우부(田中章夫) 씨와의 인터뷰에 의하면 혼마 무네히

구出羽の天狗'라 부르기도 했다. 텐구는 필자가 서문에서 언급했듯이 신들의 최고신이며 '일본인들에게 아주 친숙한 존재로 우리나라의 산신령 같은 존재다. 혼마 무네히사를 텐구에 비교했다는 것은 그만큼 상술이 뛰어난 사람이었으며 거대한 부를 이룬, 차원이 다른 사람이면서도 가까운 존재라는 일본 특유의 정서적 표현이기도 하다.

혼마 무네히사가 살았던 에도시대 중기만 해도 사농공상土農工商의 신분제도가 엄격했고 무사계급 이외에 농민이나 상인, 기술자 등이 성姓을 갖는 것과 허리에 칼을 차고 다니는 것이 금지됐는데 이를 '명자대도의 금名字帶刀の禁'이라 했다. 그러므로 상인 가문인 혼마가의 양자가 되면서 혼마라는 성

사에 대해 양자라는 설과 초대 당주의 5남이라는 설이 있다고 한다. 혼마미술관은 5남설을 받아들이고 있다고 하면서 책 한 권을 건네주었는데 「사카타의 혼마가(酒田の本間家)」(1972년, 사토 사부로(佐藤 三郎) 저, 中央企画社)라는 책이었다. 거기에는 혼마가의 기원과 혼마 무네히사에 대해 다음과 같은 내용이 있다. 혼마 가문의 기원을 거슬러 올라가면 제62대 무라카미천황(村上天皇, 946~967)에 이른다고 알려져 있다. 하지만 당시의 기록이 없어 확실치는 않으며 현재 혼마가라 하면 모토미츠를 초대 당주로 한다. 그 이유는 모토미츠가 사카타에서 집안의 안정과 부의 초석을 이뤘기 때문이다. 모토미츠는 16살경에 분가해 니가타야(新潟屋)라는 상점을 열었는데 뛰어난 사업수완을 발휘해 당대에 막대한 부를 축적했다. 한 예로 1718년 쇼나이번으로부터 사카타의 유지들에게 번의 자금으로 2,800냥을 모을 때 모토미츠는 2위 그룹(전체 5등급 중)으로 100냥(1위 그룹은 150냥)을 할당받았다. 그런데 1736년에 같은 명목으로 740냥을 모을 때는 장남 미츠토시 명의로 120냥을 냄으로써 단연 첫 번째 그룹에 속하게 됐다.
모토미츠의 경제력과 함께 혼마 무네히사가 그의 아들임을 나타내는 하나의 자료가 있는데 유서로 남긴 재산 분배 내역이다. 거기에는 차남과 3남에게는 300냥씩, 4남과 5남(혼마 무네히사)에게는 100냥씩을 남기며 자신의 이후 생활자금으로 200냥을 제하고 나머지 1,551냥을 장남 몫으로 한다고 되어 있다.

을 부여받았다는 것에 의문의 여지
가 있다. 하지만 후에 쇼나이 번주
로부터 혼마 무네히사와 3대 당주
인 미츠오카光丘, 1732~1801가 관직을
받고 무사계급으로 승격된 점에
비추어 성을 얻은 것은 신분상승

혼마가 문양 | 왼쪽이 가문을 대표하는 문양이고 오른쪽은 혼마가의 운송수단이나 여성들이 주로 사용했다.

이 이뤄진 뒤인 듯하고 양자가 될 당시에는 적어도 혼마 무
네히사라는 이름은 얻었던 듯하다.

그런데 혼마 무네히사를 양자로 입직시킨 사람은 사카타 혼마가의 시조라 할 수 있는 초대 당주 모토미츠原光, 1674~1740라는 설과 2대 당주인 미츠토시光壽, 1691~1754라는 설이 있다. 그 예로 혼마 무네히사와 15살 차이였던 3대 당주 미츠오카가 혼마 무네히사를 형이라고 불렀다는 얘기가 있는가 하면 숙부라고 불렀다고도 한다. 미츠오카는 미츠토시의 4남5녀 중 장남이다. 즉 혼마 가문의 적통이 가문의 주인 격인 당주를 이어갔고 혼마 무네히사는 양자였기 때문에 집안의 어른으로 남았던 셈이다.

데와의 텐구로 불리다

어쨌든 혼마 무네히사가 장남이 아님에도 혼마가의 가업을 위탁받은 시기가 있었다는 사실만은 분명하다. 그전에 혼마 무네히사의 영민함을 아끼던 부친 모토미츠는 쇼나이번의 번가 일행이 에도행을 할 때 함께 갈 수 있도록 청한 적이 있다. 이 여행에서 혼마 무네히사는 많은 것을 배우고 느끼게 된다. 당시 에도는 세계 최대 수준의 거대도시로 인구가 100만 명에 이르렀다고 한다. 같은 시기 파리나 런던도 80만 명 수준이었다고 하니, 더욱이 사카타라는 시골에서 수많은 인파로 북적거리는 에도 시가지를 보고 어린 혼마 무네히사가 어느 정도 놀랐을지 짐작할 만하다. 이때는 요시무네의 검약령에 의해 일상적으로도 내핍이 생활화되어 있을 뿐 아니라 상거래 역시도 활발하지 않았다. 하지만 그 가운데서도 쌀 거래만은 엄청난 호황을 이루고 있었다.

사카타로 돌아온 혼마 무네히사가 그때 이런 생각을 했다는 유고가 있다.

'무릇 데와의 땅 미전옥답 수십 리에 걸쳐 자고 이래 쌀 생산을 지속해 세상에 유명하다. 사카타에는 미회소米會所가 있어 매매가 몹시 원활하고 사방의 상인이 미곡 매입을 위해

폭주한다. 그래서 어느 때고 배가 항구에 정박해 돛들로 숲을 이루나니. 아, 내가 종사해야 하는 것은 이것인가.'

이때부터 혼마 무네히사는 쌀 가격에 대해 연구하기 시작했다. 2부에서 소개하는 비전의 내용을 보면 그가 얼마나 철저히 연구했고 과학적인 체계를 세웠는지 알 수 있다.

그런 후 몇 년이 지난 1750년에 가업을 맡아 운영하게 된다. 2대 당주인 미츠토시가 60살이 되어 일선에서 물러나면서 전권을 혼마 무네히사에게 넘긴 것이다. 원래대로라면 장남인 미츠오카기 상속자로서 물려받아야 하지만 아직 19살이어서 공부를 더 해야 한다는 이유였다. 그래서 미츠오카는 에히메愛媛로 견습을 떠나고 혼마 무네히사가 가업을 맡게 됐다.

혼마 무네히사는 사카타에서 장사로 이익을 올리는 것은 지역 특성상 쌀 거래밖에 없다고 생각했다. 그래서 그때까지 혼자서 연구해오던 일을 실행에 옮겼다. 즉 가게의 자금으로 쌀 거래를 개시한 것이다. 그의 시세 예측은 놀랍게도 잘 맞아떨어져 순식간에 수만 엔-현재 가치로는 수십억 엔-을 벌어들였다고 한다. 그렇게 4년이 지난 후 미츠토시가 세상을 뜨자 미츠오카가 고향으로 돌아왔다.

이때 혼마 무네히사와 미츠오카 사이에 약간의 갈등이 생겨 혼마 무네히사가 고향을 떠나게 된다. 여기에는 혼마가의 가계 운영 방침과 관련이 있다. 혼마가는 초대부터 대대로

당주 중심, 즉 종가 중심으로 모든 것이 이뤄졌다. 형제 중 분가를 하여 따로 살게 되더라도 종가의 정책을 좇는 것이 관례였다. 하지만 모든 세대에 당주가 그 막중한 역할을 수행할 수 있었던 것은 아니었다. 능력이 부족하다고 생각될 때에는 가족 중에서 대신할 사람을 찾아 그 역할을 맡겼는데 이를 '오미세노 오야가타お店の親方', 즉 지배인이라 부르고 당주는 이 사람을 '나리 또는 주인且那, だんな'이라 불렀다. 그런데 간혹 지배인이 세력을 확장해 돈을 많이 벌면 종가를 소홀히 하는 경우가 생겼다. 이때는 당주가 그에게 '의절'을 선언하고 지배인의 직책을 뺏을 뿐 아니라 종가의 출입을 금지시켰다. 10대에 이르기까지 이런 일이 몇 번 있었는데 바로 이런 종가 중심주의가 200여 년 동안 대지주로서 혼마가가 유지된 원동력이라고 이야기되고 있다.

미츠오카도 혼마 무네히사에게 의절을 선언하고 종가의 출입을 금지시켰는데, 지배인인 혼마 무네히사가 가문의 자금으로 위험한 투기를 하고 있다고 판단한 것 같다. 초대 당주인 모토미츠가 투기는 정도正道가 아니므로 절대 발을 들여서는 안 된다고 엄명을 내리기도 했던 바, 조부의 유언과 가문의 책임자로서 미츠오카는 그런 결정을 내릴 수밖에 없었으리라 보여진다. 이때가 1754년으로 미츠오카가 23살, 혼마 무네히사가 37살이던 해였다.

그래서 혼마 무네히사는 자신의 길을 찾아 에도로 갔다. 하지만 이곳에서는 시세 예측이 번번이 빗나가 완전히 빈털터리가 되고 말았다. 망연자실해 있던 그는 정신을 차리고 그 이유를 분석해봤다. 우선 에도는 사카타와 거래 규모부터 달랐다. 그리고 무엇보다 중요한 것은 자신의 마음속이 욕망으로 가득 차 시세를 읽을 수가 없었던 것이다. 사실 에도에 도착했을 때 혼마 무네히사는 미츠오카에게 보란 듯이 성공해 보이겠다는 마음을 먹고 있었던 것이다.

마음을 다잡은 혼마 무네히사는 오사카로 향했다. 차분히 때를 기다리며 거래에 임해 에도에서 잃은 돈의 수십 배나 되는 수익을 거뒀다. 이때 그의 거래방식은 사람들의 이목을 모았는데 그는 다른 누구하고도 의논하지 않고 혼자서 지켜보며 주문을 냈다. 나서고 물러섬이 능수능란하여 살 때도 팔 때도 모두 백발백중이었다. 이때부터 사람들은 그를 '데와의 텐구'라 부르기 시작했다.

전해지는 이야기들

한번은 이런 일도 있었다고 한다. 혼마 무네히사가 지배인으로 가업을 책임지던 시절로 11월 유난히 추운 때였다. 같은 마을에 토우베이야 젠베이搗米屋善兵라는 이가 있었는데 혼마가에 출입하는 쌀장수로 혼마 무네히사도 어느 정도 얼굴이 익은 사람이었다. 그런데 그가 꽁꽁 얼어붙은 그 날씨에 땀을 흘려가며 열심히 쌀을 찧고 있는 것이었다. 젠베이는 쌀 거래에 손을 댔다가 크게 실패해서 집과 땅까지 남의 손에 넘겨주어야 할 판이었다. 지나가던 혼마 무네히사가 우연히 그 모습을 보고 젠베이를 불러 말했다.

"이렇게 하루에 몇 가마씩이나 쌀을 찧어도 거래에서 손해본 것을 채워놓기 힘들지 않나?"

"그렇긴 합니다. 하지만 처자식을 굶길 수는 없어서 어떻게든 당장 먹을 건 마련해야겠기에…. 하지만 머지않아 실패를 만회할 수 있을 거라 믿고 있습니다."

가만 생각하던 혼마 무네히사는 또 물었다.

"지난번에는 사는 쪽에서 실패했지? 만약 지금 돈이 있다면 매수를 할 텐가 매도를 할 텐가?"

"당연히 매수입니다."

젠베이는 거침없이 대답했다. 그러자 혼마 무네히사는 그 자리에서 자금을 빌려주었다. 젠베이는 그 길로 혼마치를 내달려 부지런히 쌀을 사모으기 시작했다. 그로부터 며칠 지나지 않아 쌀 가격이 폭등했고 젠베이는 빼앗길 뻔했던 집과 땅을 지킬 수 있었을 뿐 아니라 막대한 이익까지 올렸다. 이때 이후 젠베이는 혼마 무네히사의 은혜를 잊지 않았으며 혼마 무네히사가 에도에 살 때도 매년 방문해 사카타의 작황 등을 상세히 알려주곤 했다.

그렇게 세월이 흐르던 어느 날 혼마 무네히사는 젠베이를 불러 이렇게 말했다.

"사카타의 쌀 상인들은 전부 장님들뿐인지 왜 거래의 진가를 모르는 것일까. 자네에게 내가 비결을 전수해주지."

그렇게 해서 스스로 체험한 거래의 비법을 정리한 것이 「쇼나이 혼마 무네히사옹 유서 약전莊內本間宗久翁遺書略傳」이라고 한다. 이 약전의 내용은 87가지로 나뉘어 있는데 거래와 가격의 등락에 대한 해설을 담고 있다. 200년도 더 된 때의 기록이고 음력과 절기, 당시의 작황 등에 바탕을 둔 내용이므로 어려운 내용이 많지만 그럼에도 현대의 주식 거래에 응용할 만큼 합리적이고 과학적인 분석이라 평가받고 있다.

그의 정보 수집력에 대해 이런 일화도 전해지고 있다. 오사카와 사카타는 지역적으로 먼 거리여서 600km가 넘는다.

그런데 혼마 무네히사는 매 4km마다 건물 지붕이나 산 등 높은 곳에 사람을 배치해 정해진 시간에 정해진 신호로 현지의 상황을 전달하도록 했다 한다. 거래를 하는 데 이렇게 모든 열정을 쏟았기에 신이라 일컬어질 정도의 결과를 얻지 않았을까. 비전 중 제30장에 '쌀 가격의 오르내림은 천성자연天性自然의 원리에 의해 움직이는 것이므로 서투른 자가 무심코 손을 대서는 안 된다'고 한 것도 시장을 대하는 자세에 대한 경고라 하겠다.

혼마 무네히사의 가족사를 보면 부인은 2대 당주 미츠토시의 처의 여동생으로 니이호리무라新堀村 가토우加藤 가문의 미야美也라고 한다. 둘 사이에 큐우사쿠久作라는 아들이 있었으나 19세에 죽었고 그 아래로 딸이 있었는데 이 역시 어려서 죽었다. 그래서 아내 미야의 동생 이노시로우猪四郎를 가토우가로부터 양자로 들여와 코우린光林이라 불렀다. 이 사람이 혼마 무네히사의 뒤를 이어 에도 네기시根岸에 살았다. 후에 그로부터 3대째인 후손이 고향 니이호리무라에 돌아와 옛날 성인 가토우를 사용해 현재까지 대를 잇고 있다고 한다.

미츠오카와의 관계에 대해서 한마디 덧붙이자면 둘은 말년에 화해한 후 서로 오가면서 지냈다. 혼마 무네히사의 경우 쌀 거래에서 이익을 얻는, 이를테면 자본주의적 이익추구의 방법을 사용했고 미츠오카는 가문을 책임지면서 지주업과 상업, 대부업 등으로 부를 키워갔다. 어쨌거나 두 사람은 혼마가가 그 정도로 융성할 수 있게 한 장본인들이다.

혼마 무네히사는 87세까지 편안한 여생을 보내고 눈을 감았다. 미츠오카보다 2년 뒤인 1803년이었으며 현재 에도 사카모토마찌坂本町 즈이도쿠지隨德寺에 그의 묘비가 있다.

04 베푸는 것은 유리한 것이다

혼마 무네히사를 이야기하는 데 빼놓을 수 없는 인물이 3대 당주인 미츠오카다. 혼마 무네히사가 실질적으로 혼마 가문의 부의 기틀을 만든 사람이라면 미츠오카는 집안을 경영해 가문을 번성시킨 인물이라 할 수 있다. 이들 두 사람으로 인해 혼마 가문은 일본 제일의 상인 가문으로 발전한다.

혼마 미츠오카 초상화

공익의 원조라 일컬어지는 혼마 미츠오카

미츠오카는 일본인들에게 특별한 의미가 있는 사람이다. 오늘날 사카타를 대외에 알리는 관광지나 유물 유적의 대부분이 혼마가와 관계가 있다 해도 과언이 아닐 정도인데 미츠오카대로부터 그 영향력이 발휘됐다.

미츠오카는 1732년에 사카타에서 출생해 1754년 23세의 나이로 혼마가 3대 당주가 된다. 혼마 무네히사의 매매에 치우친 상법의 한계를 극복하기 위해 상거래업 이외에도 금융업과 땅을 구입해 소작을 주는 지주업 부문을 강화하는 등 독자적인 경영지침을 세우고 혼마 무네히사의 영향력에서 벗어난다.

그는 특이한 경영철학을 가지고 있던 인물로 유명하다. 일본인들은 그를 가리켜 윤리경영의 기업가, 공익 기업가의 전형이라 말한다. 그의 영향력을 단적으로 보여주는 예가 바로 사카타의 도호쿠東北 공익문과대학이다. 사카타 시내에서 모가미가와를 남북으로 잇는 데와오오바시出羽大橋를 지나면 북쪽과는 사뭇 다른 풍경이 펼쳐지는데 시 변두리 정도 된다. 그런 시골 풍경 가운데 울타리도 없고 경계도 없이 도로에 면해 길다랗게 자리 잡은 건물이 바로 대학 본관과 부속

건물들이다. 2001년에 설립된 도호쿠공익문과대학은 일본은 물론 세계 어느 곳에서도 찾아볼 수 없는 독특한 건학 이념과 커리큘럼을 갖고 있다. 앞으로의 세계는 기술과 과학의 발전으로만 나아가는 것이 아니라 모두가 함께 이로운 공익의 이념이 있어야만 한다는 내용인데 이들을 집약하면 생전에 미츠오카가 남겼던 말 그대로가 된다.

"다른 사람이 필요로 하는 것이 있으면 주어라. 그것이 이익이다. 베푸는 것은 유리한 것이다."

특히 사카타에는 공익을 위해 헌신한 인물들이 많아 공익의 고장이라 불릴 만하다. 미츠오카를 필두로 지역의 부호들이 지역 공헌을 위해 사재를 출연함으로써 경제와 공익이 조화를 이루고 있으며, 현재에 이르러서도 문학과 경제 등 사회 다방면에서 공익 선각자가 배출되고 있다. 2005년에는

도호쿠공익문과대학 전경

캠퍼스 내의 포스터 | 모두를 위하는 일이 자신에게도 유익하다는 말이 들어 있다.

쓰루오카鶴岡 시에 대학원도 설립됐다.

앞에서 봤듯이 미츠오카는 베푸는 것은 유리하다는 생각으로 평생을 일관했는데 그의 첫 번째 사업이 쇼나이 해변의 바람을 막는 방사림防沙林 공사였다. 동해에서 불어오는 바람은 일본에서 가장 강하다고 할 정도였고 계절을 가리지 않았기 때문에 농사에는 물론이고 생활하는 데도 엄청난 재난이었다. 하지만 이를 어떻게 해볼 수 있으리라고는 생각조차 하지 못한 채 조상 대대로 살아왔다. 그러던 중 혼마가 3대에 이르러 미츠오카가 이 지역의 보다 풍요로운 삶을 위해 바람막이 공사를 시작했다.

처음에는 해변을 따라서 언덕을 쌓고 거기에 자귀나무를 심었다. 자귀나무는 햇볕만 있으면 건조하거나 척박한 곳에서도 잘 자라기 때문에 흙을 붙잡아주는 역할을 했다. 그런 후 노도能登*에서 해송黒松 묘목을 가져다 심어 뿌리가 잘 내리게 했다. 그렇게 했음에도 바닷바람은 묘목을 날려버리기 일쑤였고 그중에 뿌리가 내린 묘목 사이로 새 묘목을 심기를 끝없이 되풀이 했다고 한다. 어떤 나무 한 그루도 저절로 나고 자란 것이 없이 모두 사람의 손으로 심었다고 하니 그 모든 과정이 얼마나 수고로웠을지 짐작할 만하다. 더욱이 단시일에 끝나는 작업도 아니어서 이후 몇 대에 걸쳐 그 일을 이

---

* 　현재 이시가와(石川) 현 노도 반도의 옛 지명

쇼나이 해변의 방사림

아름드리 소나무

해풍에 옆으로 누운 소나무들

방사림으로 보호되는 사카타 시내 풍경

어갔다고 한다. 혼마가뿐 아니라 지역 유지들도 자발적으로 비용을 보탰음은 물론이다.

현재는 쓰루오카 남부에서 시작해 쇼나이 해변 일대 장장 35km 구간에 우거진 송림이 자리 잡고 있다. 폭은 평균 2km로 인가가 있는 쪽에서는 이제 바다가 보이지 않을 정도로 울창하다. 숲을 가로질러 바다 쪽으로 가다 보니 200여 년 동안이나 해풍을 맞아 나무들이 모두 비스듬히 자라고 있었다. 그 나무들 덕에 사카타는 물론 남으로 쓰루오카와 북으로 니가타의 카에츠下越까지 평화로운 생활을 누릴 수 있게 됐으며 바람과 모래먼지로부터 벗어난 쇼나이 평야도 전국 최고의 쌀 생산지라는 명성을 얻게 된 것이다.

미츠오카가 이 사업을 시작한 것은 1758년의 일이지만 이 일은 영원히 이어지고 있다고 봐야 한다. 후대에 어느 순간 방사림을 돌보는 일에 소홀해진다면 해풍과 모래바람은 다시 몰아칠 것이기 때문이다. 그래서 현재는 야마가타 현에서 이 방사림을 관리하고 있으며 육묘 구역을 만들어놓고 해마다 보완해서 심어나가고 있다.

쇼나이번에서는 굶어죽는 사람이 없었다

당시 각 번은 무가제법도의 시행에 따라 1년 혹은 반년 간격으로 에도로 가야 하는 규칙 때문에 해마다 막대한 비용이 소모됐다. 또한 번주들의 사치로 인해 재정이 궁핍해지고 적자가 누적돼 위기에 봉착한 번들이 많았다. 따라서 재정문제 해결이 다이묘들의 최대 과제가 됐는데 실패한 번들 중에는 결국 파산선언을 하는 곳마저도 생겼다. 메이지유신을 주도한 죠슈번長州藩*이 그러한 경우였다. 죠슈번은 상인들의 반발에도 아랑곳 않고 자신들의 부채를 없었던 일로 하자는, 요즘 말로 하면 지불불가 선언을 했다. 죠슈번과 함께 막부를 타도하는 데 결정적인 기여를 했던 사쓰마번薩摩藩**은 250년에 걸쳐 상환한다고 선언, 부채를 해결했다. 모두 폭력적인 방법이었다.

번 내의 무사들 역시 적자 재정의 영향에서 벗어날 수 없어 파산하는 경우가 많았고 대부분 상인들로부터 높은 이자로 돈을 빌렸기 때문에 갚을 길이 없었다. 그래서 번주로부터 하사받은 땅을 넘기거나 무사 신분을 파는 일까지 벌어지

---

*　혼슈(本州)의 서쪽 끝에 있는 야마구치(山口) 현으로 일본 본토에서 가장 남쪽
**　혼슈보다 남쪽, 일본에서 세 번째로 큰 섬인 규슈(九州) 남부지역

곤 했다. 또한 번의 재정이 흔들리면서 평민들의 생활도 곤궁해져서 농토를 버리고 떠돌거나 농민 반란에 가담하는 무리가 늘어갔다.

쇼나이번도 상황은 별반 다르지 않았다. 이때 미츠오카가 번의 재정문제를 해결하는 일을 맡는다. 즉 높은 이자를 내고 있는 번의 부채를 대신 갚아주고 낮은 이자를 받는 방법으로 위기를 타개했으며 무사들과 평민들의 부채 역시 같은 방법으로 해결했다. 그런데 이와 같은 방법으로도 부채문제가 해결되지 않는 경우도 많았다. 채무자가 낮은 이자조차 갚지 못해 담보로 잡힌 토지의 소유권을 넘겨줄 경우 미츠오카는 원래 소유하고 있던 땅 주인에게 동일한 조건으로 소작을 하게 해 사실상 점유권을 유지하도록 했다. 당시에는 혼마 가문의 소작조건이 좋아서 그 땅으로 농사짓는 것이 쇼나이번 농민들의 소망이었다고 한다.

그뿐 아니라 흉년이 들거나 기근이 심할 때는 창고의 곡식을 풀어 쇼나이번 내에 굶어죽는 사람이 없도록 구제사업을 펼치기도 했다. 이러한 소문을 들은 인근 번에서 쇼나이번에 가면 굶어죽지는 않는다더라 하여 이곳으로 숨어 들어오는 사람들이 많았다고 전해진다.

4대 당주인 미츠오카의 장자 미츠미치光道도 아버지의 영향을 그대로 받아 유업을 이어갔을 뿐 아니라 지역민들을 위해 자선을 베풀었다. 특히 1800년대 초 사카타에는 초카이산의 화산 활동에 의한 지진과 시내 대화재 등 커다란 규모의 재난이 몇 차례 발생했다.* 그때마다 곡식을 풀어 빈민들의 생계를 도왔고 무이자로 대출도 실시했다. 또 사카타는 농민과 함께 항구에서 일하는 부두노동자들에 의해 경제가 돌아가는 도시였다. 그런데 항구는 봄부터 서서히 일이 시작돼 여름과 가을에는 한창이지만 겨울에 들어서면 일거리가 끊기고 만다. 이때가 되면 수많은 부두노동자들이 굶주린 배를 움켜쥐고 하루하루를 걱정하곤 했다.

이를 오랫동안 봐왔던 미츠미치는 낮은 이자로 돈을 빌려주는 것이 근본적인 대책이 될 수 없다고 생각하고 일자리를 창출하고자 결심한다. 그중 하나가 별장을 짓는 공사로 1813년의 일이다. 이 별장은 초카이산의 풍경을 본따 각지의 조경석을 배치하는 것이었는데 이 과정에서 부두노동자들의 일손이 많이 필요했다. 완공된 후 쇼나이 번주가 영지 내 순찰을 할 때 휴식을 취할 수 있도록 함과 동시에 혼마가의 별장으로 사용됐다. 원래는 1층이었으나 메이지유신 말기에 2층을 증축했다.

100여 년이 지난 후인 1945년, 전쟁이 끝나자 일본은 패

---

* 1805년 대화재로 사카타 시내 1,300호 전소, 1833년 대흉작, 지진과 쓰나미 발생 등의 기록이 쇼나이번 자료로 남아 있다.

혼마미술관 전경　　　　　정원의 모습

전국으로서 사회 전반적으로 엄청난 변화를 겪어야 했다. 혼마가 역시 그 와중에 농지개방 등으로 인해 3,000정보町步*에 이르는 재산 중 상당부분을 잃어버릴 처지에 놓여 있었다. 그렇게 혼마가의 명성이 쇠퇴해가던 중 별장도 새로운 용도가 모색됐다. 6천 평에 이르는 광대한 별장은 비어 있는 때가 더 많았기 때문이다. 그 결과 혼마미술관이라는 명칭을 갖고 1947년부터 일반에게 공개되고 있다.

개관 이듬해에 헬렌 켈러Helen Adams Keller, 1880~1968도 방문하는 등 유명인들의 방문이 잇달아 당시 사카타 시의 영빈관으

---

* 정보는 땅 넓이를 나타내는 단위로 1정보가 3,000평, 약 9,917㎡다. 혼마가가 소유하고 있던 토지가 어느 정도였는가에 대해 8대 때에 1,833정보 중 일부를 소작인에게 나눠주고 1,619정보가 됐다는 기록이 있다. 하지만 땅 이외에 혼마가와 관계된 회사 명의로 되어 있는 것까지 합하면 3,000정보가량이었다고 한다. 약 3천만 ㎡다.

제1부 250년 전 속요에 담긴 비밀 | 97

로서 중요한 역할을 해왔다. 전쟁 직후 아직 미술관이니 박물관이니 하는 문화적 공간이 없었던 일본에서 혼마미술관은 전국적으로 화젯거리가 됐고 혼마가의 명성을 되살려주는 역할을 했다.

혼마미술관의 이모저모와 혼마가에 대해 설명해주던 관장 다나카 쇼우부田中章夫 씨는 '이 별장을 지은 목적 하나만 봐도 혼마가가 얼마나 공익을 중시하는지 알 수 있을 것'이라고 말하면서 바로 그 때문에 사카타 시민들이 혼마 가문에 애착을 갖고 있는 것이라고 덧붙였다. 유물 보호의 필요상 내부 사진 촬영이 허락되지 않았는데 천황이 와 머물 때 2층에서 내려다보았다는 정원의 모습은 사진에 담을 수 있었다.

이렇듯 자신이 풍족하다 해서 다른 이들을 나 몰라라 하는 것이 아니라 언제나 빈민들을 보살펴온 혼마가이기에 200여 년간 대지주로 있으면서도 소작쟁의 한 번 일어난 적이 없었다고 한다. 막부가 무너지고 메이지유신이 단행되는 등 사회적으로 격변의 시기에 농민반란이 쇼나이번을 휩쓸 당시에도 혼마 가문을 침범하는 반란세력은 없었다고 한다. 이 모두가 '베푸는 것은 유리하다'는 미츠오카의 상인정신이 낳은 결과였다.

한번은 이런 일도 있었다. 막부가 쇼나이번 영주를 다른 영지로 보내려고 했을 때 쇼나이번의 평민과 무사들이 앞장서서 막부의 명령을 철회하게 만든 것이다. 도쿠가와 막부가 가와고에川越* 번주를 쇼나이번으로, 쇼나이 번주는 나가오카長岡** 번으로, 나가오카 번주는 가와고에 번으로 보내려는 명령을 내린 데서 비롯된 사건인데 이 명령을 삼방영지三方領知, 1840라 한다.

이 사건은 재정적자로 고민하던 가와고에 번주가 쇼군 혈통을 양자로 들인 후 막부에 그 대가를 요구한 데서 출발한다. 가와고에 영주는 막부에게 쇼나이번으로 가기를 요청했는데 혼마기의 지원으로 새성이 건실한 쇼나이번이 탐났던 것이다.

한편 쇼나이 번주의 경우 이에야스의 사천왕 중 하나로 측근 중의 측근이었고 후다이다이묘였기 때문에 막부의 명령을 거부하기 힘든 위치에 있었다. 그러나 그러한 번주의 입장과는 달리 민간에서는 강력한 반발이 일어났다. 이때 농민들의 저지운동을 지원한 사람이 혼마가의 5대 당주인 미츠데루光輝다. 이는 번주가 바뀔 경우 번가와 무사계급, 혼마가문, 평민들 간에 오랫동안 구축해놓은 신뢰관계에 문제가 생길 수 있고, 그것은 돈으로 환산할 수 없는 천문학적 손실이 될 것이기 때문으로 풀이된다. 그리고 평민들도 적극적인

---

* 혼슈 사이타마(埼玉) 현에 있는 도시로 에도로 가는 길목에 있다.
** 혼슈 니가타 현에 있는 도시로 쇼나이번 이웃이다.

저지운동에 나선 것으로 미루어 그러한 위기의식을 공감하고 있었다고 봐야 한다. 아무튼 혼마 가문과 쇼나이 번가인 사카이 집안, 무사계급, 평민들 모두가 사카타에서 에도 막부를 오가면서 집단적인 항명운동을 벌인 결과 결국 삼방영지가 철회되는 전대미문의 사건이 일어났다. 천황보다 더 높은 권력을 휘두르던 막부가 일개 번에 굴복하는 일이 발생한 것이다. 이 사건으로 사카이 집안과 혼마 가문의 관계는 어느 때보다 돈독해졌다.

이후로도 혼마와 사카이 두 집안의 유대관계는 계속 이어졌다. 도쿠가와 막부 말기에는 메이지유신군軍과 도쿠가와 막부군軍 사이에 벌어졌던 보신戊辰, 1868전쟁에 쇼나이번도 참전했다. 이때 혼마 가문에서도 신무기를 구입, 지원하는 등 적극적으로 개입했다. 그런데 도쿠가와 막부가 전쟁에 패배하자 쇼나이번과 함께 혼마 가문 역시 막대한 타격을 입게 된다. 이때도 평민들은 자발적으로 민병을 조직해 전쟁에 참여했을 뿐 아니라 패전 후에도 메이지 정부가 부과한 막대한 전쟁 배상금을 혼마 가문과 협력해 갚아나갔다. 이 모든 것은 혼마 가문에 대한 평민들의 신뢰와 전폭적인 지지가 밑바탕이 됐기에 가능한 일이었다고 판단된다.

혼마 가문은 지금도 사카타와 관련해 베푸는 것이 유리하다는 미츠오카의 정신을 실천하면서 지역민들과 지역사업에 봉사하고 있다. 미츠오카의 흔적이 생생한 곳 중 하나가 바로 혼마가 옛집本間家舊本邸이다.

이 집은 1768년 미츠오카가 당시 번주 사카이 가문에 기증한 것으로 막부의 준켄시巡見使 일행이 번의 행정을 살피러 왔을 때 머물 수 있도록 부케야시키武家屋敷*로 지었다. 그런데 이곳에 준켄시가 머무른 건 한 번뿐이고 얼마 후 되돌려 받았다. 혼마가에서 직접 사용하면서 뒤쪽을 개축했는데 그 부분은 쇼케즈쿠리商家造り**로 되어 있다. 무사계급과 상인의 집, 이렇게 두 가지 모습을 함께 갖춘 집은 일본에서도 유일하다고 한다. 23개의 방이 길게 이어진 모양을 하고 있는 이 집은 1945년까지는 실제로 가족들이 살았으며 전쟁 후에는 공민관公民館으로 사용하기도 했다. 현재는 일반에게 공개되는데 후손 중에서 10대 당주의 장녀인 마키코万紀子 씨가 관리하고 있다.

혼마가 옛집

---

*   무사계급의 집 형태. 입구의 소나무가 무사정신을 나타낸다.
** 상업적 목적으로 지은 집 또는 상인들의 집

농사와 투자는 뿌리가 같다
노력하는 건 사람이나 농작물이 자라는 건 하늘의 은혜다
마음을 비우고 하늘에 의탁하는 사람은
풍요로운 세상으로 들어갈 것이다
손익보다 항상 마음이 먼저다

제2부

「혼마비전」 本間秘傳

삼위의 방책 三位の傳　01

거래는 시작이 중요하다

거래는 시작이 중요하다. 시작이 나쁘면 이후 반드시 어긋나게 된다. 거래를 서둘러 진행시키지 말 것이며, 서두르면 시작이 나쁜 것과 마찬가지다. 매수매도 공히 오늘만큼 좋은 시장은 없다고 생각될 때 삼 일을 기다려라. 이것이 방책이다. 쌀의 유통을 생각하고, 가격의 천정과 바닥의 정도를 생각하여 매매할 것이다. 이것이 삼위의 방책이다. 천정가격과 바닥가격을 산출할 수 없는 동안은 몇 달이고 유보하고, 예상이 실현될 때를 생각하여 매매해야 한다. 거래를 서두르지 않는다는 것은 천정가격과 바닥가격을 보는 것이다. 천정과 바닥을 알 때 이운(利運)에 이르러 손실이 없는 것이다. 쌀로 이익을 얻고자 할 때에는 무리한 욕심을 금해야 할 것이다.

우리 속담에 첫 단추를 잘 끼워야 한다는 말이 있다. 무슨 일을 하든 시작이 중요하다는 것을 강조하는 말이다. 특히 사업을 시작할 경우 의욕이 앞서게 되지만 확실한 수익모델이 없이 시작한다는 것은 스스로를 위험에 빠뜨리는 일이 된다.

많은 경우 돈을 벌기 위해 사업을 시작하지만 오히려 돈과 열정만 날리고 거덜나는 경우가 많다. 그렇지 않으면 의욕과 욕심이 앞서 사기꾼에게 사기를 당하거나 자신이 사기꾼이 되고 만다. 그럴 바엔 아예 시작하지 않는 것이 낫다. 돈을 벌려고 하는 사람은 돈 버는 방법이 있어야 한다. 막연한 의욕으로 불확실한 미래로 나아가서는 안 되는 법이다.

그렇다면 확실한 수익모델이 있다면 사업에 성공할 수 있을까? 혼마 무네히사의 가르침은 그보다 더 중요한 무엇인가가 있음을 알려주고 있다. 혼마 무네히사 역시 젊은 날 이 점을 뼈저리게 느끼고 뉘우친 사람이다.

혼마 무네히사가 세상에 알려지기로는 백전백승, 거래를 할 때마다 크게 이익을 얻은 것으로 되어 있지만 그도 한때 실패를 거듭해 실의에 빠진 나날을 보낸 적이 있다.

사카타를 떠나 에도로 갔을 때다. 아무리 심기일전하여 매매에 열중해도 번번이 손실을 입었고 밤새워 거래를 준비하고 매매에 임해도 결국 손실로 돌아서고 마는 날들이 거듭되면서 그는 점차 빈털터리가 되어갔다. 가난해진다는 것은 실패를 거듭하고 무능력하며 볼품없는 존재로 전락해가는 자아를 대면하는 것이고, 패배자로서의 자신과 마주한다는 것은 곧 죽음과 가까워지는 것임을 그는 알게 됐다. 가진 돈도 다 날리고 젊은이의 꿈과 패기마저 잃어 의기소침해진 그는 마음을 달래기 위해 자주 가던 고향의 산사로 들어가 휴식기를 가졌다. 스님의 염불소리라도 들으면 뭔가 달라질 것 같아서였다. 어떻게든 자꾸만 위축되는 마음을 돌려야만 했다.

절에서 공양미만 축내고 있던 어느 날, 주지스님이 방안에서 하릴없이 굴리다니고 있는 혼마 무네히사를 찾아왔다. 두문불출 방에만 처박혀 있는 그를 보고 스님은 물었다.

"자네 누워서 무얼 하고 있나?"

말소리를 듣고 스님이 찾아온 것을 알아차린 혼마 무네히사는 꾸물거리며 일어나 앉았다.

"그냥 누워 있지요. 달리 할 일도 없잖아요."

의기소침하게 쳐다보는 그를 보고 스님이 손짓을 했다.

"이리 와보게. 이리 와 앉아봐."

혼마 무네히사가 엉금엉금 기어 방문 밖 마루에 걸터앉자 스님이 말했다.

"저기 저 깃발이 보여?"

스님은 손으로 담 너머 펄럭이는 깃발을 가리켰다.

"예."

"자네는 저 깃발이 왜 흔들린다고 생각하나."

잠시 생각하던 그가 대답했다.

"그야 바람이 불어대니 흔들리는 거지요."

"그거 말고 다른 대답을 찾아보게."

혼마 무네히사는 스님의 얼굴을 보며 눈만 끔벅거리다가 대답했다.

"그게…, 세상의 기 흐름 때문이 아닐까요?"

뭔가 다른 답이 있는 것 같아 이리저리 머리를 굴렸지만 마땅히 대답할 거리가 없었다. 그래서 그런 궁색한 답밖에 할 수 없었다. 그랬더니 스님은 혼마 무네히사의 얼굴을 물끄러미 바라보다가 말했다.

"저 깃발이 흔들리는 건 자네 맘이 흔들리기 때문이네."

끊어내듯이 말을 마친 스님은 간다는 인사도 없이 홀연히 법당 쪽으로 사라졌다.

스님이 남긴 말은 마치 망치로 머리를 치듯이 혼마 무네히사를 커다란 충격에 빠트렸다. 한동안 얼얼한 표정으로 자신의 두근대는 심장소리를 느끼며 앉아 있던 그는 문득 벌떡 일어나 소리쳤다.

"이놈이 이렇게 생겨먹었구나!"

혼마 무네히사는 이때 크게 깨달음을 얻어 이후 거래에서는 단 한 번도 손해난 적이 없었다. 매매할 때마다 이익을 거두어 상상할 수 없는 엄청난 부를 이뤘고 '데와의 텐구'라는 별칭을 얻었다. 사람들은 그를 가리켜 백전백승 거래의 신, 앉아서 천하를 움직이는 사람이라 불렀다.

혼마 무네히사가 스님의 말에서 깨달은 것은 마음이 지어내는 온갖 허상과 그러한 허깨비들에 마음이 휘둘리는 자기 자신을 보는 법이었고, 자신을 통해 남을 아는 법이었다. 이 길 위에 들어서지 못한다면 성공하기 어렵다는 점을 절절하게 느꼈던 것이다. 그래서 그는 괴물처럼 꾸물거리고 종잡을 수 없이 날뛰는 야생마 같은 자신의 마음을 있는 그대로 보고 마음의 파도로부터 벗어나는 것이 얼마나 중요한 것인가를 깨우쳤다. 그 주지스님은 깃발을 통해 혼마 무네히사를 자신의 내면으로 들어가도록 이끌어주었던 셈이다.

처음 사업을 시작할 때, 상대방과 거래를 시작할 때 자신의 실력도 중요하고 확실한 수익모델도 중요하다. 물론 기민한 분석력과 짧은 시간 안에 상대를 휘어잡는 화술, 상대방의 약점과 욕심을 파악하는 안목 등 모든 것이 필요하다. 그러나 더욱 중요한 것은 시작할 때 자신을 먼저 알아야 한다는 점을 혼마 무네히사는 스님과의 대화를 통해 분명히 깨달았던 것이다.

가장 먼저 무엇을 할 것인가? 「혼마비전」의 가르침은 먼저 자신을 알고 자신을 잡아야 한다는 것이다. 자신의 마음에서 거래의 충동이 일어난다면 이것은 충동적이며 욕심이 일어나고 있는 것임을 알아야 한다는 말이다. 성욕을 느끼면 나는 성욕을 느끼고 있구나 깨달아야 하며 거기 끌려가서는 안 된다. 성욕을 느끼는 것과 실제로 성관계를 맺는 것과는 그리 관련이 많지 않다. 왜냐하면 상대방의 호응이 있어야 하는 것이기 때문이다. 그러므로 성욕은 어디까지나 성욕일 뿐 그러한 욕심으로 타인에게 접근할 경우에 그 인간관계는 실패할 가능성이 많다. 마찬가지로 매매충동이 일어날 때 그 충동이 이익에 대한 욕심에서 나오는 것임을 알아야 하며 실제 이익을 얻을 가능성과는 그리 상관이 없는 감정인 것이다. 그러므로 욕심은 욕심으로 알고 제어하며 실제 이익 가능성에 대한 냉철한 분석이 선행되어야 하는 것이다.

혼마 무네히사의 캔들차트와 사카타 5법 그리고 「혼마비전」의 핵심은 2가지로 볼 수 있다.

첫째는 놀라울 정도로 인간심리를 통찰하고 있다는 점과 그러한 통찰을 단지 파악하는 데 그치지 않고 도표화했다는 점이며, 또 하나는 쌀의 수요와 공급을 철저히 분석해내고 있다는 점이다. 그는 상대의 움직임을 미리 읽는 검술의 대가와 같은 눈을 지녔고, 전투에 영향을 줄 수 있는 지형지물과 날씨를 정밀하게 측정하는 과학자의 자세를 겸비하고 있다. 나아가 그는 그러한 능력을 체계화하고 정리해내는 이론가로서의 면모도 가지고 있었다. 이것이 바로 캔들차트이며 사카타 5법이고 「혼마비전」이다.

　이러한 그의 모습은 위에 제시한 그의 글에서도 드러나고 있는데 '거래를 서둘러 진행시키지 말 것이며, 서두르면 시작이 나쁜 것과 마찬가지다. 매수매도 공히 오늘만큼 좋은 시장은 없다고 생각될 때 삼 일을 기다려라'라는 구절이 그것이다.

　흔히 타이밍이 중요하다고 말한다. 절호의 기회라는 말도 있다. 이때 절호의 기회라는 욕심, 때를 놓치면 후회할 거라는 욕심을 일으키는 마음을 제어하고 다스려야 한다는 의미다. 그래서 혼마 무네히사는 3일을 기다리라고 말한다.

　그러면 무작정 그럴 때마다 3일을 기다릴 것인가? 3일 후에는 과연 거래를 해야 하는가, 아니면 그때도 다시 3일을 기다려야 하는가 하는 딜레마에 빠질 수 있다. 다시 말해 기회가 왔을 때 잡아야 하는 것이 당연하다는 얘기와 별로 다를 것이 없고 흔해 빠진 교훈적인 이야기일 수 있다. 때문에 그 판단의 기준이 무엇인가 하는 점이 중요하다. 만일 당장 거래하는 것이 기회라고 한다면 거래를 해야 하며 그렇지 않다면 3일이 아니라 1년이라도 기다려야 한다. 즉 한 번뿐일지도 모른다, 꼭 잡아야 한다는 욕심에 따라 매매해서는 안

되지만 마음을 비우고 냉정하게 판단한 후 매매해 이익이 발생하는 경우라면 당연히 매매해야 하는 것이다. 이러한 판단의 기준은 무엇일까?

이에 대해 혼마 무네히사는 '삼위의 방책三位の傳'이라는 말을 했다. 여기서 '삼위三位'라는 개념을 아는 것은 혼마 무네히사를 이해하는 데 무척 중요한 부분이다. 그는 이 '삼위'의 개념으로 자신의 상법을 집약적으로 설명하고 있다. 그가 이 개념에 도달하기까지의 과정이 순탄하지 않았음은 앞서 스님과의 일화를 통해서도 어느 정도 짐작할 수 있다. 그러면 이 '삼위'란 무엇인가?

우리나라에서도 세간에 많이 알려진 투자에 관한 일화가 있는데 그 주인공이 누구인지는 명확하지 않지만 '삼위'의 개념과 유사한 점이 있어 간략하게 소개한다.

어떤 사람이 주식투자를 하다 거금을 날리고 시름에 빠져 있던 중 깨달음이 깊고 고명하다는 스님을 만나 한 수 지도를 부탁했다고 한다.

"아, 스님. 아무리 잘해보려고 해도 손실만 계속 나는데, 대체 어떻게 해야 돈을 벌 수 있겠습니까?"

고민스런 표정으로 투자 실패자가 묻자 스님은 뭐 그리 쉬운 걸 고민하느냐는 표정으로 한마디 했다고 한다.

"그거야 싸게 사서 비싸게 팔면 돼."

사람들 사이에서는 우스갯소리가 되어버렸지만 상당히 의미심장한 이야기라고 할 수 있다. 스님의 말처럼 싸게 사서 비싸게 팔 수만 있다면 실패할 이유가 없다. 얼마나 간단한 원리인가? 이익을 남기는 것, 이것이야말로 상법의 핵심이다. 그러나 무엇이 싼 것이고 무엇이 비싼 것인가 하는 문제는 의외로 간단치가 않다.

혼마 무네히사가 말하는 '삼위'란 '가격의 바닥과 천정 그리고 중간'을 가리킨다. 앞서의 스님이 말한 '싸게 사서 비싸게 팔아라'라는 말과 비슷하나 할 수 있다. 혼마 무네히사는 가격을 바닥과 천정 그리고 중간으로 나누어 판단하고 있다. 바닥 근처에서 매수했다면 약간의 등락에 연연할 필요가 없이 충분히 이익이 날 때까지 가지고 있으면 되고 천정 근처에 이르렀다면 더 이상 욕심을 부리지 말고 응당 팔아야 한다. 그러므로 '삼위의 방책'이란 거래할 때 그 상품을 바닥에서 사야 하며 팔 때는 천정권에서 팔아야 된다는 뜻이고, 만일 중간 정도의 가격 위치에서 샀다면 그에 맞는 대응법을 가져야 함을 말한다. 그리고 이러한 판단이 모호한 가격대에서는 매매를 삼가고 쉬면서 지켜봐야 한다는 말이다. 이때가 바로 서두르지 말고 3일을 기다려야 할 때이며 쌀의 전반적인 유통상황을 점검해야 할 때라고 강조한 것이다.

그렇다면 여기서 말하는 쌀의 바닥가격과 천정가격, 중간

가격은 어떻게 알아낼 수 있는가? 여기에 답하기 위해서는 그의 유명한 이론인 사카타 5법을 거론해야 한다. 사카타 5법, 우리나라에서는 '사께다 전법'이라 하고, 일본에서는 '사카타 쾌션'이라는 말로도 통용되는 혼마 무네히사의 이론을 살펴보기 위해 일단 캔들차트부터 알아보자.

하락시세는 월초에 강하고 월말에 약하다

> 하락하는 쌀은 월초에 강하고 월말까지 하락하게 되고, 상승장세는 월초에 약하고 월말에 강하며 급상승한다.

혼마 무네히사는 도오지마 곡물거래소에 진출해 거래에 임하면서 쉴 새 없이 변화하는 쌀 가격에 혼란스러움을 느꼈다. 그 가격들이 비싼 가격인지 싼 가격인지, 비싸다면 언제 가격보다 비싼 것인지 싸다면 어느 시점의 가격보다 싼 것인지 도무지 알 수 없었다. 그야말로 쌀 가격은 하루에도 수십 수백 차례 요동치기 때문에 어느 시점에 사는 것이 적절한 것인지 판단하기에 어려움을 겪었다.

그래서 처음에는 단지 감으로 샀다가 감으로 팔거나, 가격이 오르는 것을 보고 따라 사고 내리는 것을 보고 따라 파는 행위를 거듭했다. 때로 운이 좋아 상당한 이익을 남기기도 했지만 그러한 운은 정신없이 변화하는 가격의 움직임에 힘을 쓰지 못했고 결국 막대한 손실만 누적되고 말았다.

도쿠가와 막부에서 쌀과 관련된 정책이라도 나오거나 중요한 쌀 산지 중 하나에 병충해가 퍼졌다는 소식이라도 들려오면 가격은 더욱 요동쳤다. 또 유력한 다이묘가 자금난에 시달린다든지 조선으로부터 대규모의 쌀이 들어온다든지 하는 소식들이라도 떠돌게 되면 가격은 더욱 급물살을 탔고 속절없이 당해야만 했다. 그 어떤 가격도 안전하게 이익이 나는 가격은 없으며, 절대적으로 싼 가격도 절대적으로 비싼 가격도 없었다. 싸게 샀다 싶으면 더 내려갔고 비싸게 팔았다 싶으면 더 올라갔다.

결국 혼마 무네히사는 매매를 멈춰야만 했다. 분위기에 추종하는 거래와 판단의 기준이 없이 임하는 거래는 단지 금전적인 손실만 가져오지 않았다. 스스로에 대한 자괴감과 패배감, 의욕상실로 이어져 극심한 심리적 혼란과 정체성 상실이라는 정신적 상처까지 초래했기 때문이다.

혼마 무네히사는 고민 끝에 이러한 문제점을 극복하기 위해서 일단 가격변동을 쉽게 파악할 수 있는 도구가 필요하다는 데 생각이 이르렀다. 그리하여 우선 가격의 변동과 흐름을 한눈에 파악하고 예측하기 위해 도오지마 곡물거래소에서 거래되는 쌀 가격을 도표화하는 작업에 들어갔다.

그런데 여기서 한 가지 짚고 넘어가야 할 것은 혼마 무네히사가 쌀 가격의 변동에 대해 도표화를 시도할 무렵 일본에서는 거래에 참고가 될 만한 도표들이 전무했던 것일까 하는 문제다. 혼마 무네히사 이전에도 상인들은 거래를 하면서 나름대로의 기준을 가지고 있었을 텐데 그것은 무엇이었을까?

일본 역사에서 오다 노부나가와 도요토미 히데요시의 시대를 아즈치모모야마安土桃山시대라 부른다. 이는 교토 북쪽 시가滋賀 현에 있던 오다 노부나가의 아즈치安土 성과 오사카와 교토 경계에 있던 후시미伏見 성*의 이름에서 유래한다. 일설에 따르면 아즈치모모야마시대 중에서도 히데요시가 집권하던 시기인 1580년에 이미 쌀을 증서화하여 매매하는 미곡증권이 거래됐다고 한다. 그렇다면 혼마 무네히사가 살던 시기까지 무려 130여 년간이란 역사를 가지고 있는 쌀 시장에서 가격변동을 도표화하려는 어떤 시도도 없었다고 볼 수는 없을 것이다. 그렇지만 이때 거래에 참여했던 사람들이 쌀 가격의 변동을 어떻게 도표화했는지 확인할 길은 없고 다만 혼마 무네히사 시절의 기록으로 짐작할 수 있는 것들이 남아 있을 뿐이다.

오사카에서 공식적으로 쌀 거래가 시작된 것은 8대 쇼군인 요시무네 집권 초기로 알려져 있다. 요시무네가 쇼군이 된 때가 1716년이고 혼마 무네히사는 1717년에 태어났으므로 혼마 무네히사는 도오지마 곡물거래소가 설립된 지 그리

---

* 모모야마 성이라고도 불렸다. 일본 교토 시 후시미 구에 있는 성으로 1596년 축성했으며 히데요시가 이곳에서 1598년에 사망했다. 2년 후인 1600년에 후시미 성 전투로 소실됐다가 1601년 이에야스에 의해 재건됐다. 행정의 중심이 오사카로 옮겨지면서 1625년에 폐성됐는데 당시 이 일대가 꽃밭으로 개간되어 모모야마(桃山)라는 별칭이 생겼다.

오래지 않아 거래에 참여했던 것으로 볼 수 있다.

혼마 무네히사에 의하면 당시에 상인들이 참고하던 차트로는 가격의 움직임을 나타내는 점과 그 점을 선으로 묶는 '성족星足', 고가와 저가를 막대로 그은 '봉족棒足', 닻형 모양의 '묘족猫足'이라는 단순한 차트를 사용했다고 한다. 이들 차트는 그 표현의 정교함에 비추어 나열 순서대로 발전했음을 짐작할 수 있다.

아무튼 혼마 무네히사는 기존의 자료를 수집하고 스스로 거래에 참여하면서 이들을 토대로 가격의 변화를 도표화하는 방법을 찾기에 몰두했다. 연구에 연구를 거듭하던 어느 날 일단 쌀의 처음 거래가격과 가장 높았던 가격, 가장 낮았던 가격 그리고 마지막 거래가격을 적는 일이 중요하다는 생

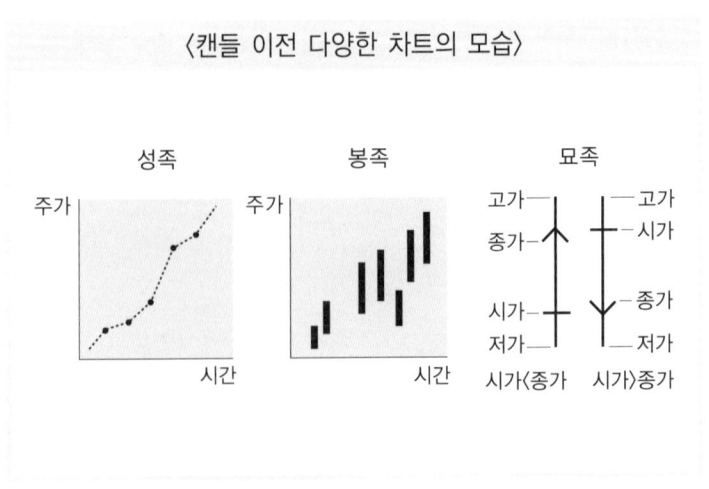

〈캔들 이전 다양한 차트의 모습〉

각이 들었다. 이것들은 하루의 변동을 보여주는 것으로 가장 적합한 가격들이었다. 그러나 문제는 이렇게 적는 일만이 해결책이 될 수 없다는 데 있었다. 이들 가격을 일목요연하게 한눈에 파악할 수 있도록 방법을 찾아야만 했다. 그리하여 그는 종이 위에 각각의 가격을 적으면서 갖은 방법을 시도해 가며 작업에 열중했다. 그때 갑자기 눈이 침침해졌다. 고개를 들어보니 등불에 기름이 거의 다 타버린 것이다. 기름을 보충하고 심지를 올려 방안을 밝힌 다음 하던 작업을 계속하려던 그는 불이 붙어 있는 심지의 모양에서 뒷골을 서늘하게 만드는 뭔가를 발견하고 심지가 타는 모습을 지켜보았다. 마치 하루 동안 쌀 가격이 변화하는 것처럼 등불은 일렁거렸고 기름이 다할 때까지 다양한 모습을 연출하는 것이었다. 그가

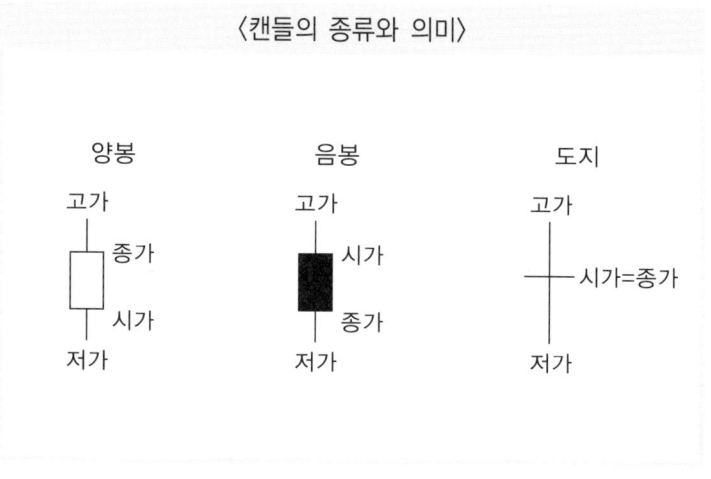

〈캔들의 종류와 의미〉

찾던 것이 바로 눈앞에 있었던 것이다. 그는 즉시 종이 위에 시가와 종가, 고가와 저가를 적어놓고 불에 타는 심지 모양처럼 그것들을 배치해봤다. 배치에 잠시 혼란이 있기는 했으나 곧 훌륭한 가격도표가 만들어졌다. 오랫동안 그가 고심했던 문제가 풀리는 순간이었다. 이것이 '캔들candle'이고, 지금까지도 사용되고 있는 '캔들차트 candle chart'가 만들어진 것이었다. 감격적인 순간이었다.

훗날 이 혼마 무네히사가 만든 가격도표가 양초모양 같다고 하여 'candle'이란 이름이 붙었고 이 가격도표를 시간적인 순서대로 배열한 것을 'candle chart'라 이름 붙였다.

캔들은 크게 몸통과 그림자-혹은 꼬리라는 말을 쓰기도 하는데- 2가지로 구성된다.

여기서 위아래로 뻗은 선이 그림자꼬리이고 직사각형 모양이 몸통이다. 시가는 하루 거래 중 처음 시작할 때 형성된 가격을 말하고, 저가는 하루 중 가장 낮은 가격, 고가는 가장 높은 가격이다. 그리고 종가란 그날 장이 끝날 때 형성된 가격을 의미한다. 또 양봉이란 그날 종가가 시가보다 높게 형성된 경우이고 음봉이란 종가가 시가보다 낮은 경우, 도지는 시가와 종가가 같은 경우를 말한다. 그러므로 시가 이후 하루 종일 가격이 올라 가장 높은 가격에서 종가가 이루어졌다면 위아래로 그림자꼬리가 없는 모양이 된다. 반대로 시가 이후 하루 종일 가격이 하락해 가장 낮은 가격으로 장이 끝난 경우라면 모양은 같고 양봉이냐 음봉이냐의 차이만 있다.

　이렇게 가격변화에 따라 캔들의 모양이 각양각색인데, 이는 가격변화를 한눈에 파악하게 하므로 용이한 가격 분석도구가 된다. 그날그날의 가격이 어떻게 변화했는지 캔들의 모양만 보면 즉시 파악할 수 있는 이점이 있다는 뜻이다. 그리고 이들 캔들을 옆으로 나란히 배열할 경우 시간적으로도 파악할 수 있다. 즉 일주일분의 캔들을 나란히 나열해놓았다면 일주일간의 가격변화를 파악할 수 있고, 그것을 가격대에 따라 위아래로 배치한다면 가격의 등락을 파악할 수 있게 하는 훌륭한 차트가 되는 것이다. 이러한 일본식 차트는 혼마 무네히사 이후 지속적으로 발전하면서 오늘날의 일본식 차트로 완성됐다. 캔들은 그 모양과 전후의 배치 형태에 따라 수백 수천 가지의 패턴이 나오기 때문에 오늘날에는 캔들 분석만을 전문으로 하는 분석가가 있을 정도다.

　캔들은 만들어진 시간에 따라 하루의 캔들을 일봉이라 하고, 일주일간의 것을 주봉이라 한다. 그렇게 월봉도 만들 수 있고 연봉도 만들 수 있다. 물론 세밀하게는 60분봉을 만들기도 하고 30분이나 5분봉을 만들기도 하며, 1분봉을 만드는 것도 가능하다. 현대에 이르러서는 시장과 인터넷이 발달해 거래가 폭발적으로 일어나므로 얼마든지 다양한 캔들이 만들어지게 됐다. 비록 혼마 무네히사가 살았던 250여 년 전과는 여러 가지 여건이 다르지만 여전히 그의 캔들은 유용하게 쓰이고 있다.

아무튼 혼마 무네히사는 캔들을 고안하고 나서야 비로소 정신없이 변화하는 가격의 소용돌이로부터 빠져나와 시장을 파악할 수 있는 도구를 확보하게 됐고, 보다 객관적으로 파악할 수 있는 위치가 됐다. 그는 하루의 캔들을 일주일 전의 캔들과 비교함으로써 오늘 거래 중인 쌀 가격이 일주일 전보다 비싸게 거래되고 있는지 싸게 거래되는지를 쉽게 알 수 있었던 것이다.

이러한 캔들이 누적되면 과거 쌀 가격의 변화추이를 짚어낼 수 있고 향후 가격변화가 어떻게 이루어질지 개략적인 판

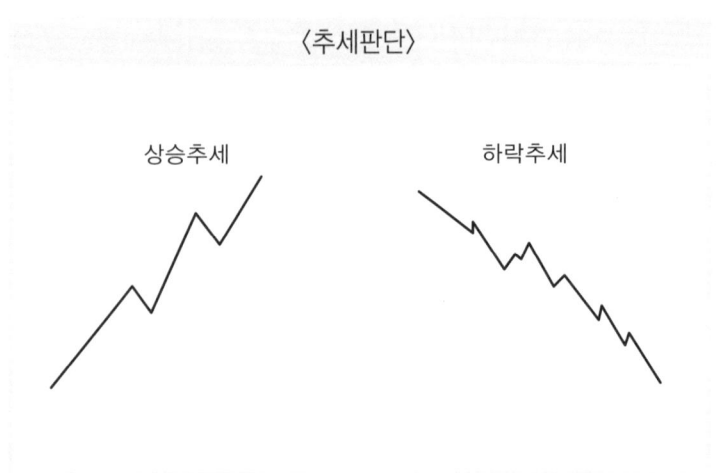

〈추세판단〉

단이 가능하게 된다. 만일 쌀 가격이 전일 마지막 거래가격인 종가보다 낮게 형성된 채로 끝나는 날이 이어지면서 점차 가격하락이 일어나고 있다면 이는 약세장이며, 반대로 전일 종가보다 가격이 높이 형성되는 날이 많으면서 가격이 높아지고 있다면 강세장이라는 판단이 가능하게 되는 것이다. 이런 강세장, 약세장을 추세라 하고 그러한 추세형성을 판별하는 것을 추세판단이라 한다. 그리고 그러한 가격추이에 대한 판단은 적절한 가격으로 쌀 거래를 하는 방법, 즉 대응전략을 마련할 수 있게 한다.

그러므로 캔들은 도오지마 곡물거래소라는 거대한 바다에 빠져 허우적대던 혼마 무네히사를 뭍으로 끌어내준 가히 혁명적인 도구였다. 그는 작은 양초모양의 도구를 마련해 요동치는 천하와 천하 사람들의 마음을 그 안에 담아냈던 것이다. 그가 고안해낸 캔들은 자신을 변화시킨 놀라운 발견이었을 뿐만 아니라 랜덤워크random walk한 거래를 객관화시키고 예측이 가능한 과학의 경지로 이끌어낸 빛나는 업적이었다.

앞서 혼마 무네히사의 글에 보면 그는 이미 250여 년 전에 시장의 성격을 하락장세와 상승장세로 나눠 파악하고 있음을 보여주는데 이는 실로 놀라운 일이라 할 수 있다. 그가 도오지마 거래소에서 성공한 것이 단순히 운에 따른 것이 아님을 극명하게 보여주는 대목이다. 하락장세에는 월초에 강하고 월말에 약하며 상승장세는 월초에 약하고 월말에 강하다. 즉 하락장의 전강후약, 상승장의 전약후강이라는 지금도 널리 회자되는 말을 그때 이미 하고 있는 것이다. 이러한 장세판단, 추세판단이 이뤄질 수 있었던 바탕은 바로 가격변동의 캔들화에 있었다. 캔들을 통해 오랜 기간 누적된 시장의 가격자료와 그 자료에 대한 연구가 뒷받침되지 않고서는 이번 장에서 언급되고 있는 장세판단은 도출될 수 없다고 본다. 따라서 혼마 무네히사는 시장의 쌀 가격 변화를 단지 캔들로 만들기만 한 것이 아니고, 그것을 통해 가격추이를 면밀히 살펴 하나의 패턴으로써 시장을 인식하는 수준에 이르렀다고 판단된다. 그러한 인식을 드러내는 것이 이번 장의 내용이다.

사람들이 서쪽으로 달리면 나는 동쪽을 향한다

> 쌀 가격이 점차 상승할 때 각처에서 일시에 주문이 이루어지고, 오사카 시장도 가세하여 줄줄이 뒤를 따르는 사태가 된다. 저장미 등을 주문하여 쌀 가격은 더욱더 상승하여 사자는 분위기도 강하고, 자신도 사고 싶은 마음이 들 때에 역으로 파는 쪽에 서는 자세가 필요하다. 이야말로 불속에 뛰어들기로 결심하고 모두들 한통속이 되어 소란을 피울 때는, 사람들이 서쪽으로 달리면 나는 동쪽으로 향할 때 대단한 이익의 기회가 된다.

캔들차트의 경우 요즘은 널리 사용되고 있어서 마치 차트는 캔들차트만 있는 것처럼 여겨질 정도다. 그러다 보니 사실 캔들을 바라보는 관점도 기계적이고 피상적일 때가 많다. 으레 캔들이란 그렇게 형성되게 돼 있다고 생각하고는 모양에 따라 위꼬리가 달렸으면 가격이 밀렸네, 이익실현 세력이 있었네, 저항에 부딪혔네, 매물벽이 존재하네 등 커피 자판기에서 돈만 넣으면 커피가 쏟아지듯 해석이 튀어나오곤 한다. 반대로 아래꼬리가 달리면 세력이 종가를 관리한다느니, 저가매수세가 강하다느니, 지지가격대에 의해 지지가 확인됐다느니 하는 등의 정답이 나오고 망치형이라든가 역망치형,

비석형, 십자형 등 모양에 따라 거기 해당하는 정답이 존재하는 세상이다. 물론 더 나아가서 캔들과 캔들의 조합에 따라 여러 가지 패턴들이 만들어져 있고 그에 따른 해석들도 쉽게 접할 수가 있다. 여기에 거래량이나 이평선들을 가미하고 지지선이나 저항선을 곁들이면 훌륭한 해석이라는 음식이 상에 차려지는 셈이다.

그러나 이 글에서 필자가 강조하고 싶은 것은 그보다 좀더 근본적인 지점에 대한 것이다. 캔들 형태에 특별한 느낌을 가지지 않은 채 그냥 눈길만 주듯 하고 주어지는 해석이나 일별하고 넘어갈 것이 아니라, 캔들 위에 시선을 멈추고 좀더 오래 숨을 길게 내쉬면서 지긋이 바라볼 일이다. 그리고 캔들에 나타나는 여러 가지 일들을 떠올리고 생각에 잠기듯

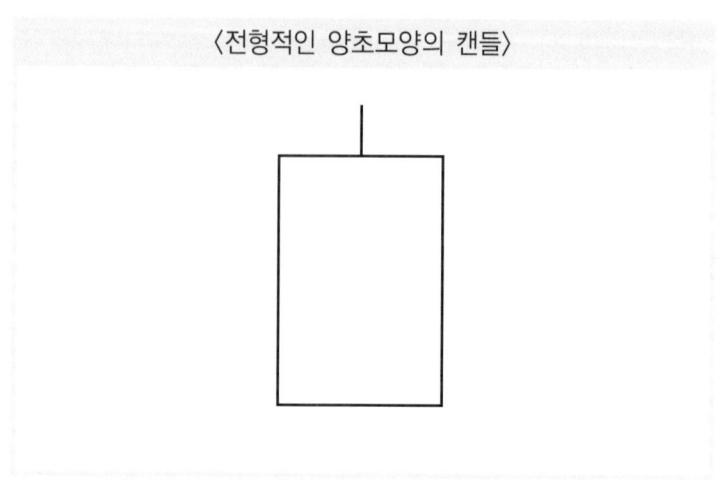

〈전형적인 양초모양의 캔들〉

이 캔들의 내면으로 들어갈 필요가 있다. 일렁이는 양초의 불빛을 바라보듯이.

캔들의 내면으로 들어간다는 것은 캔들이 형성된 시간에 대해 생각하는 것이다. 250여 년 전에 혼마 무네히사가 하루의 거래를 마치고 손으로 캔들을 그리던 것처럼 그날 하루 무슨 일이 있었는가에 대한 회상과 하루 동안 일어났던 일들에 대한 판단의 시간을 갖는 것이 중요하다. 거래는 수백 수천 번 일어나고, 사람들은 이익을 내기 위해, 이익을 지키기 위해, 손실을 막기 위해 나름대로 최선을 다한다. 그렇게 형성되는 것이 당시의 쌀 가격이었다.

거래에 참여하는 사람들은 그들이 할 수 있는 가장 좋은 생각으로 무엇인가 할 수 있다는 긍정적인 마음으로 거래에 임한다. 개중에는 이익을 내기도 하지만 실패할 경우도 있다. 이익을 내게 되면 포만감과 여유가 생겨 휘파람을 불며 거래가 열리는 시간을 보낼 수도 있지만 손실이 커진 사람들의 경우에는 좌절감이나 자괴감, 참담한 마음과 의욕상실 등이 그들을 삼켜버려 자포자기의 심정으로 하루를 보낼 수도 있는 것이다. 그것이 도오지마 곡물거래소의 하루라고 할 수 있는 거래시간이었다.

또 혹 일본 어느 지역에서 발생한 지진과 같은 충격적인 정보가 도오지마 곡물거래소에 전해졌다고 하자. 그러면 전국에서 가장 먼저 도오지마에서부터 쌀 가격이 폭등하기 시작하고 그것이 전국을 출렁이게 만들 수도 있다. 그리고 이러한 움직임이 도쿠가와 막부를 혼란에 빠트릴 수도 있는 것이다. 반드시 지진과 같은 천재지변이 아니더라도 여러 달에 걸쳐 조금씩 상승하던 쌀 가격이 어느 시점부터 급등하기 시작해 걷잡을 수 없이 폭등할 수도 있다. 도오지마 거래소의 어느 하루가 바로 이런 날일 수도 있다. 그러한 때 거래소에 있던 사람들의 아우성과 탄식이 하루의 캔들에 담기기도 하는 것이다. 이것이 바로 캔들의 시간이고 캔들의 내면이다.

혼마 무네히사는 누구보다도 캔들의 시간에 대한 명상이 필요하다는 것을 잘 알고 있었다. 왜냐하면 그는 도오지마 곡물거래소에 있었고 거기서 벌어지는 일들을 하나의 캔들로 정리해냈던 당사자이기 때문이다. 그러기에 거꾸로 캔들을 통해 캔들 속에 담긴 수많은 사연들을 읽을 수가 있는 것이다. 한순간에도 수백 수천 번 흔들리고 변화하는 인간의 마음, 욕망과 공포가 어떻게 표출되는지, 그것들이 어떻게 단단히 뭉쳐져 캔들에 담기는지를 그는 잘 알고 있었다. 그가 일찍이 스님과의 대화를 통해 자신의 마음을 깃발 위에 올려놓고 보는 법을 깨달았고, 그 후 캔들 안에 담아내는 데 성공했기에 가능한 일이었다. 혼마 무네히사처럼 캔들에 자신의 마음을 담고 촛불처럼 태우면서 그 변화하는 모습을 바라보는 경지에 이르지 못한다면 현대인들이 아무리 수많은 전문가들에 의해 제공된 잘 정제된 해석들을 매매에 적용한다 하더라도 성공하기 어려울 것이다. 제대로 알기도 힘들며, 알고도 행하지 못하며, 행하고도 자신이 무엇을 하는지 깨닫지 못할 것이라고 생각한다.

　이번 장에 언급된 혼마 무네히사의 글을 보면 시장 분위기가 쌀 가격 상승 쪽으로 한창 무르익었음을 보여주고 있다. 전국 각지에서 쌀을 사자는 주문이 빗발치고 묵은쌀까지도 사자고 나서는 분위기를 전한다. 이러한 때 분위기에 휩쓸려 사기는 아주 쉽다. 그러나 그러한 분위기에 편승하는 마음은 사실은 자신의 것이 아니다. 스스로 생각해 판단한 것이 아니라 시장의 분위기가 그를 지배하고 점령한 상태에 있는 것을 보여줄 뿐이다. 이렇게 되는 이유는 바로 쌀 가격에 대한 명상이 없기 때문이다. 즉 캔들의 시간에 대한 고민이 선행되어야 한다.

　요즘도 부동산 가격이 한창 오르고 있을 때는 너도나도 사자고 나선다. 신문지상에서도 재테크 관련해서 부동산에 대해 수없이 다루고, 강남의 아파트 가격이 얼마까지는 충분하다느니 하며 부추기는 말들이 수없이 떠돈다. 빚을 내서라도 사두면 짧은 기간 안에 쉽게 목돈을 만져볼 수 있다는 환상을 심어주고 매수에 나서도록 부추긴다. 은행 역시 부동산

담보가가 오르므로 관련 대출 담보비율을 늘리고 대출도 손쉽게 접근할 수 있도록 배려한다.

부동산뿐만 아니라 주식시장에서도 마찬가지다. 삼성전자 주식이 100만 원 간다느니 하면서 증권사마다 마치 경매에 참여하는 입찰자가 경매물건의 가격을 경쟁적으로 올리듯이 70만 원, 80만 원, 99만 원, 101만 원 하는 식으로 목표가격을 상승시키면서 분위기를 띄운다. 이런 상황에서 정확한 판단을 하기란 쉽지 않은 법이다.

그러나 바로 이러한 때 혼마 무네히사는 사람들이 서쪽으로 달리면 동쪽을 향하라고 말한다. 그가 이렇게 말하는 근거는 무엇일까?

혼마 무네히사가 캔들을 고안한 이후 오랫동안의 거래가격들을 자료화할 수 있었고 이를 통해 장세와 추세의 판단을 내릴 수 있었음은 이미 언급한 대로다. 이번 장에서는 그러한 추세가 지속되다가 그 이후에는 어떻게 될까에 대한 그의 통찰이 들어 있다. 마치 버스를 타면 종점에 다다르듯이 가격이 지속적으로 하락하는 약세장이라 하더라도 언젠가는 가격하락이 멈추는 시점이 나타나기 마련이다. 쌀 가격 역시 상승이 이어지면서 언제까지나 오를 것처럼 보여도 언젠가는 더 이상 나아가지 못하고 멈추는 가격의 종점이 나타나기 마련이다.

이번 장에서 혼마 무네히사는 바로 그러한 점에 관심을 기울이고 있다. 어느 한 방향으로 추세가 이어지다가 그 다음에는 어떻게 될까? 즉 하락장에서는 쌀 가격의 바닥형성 과정에 대한 관심이고 상승장에서는 천정형성 과정에 대한 관심이다. 이번 장에서는 쌀 가격의 고점, 상승하던 쌀 가격이 천정을 형성할 때 어떻게 해야 할까에 대해 말하고 있다.

그런데 이 내용은 자칫 오해하기 쉬운 측면이 있다. 쌀 가격이 상승하고 있고 수많은 사람들이 추격매수를 하면서 분위기가 고조되는 상황에서 사람들이 서쪽으로 갈 때 나는 동쪽을 향하라는 말이 상승국면에서 매도하라는 말로 이해될 경우 아주 위험하기 짝이 없다.

여기서 매도라는 말을 점검할 필요가 있다. 도오지마 곡물거래소에서 선물거래가 이뤄졌다는 사실은 이미 언급했다. 이번 장의 내용은 바로 이 선물거래에서 매도 포지션을 취하라는 말을 하고 있는 것이다. 선물에서 매도란 쉽게 얘기해 하락에 배팅한다는 말이다.

예를 들어 어떤 다이묘가 가을에 추수하면 쌀을 내주기로 하고 수표를 발행하는데 수표를 발행하는 시기에 쌀 가격이 폭등해 아주 비싸게 발행했다고 하자. 그 후 쌀 가격이 지속적으로 하락해 쌀을 내줘야 할 시점에는 수표 발행 당시 쌀 가격의 반에 불과하다고 하면 그는 100%의 이익을 본 셈이다. 다시 말해 다이묘가 수표를 발행할 때 쌀 1섬이 10만 원이었는데 쌀을 추수할 무렵에 쌀 1섬이 5만 원이라면 그는 5만 원짜리 쌀을 10만 원 받고 판 셈이 되는 것이다. 그렇지만 만일 가을에 쌀 가격이 오히려 폭등해 쌀 1섬에 20만 원이 됐다면 20만 원짜리 쌀을 10만 원에 판 셈이므로 엄청난 손실이 된다.

이번 장에서 혼마 무네히사는 사람들이 서쪽으로 갈 때 동쪽을 향하라고 함으로써 현재 쌀 가격이 상승하고 있는 상황에서 가을에 하락할 것으로 예상하고 오히려 매도하라고 말한다. 따라서 이 판단이 잘못된다면 엄청난 손실을 입을 수가 있는 것이다. 그렇다면 혼마 무네히사는 현재 국면을 쌀 가격이 꼭대기에 이른 천정 부근 가격이고, 추가상승은 어렵다고 보고 있다는 뜻인데 그러한 판단의 근거는 무엇일까? 혼마 무네히사가 보고 있는 것은 어떤 것일까?

혼마 무네히사가 판단하는 가격의 고점과 천정을 이해하기 위해서는 그의 사카타 5법을 살펴봐야 한다. 사카타 5법은 삼병三兵, 삼공三空, 삼산三山, 삼천三川, 삼법三法으로 구성되어 있는데 그중 삼산이 가격의 천정권을 알기 위해 고안해낸 것이다.

삼산이란 말 그대로 세 개의 산이라는 뜻이다. 현대의 기술적 분석 중 고점인식을 위해 사용되는 헤드앤숄더형 Head &

Shoulder pattern과 유사한 점이 있다. 헤드앤숄더형은 머리와 좌우 양 어깨가 있는 형태로 가운데에 높은 산머리이 있고 양쪽에 그보다 낮은 산어깨이 있다고 보는 것이다. 삼산의 경우가 이와 비슷한데 세 개 산들의 높낮이는 그리 중요하지 않다는 점이 다르다.

 이 형태는 천정권을 나타내는 대표적인 기술적 패턴으로 혼마 무네히사의 입장에서는 이 형태도 일종의 삼산이다. 그런데 산의 형태는 우리가 흔히 자연에서 보는 대로 각양각색이다. 세 개의 산 모양에서 반드시 가운데 산만 높으란 법은 없고 첫 번째 산이 높거나 세 번째 산이 높아도 아무런 상관이 없는 것이다. 다만 이러한 형태조차도 사람의 심리가 반영되고 있는 것이기 때문에 일반적으로 가운데 산이 높은 경

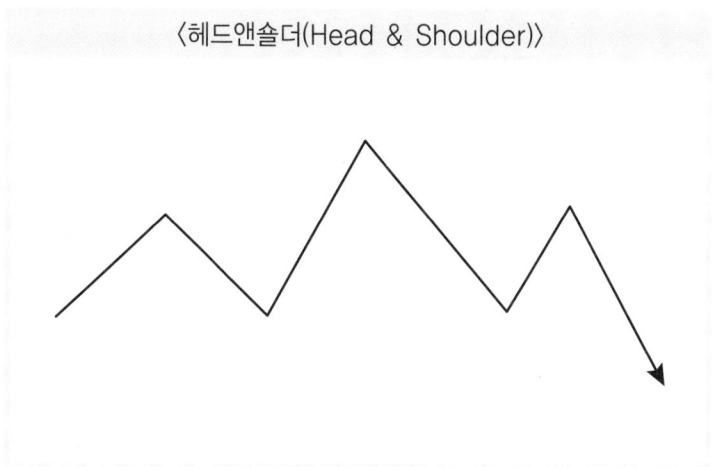

〈헤드앤숄더(Head & Shoulder)〉

우가 많다. 이를 이용해 서구의 기술적 분석가들이 헤드앤숄더형을 전형적인 패턴으로 만들어놓았다.

그럼 혼마 무네히사는 왜 이러한 형태가 가격의 고점에서 출현한다고 인식하게 됐을까? 다시 말해 삼산에는 사람들의 어떠한 심리가 반영되고 있고 거꾸로 사람들의 심리에 어떤 영향을 주는 것일까? 이에 대한 답변이 혼마 무네히사로 하여금 삼산형이 나오면 천정가격으로 판단해 그에 맞는 거래 전략을 세워야 한다는 인식에 도달하게 만들었을 것이다.

혼마 무네히사의 사카타 5법을 보면 이를 구성하는 5가지 모두 삼三이란 글자가 들어가는 것을 확인할 수 있다. 이는 혼마 무네히사만의 독특한 인간심리 인식법이라 하겠다. 이에 대한 설명을 해보기로 하자.

〈삼산(三山)〉

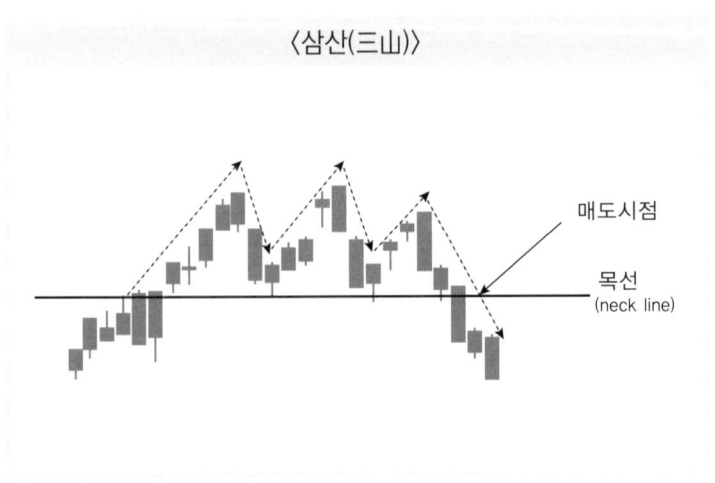

보통 쌀뿐 아니라 고추, 마늘, 배추 등에서 부동산에 이르기까지 거래에 참여하는 사람들은 가격의 움직임에 따라 심리상태가 사뭇 달라진다.

예를 들어 쌀이 언제 어디서든 쉽게 살 수 있고 가격변동도 거의 없을 때는 쌀을 사고파는 사람들의 심리도 안정되어 있다. 또 쌀 가격이 상승하기 시작해 어느 정도 오를 때까지도 사람들은 별로 민감하게 반응하지는 않는다. 그러나 쌀 가격이 하루가 다르게 오르기 시작하면 쌀 가격에 민감했던 약삭빠른 상인들만이 아니라 일반 서민들까지도 나서서 쌀을 사두려 하고 매점매석이 행해지기 마련이다. 이때는 쌀을 사지 못해 모두 안달하는 심리상태가 되고 쌀을 사기만 하면 엄청난 돈을 벌 수 있다는 욕심들이 팽배하게 된다. 만일 이러한 때 가격이 갑자기 급락하게 되면 사람들은 일시적으로 혼란에 빠져 너도나도 집에 쌓아두었던 쌀들을 시장에 내놓게 된다. 그러나 이러한 혼돈상태는 곧 정리된다. 그 이유는 미처 쌀 시세에 참여하지 못했던 사람들이 일시적으로 하락한 쌀 가격을 상대적으로 싸다고 생각해 매수에 나서게 되며, 또 경험 많은 상인들이나 이재에 민감한 사람들이 급락한 쌀을 다시 사모으기 때문이다. 이러한 움직임으로 인해 쌀 가격은 어느 정도 하락하다가 하락을 멈추고 다시 상승을 시작한다. 이때부터 일시적인 하락에 놀라 팔았던 사람들도 재차 쌀 사기에 나서면서 거의 모든 거래주체가 사자에 나서게 되어 가격은 이전에 상승할 때보다 더 급하고 빠르게 상승하게 된다.

가격이 상승하면 할수록 사람들은 일시적인 급락기에 쌀을 더 사모으지 못하고 팔아버린 것을 후회하며 다시 쌀 가격이 폭락하면 이번에는 팔지 않고 더욱 사모으리라는 생각을 가진다. 그리고 미처 쌀 가격의 상승대열에 참여하지 못한 사람들이 끊임없이 매수하고자 대기하고, 설사 이익이 나서 쌀을 팔았던 사람들조차 가격이 계속해서 상승하면 더 많은 이익을 얻지 못한 것을 안타까워하면서 매수에 나서거나 매수 대기를 하게 되어 가격은 여간해선 하락하지 않고 계속 상승한다. 이에 따라 파는 사람은 적고 사는 사람이 더욱 많아지는 상태가 되어 가격은 천정부지로 치솟고 시장은 과열된다.

그러다가 가격이 어느 정도 상승할 대로 상승하면 점차 불안한 생각을 갖는 사람들이 많아진다. 이들이 이미 이익이 충분히 난 쌀을 거침없이 팔아대면 가격은 급락했다가, 아직은 쌀 가격이 더 상승할 거라는 긍정적인 생각을 가지고 있는 사람들의 매수로 인해 다시 상승하고, 다시 급락했다가 다시 상승하는 국면이 이어진다. 바로 이런 급등락 국면이 삼산의 형태를 만들게 된다.

산의 형태가 세 개가 출현하게 되면 사람들은 심리적으로 가격이 추가적으로 상승하기 어렵다는 가격한계에 대한 인식을 공감하게 되어 점차 쌀을 내다 파는 사람이 늘어나고 매수하려는 사람들은 주춤하게 되어 이후로는 지속적으로 하락하는 국면이 이어진다. 이러한 상황들을 겪으면서 혼마 무네히사는 사람들은 심리적으로 세 번의 똑같은 자극을 강하게 느낀다고 판단했던 것이다. 한 번, 두 번까지도 긴가민가했던 사람들조차도 세 번째는 강한 확신으로 받아들이게 되고, 이런 확신은 그 대중적 파급력이 강하다고 보았던 것이다.

바로 이런 삼산형이 출현하면 단순한 가격의 오르내림이 아니라 오랜 하락으로 이어지는 하락국면이 나타난다고 확신한 혼마 무네히사는 사람들이 서쪽으로 달리면 동쪽으로 향하라고 말한 것이다. 단순히 무작정 시장의 분위기와 반대로 하라는 뜻이 아니며 천정에 대한 연구가 선행되어 있어야 한다는 의미다.

모두가 무기력할 때에는
마음을 바꾸고 사기 시작하라

> 쌀 가격이 점점 하락하여 상승시세로 바뀜 없이 각처 모두 최상의 가격물이 수없이 나와 있다는 풍문이며, 분위기도 모두 약하고, 얼마나 하락할지 모르며, 자신이 생각해도 약세장이라 생각할 때 마음을 돌려 매입할 것이다. 이렇게 함은 바닷속에 뛰어드는 심정으로 좀처럼 성공할 수 없을 것 같지만 그때 의심하지 않고 매입해야 하며, 반드시 이운(利運)이 된다. 하락한다고 전망될 때 생각한 대로 하락한다면 마음 편할지 모르지만 분위기가 하락한다고 방치할 때 오히려 상승하므로 생각이 따라가지 못하게 된다. 상승도 마찬가지로 즉 바닷속에 뛰어드는 심정이 비결이다.

혼마 무네히사의 글을 보면 비록 시대가 다르고 거래대상이 다르기는 하지만 요즘의 부동산시장이나 주식시장, 외환시장, 국제석유시장 등의 모습과 비슷한 점이 많은 것 같다는 생각을 하게 된다.

당시 오사카와 사카타, 에도는 지역적으로 거리가 멀어 이동하는 데 시간이 많이 걸렸다. 지금과 같은 교통수단도 없고, 통신수단도 없었고, 가장 빠르다고 할 수 있는 교통수단이라고 해봐야 배를 이용한 수상교통과 말을 이용하는 육상교통이 전부였다. 그렇지만 시장이라 하는 곳은 전국에서 몰려드는 여행자들과 상인들로 언제나 온갖 소문과 정보가 난무하기 마련이다. 돈 많은 상인들의 경우 이러한 정보를 수집하는 데 돈을 상당히 투자했을 것이고 나름대로 조직을 가지고 정보망을 구축했을 것이다. 그리고 250여 년 전에도 시장에서 떠도는 정보들 중에는 이미 정보로서의 가치가 별로 없는 것이거나 이미 가치를 상실한 뒤늦은 정보들이 있었을 것이고, 간혹 개중에는 고급정보를 어렵사리 구할 수도 있었을 것이다.

혼마 무네히사도 시장에서 흘러다니는 정보를 나름대로 평가할 수 있는 안목과 정보망을 가지고 있었음이 그의 글 곳곳에서 암시되고 있다. 이번 장만 보더라도 '각처 모두 최상의 가격물이 수없이 나와 있다는 풍문'이라고 언급하고 있는데, 이 각처란 좁게는 오사카 내 다이묘들의 창고 근처 쌀 거래 장소들이며 넓게는 오사카와 에도, 교토, 사카타 등을 의미할 것이다.

지금의 투자자들은 인터넷과 신문, 방송 그리고 애널들이 제공하는 기업분석이나 세계경기에 대한 종합적인 분석들, 금리와 환율, 유가, 원자재 동향 등의 자료들을 언제든 손쉽게 구할 수 있다. 그렇지만 혼마 무네히사가 살았던 시대에 전국 각지 쌀의 작황을 알기란 어려울 뿐더러 작황에 영향을 미치는 강수량과 병충해, 바람과 태풍, 지진발생 여부와 피해 정도 등을 정확히 알기란 불가능에 가까웠을 것이다. 더욱이 쌀의 품질상태를 데이터화하는 것도 그러하다.

대략의 작황을 파악하고 쌀의 수급을 예측하는 것은 상인으로서 무엇보다도 중요한 일이지만 풍문에 의지할 수는 없는 일이다. 따라서 보다 정확한 작황의 파악과 수급요인을 점검하기 위해서는 중요 쌀 산지에 정보망을 두고 가동할 필요가 있는 것이다. 혼마 무네히사가 그러한 정보망이 있었다고 가정할 수 있는 것이 바로 이 풍문을 다루는 태도다. 이번 장에서 그는 풍문에 거슬러 모두가 쌀 가격이 하락한다고 생각하고 스스로도 약세장이라 생각될 때에 오히려 매수에 나서야 한다고 주장한다. 이와 같은 풍문을 넘어서는 그의 현실적인 안목이 바로 그러한 정보망으로부터 비롯되는 것이 아닌가 하는 생각을 하게 한다.

물론 요즘 시장에서도 가격의 바닥을 나타내주는 지표로 통하는 것들이 있다. 흔히 주식시장이 바닥을 쳤는지 확인하려면 객장에 나가보면 안다고 한다. '객장에 사람이 거의 없고 할아버지들 몇몇이 소파에 앉아 졸고 있다면 바닥이다' 라는 말이 있다. 또 어떤 사람은 모두가 비관주의자가 되고 주식의 '주' 자만 들어도 넌더리를 칠 때가 바닥이라고 한다.

그리고 신문지상에 주식투자에 실패해 신변을 비관해 자살하는 사람이 속출하고, 기업도산이 줄지으며, 경제위기라는 말이 날마다 지면을 장식할 때가 그때라고도 한다. 좀더 예리한 사람은 정부가 시장안정대책을 세 번째로 내놓을 때라 하기도 한다.

아무튼 하락장에 길들여진 사람들에게는 매수로 전환하는 것이 쉽지 않다. 언론을 비롯한 모두가 비관적이며 누구나 하락을 당연시 받아들일 때 오히려 마음을 돌려 매수적기라고 판단한다는 것은 어려운 일이다. 더구나 하락이 끊임없이 이어지다가 언젠가부터 가격이 횡보할 때, 그때는 하락시기보다 심리적으로 더욱 불안정해진다. 언제 어느 때 재차 하락의 돌풍이 강타할지 모르기 때문에 추가하락의 공포가 사람들의 마음을 은연중에 지배하게 된다. 혼마 무네히사는 바로 이때 매수에 나서야 한다고 강조하고 있다. 마치 바닷속에 뛰어드는 심정으로 비장하게 매입에 나서기를 촉구하고 있다.

그런데 문제는 상승장에서 매도하는 경우와 마찬가지로 하락장에서 매수하는 것은 몹시 위험한 일이다. 그 이유는 이미 설명한 바와 같이 쌀 가격이 자신의 뜻과는 반대로 추가적으로 하락한다면 매수한 사람은 크게 손실을 볼 것이기 때문이다.

예를 들어 누군가가 수표를 쌀 1섬에 10만 원 시세로 매수했다고 하자. 그런데 정작 가을이 됐을 때 쌀 가격이 지속적으로 하락해 쌀 1섬에 5만 원이 됐다면 매수한 사람은 5만 원에 살 수 있는 것을 10만 원을 주고 산 셈이기 때문에 2배의 가격을 주고 산 것과 마찬가지다. 이렇게 자칫 위험할 수 있는 거래를 해야 한다고 주장하는 근거는 무엇일까? 혼마 무네히사는 무엇에 대한 확신으로 그러한 거래를 했던 것일까? 이에 대한 대답은 혼마 무네히사가 바닥권에 대해 어떻게 생각하는지를 통해 찾아볼 수 있다. 상승장에서 매도하는 기준이 있었던 것처럼 하락장에서의 매수도 역시 기준이 있었을 것이다. 그렇다면 그가 생각하는 바닥권의 모습은 어떠한 것일까?

역시 사카타 5법 중 삼천을 살펴보면 알 수 있다. 삼천이란 글자의 모양뿐 아니라 물이 낮은 곳으로 흐르는 성질을 지녔기 때문에 바닥을 나타내는 이름이 된 것으로 판단된다. 그 바닥은 시멘트 바닥이 아니라 등락을 거듭하는 물과 같은 성질의 바닥이라는 뜻도 포함된 것으로 본다. 그런데 이 바닥은 서구의 기술적 분석에서 말하는 외바닥이나 쌍바닥형이 아니라 세 번의 바닥을 다지는 상당히 안전하며 견고한 바닥을 의미하고 있어 보다 신뢰성이 높다. 요즘 기술적 분석에서 말하는 외바닥이란 소위 V자형의 바닥을 의미하고,

쌍바닥이란 VV자의 바닥을 의미한다. 그러나 삼천의 경우 바닥이 한 번 더 확인된 경우로 삼천, VVV를 말한다. 이를 차트로 살펴보면 다음과 같다.

삼천은 삼산을 거꾸로 만들어놓은 것과 같은 모양이다. 이와 비슷한 것으로는 역헤드앤숄더형Reverse Head & Shoulder Pattern이 있다. 이 역시 삼천의 일종으로 볼 수 있다. 바닥권에서 가격이 추가적으로 하락하지 않고 추세를 가지지 않고 등락을 거듭하는 형태로, 다만 시장 분위기는 여전히 하락마인드가 우세한 상황을 말한다. 사람들은 하락에 실늘여져 있고 비관론이 팽배하며 조금만 쌀 가격이 오르더라도 너도나도 매도에 나서는 때다. 그러나 이때만큼 매수하기에 안전한 때도 없다. 바닥권에서의 매수는 그 자체가 커다란 이익이기

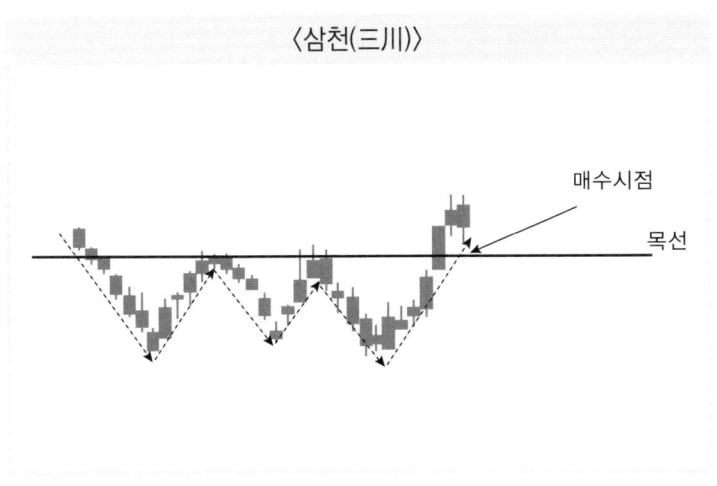

〈삼천(三川)〉

때문에 가격의 작은 등락에 연연하지 말고 길게 보유하고 있으면 상당한 수익이 발생하는 것이다.

혼마 무네히사의 경우 잦은 거래를 피하고 1년에 몇 번만 거래하는 것을 권장하고 있는데 삼천형이 형성되는 때가 바로 그중의 하나다. 그의 거래법의 핵심인 '삼위의 방책'에서 상중하 중 절호의 매수시기는 바로 이 바닥권이고, 이러한 삼천형 바닥, 즉 삼중 바닥은 자주 출현하지 않는 것이기에 더욱 그러하다. 문제는 바닥권을 판단하는 것인데 사카타 5법 중 삼천의 모양을 숙지하고 오로지 그때만 기다리면 가능하다. 기다리고 기다려 바닥권에서 샀다면 충분히 수익이 나길 기다리면서 천정 형태인 삼산이 출현할 때를 기다려 매도하면 될 일이다. 그렇지만 이것은 말은 쉽고 행하기는 몹시 어려운 투자법이다. 1년 동안 두 번 내지 세 번 매매한다는 것에 대해 매매에 중독된 사람의 경우 '인간이 어떻게 그럴 수 있겠는가' 하고 푸념할 것이다.

혼마 무네히사의 '삼위의 방책'이란 단순하다. 바닥에서 사고 천정에서 파는 것이다. 그렇기 때문에 이 법을 알면 큰 수익이 날 수 있다. 쉽지만 그 어떤 일보다 어려울 수도 있는 투자법이다.

작황의 선악이
시세의 근본

02

겨울부터 정이월까지 정체상태에 있는 쌀

> 겨울부터 정이월경까지 바닥시세에 정체하고 있는 쌀은 3, 4월부터 5, 6월 반드시 상승한다.

「장자」 외편外篇에 보면 '원추'라는 새 이야기가 나온다. 원추는 중국 남해에서 출발해 북해를 오가며 살아가는 새다. 상당히 먼 거리를 이동하기 때문에 원추는 때때로 큰 나무에 내려앉아 쉬어가야 한다. 그렇지만 이 새는 아무리 힘들어도 오동나무가 아니면 앉지를 않는다고 하며, 아무리 배고파도 대나무 열매가 아니면 먹지를 않고, 아무리 목이 말라도 감로천이 아니면 마시지를 않는다고 한다.

이 새를 가리켜 오만하다거나 고고하다거나 하는 말을 할 필요는 없다. 나름대로 그러한 질서를 가지고 살아가게 된 것은 오랜 경험이 혈통으로 전해지고 있는 것이라 하겠다. 하나의 생존방식이며 스스로를 지키고 소중히 여기는 방법이라 할 수 있다.

이러한 점은 거래할 때도 마찬가지라고 본다. 물건이 값이 싸다고 해서 덜컥 살 수는 없는 것이며 또한 아무 것이나 살 수도 없다. 아파트를 살 때도 그렇고 땅을 살 때도 마찬가지이며 어떤 회사의 주식을 사느냐 하는 문제에도 똑같이 적용되는 말이다. 또 고고한 척하는 어떤 사람이 회피하는 물건이라 해서 모두 나쁜 물건인 것은 아니며 오만한 어떤 사람이 맘에 들어하는 물건이라 해서 모두 좋은 것도 아니다. 거래를 할 때는 절대적으로 좋은 것, 소위 명품이라 하는 것만이 최고의 것이 될 수는 없다.

오동나무와 비슷한 옻나무는 오동나무처럼 크지는 못하지만 어느 칠도 따라오지 못하는 깊이 있는 색을 구현하며 그 새순은 애호가들이 선호하는 훌륭한 요리가 되기도 한다. 그러나 사람에 따라서는 옻나무에 가까이 가기만 해도 옻이 옮아 온몸에 두드러기가 퍼져 엄청난 고통을 당하기도 한다. 이렇게 볼 때 좋은 상품이 반드시 좋은 상품이 아니며 나쁜 상품이 반드시 나쁜 상품인 것은 아니다. 즉 상품의 가치는 절대적인 것이 아니며 오로지 관심을 가져야 하는 것은 자신에게 맞는 것을 고르는 일이다.

이는 대기업에게도 똑같이 적용될 수 있는 것으로 돈이 된다 해서 중소기업의 아이템을 생산한다고 꼭 성공하는 것이 아니며 문어발식으로 여러 사업으로 확장해나가는 것이 오히려 기업의 생명을 단축시키는 길이 될 수도 있는 것이다. 대기업은 중소기업에 어울리는 작은 것은 과감히 포기하고 대기업에 맞는 비전과 생산력에 어울리는 수요부분을 찾아내야 할 것이다. 중소기업 역시 능력에 벗어나는 비전을 세운다든가 사업에 착수한다면 곧 그에 따른 문제에 봉착하게 되고 기업의 지속성을 보장받기 어려운 지경에 이르게 될 것이다. 그래서 사업을 할 때나 거래를 할 때 항상 잊지 말아야 할 것은 자신이 누군가 하는 점에 관심을 가져야 한다는 사실이다.

혼마 무네히사는 그야말로 원추와 같은 의식을 가지고 있던 사람이었다. 그는 자신에게 맞는 가격을 설정하고, 그 가격이 되지 않으면 사려고 하지 않았고 그 가격이 되지 않으면 팔려고 하지 않았다. 항상 자신이 원하는 것을 알고 기다리고 인내했다.

이번 장은 바로 그러한 그의 인식을 나타내주고 있다. 혼마 무네히사는 캔들을 통해 가격변동에 대한 자료를 누적시키면서 추세를 알았고 천정가격과 바닥가격을 알았다. 이번 장에서는 또 하나의 패턴인식을 나타내주고 있는데 바닥권의 형성모양만이 아니라 기간의 형태를 찾아낸 것이다.

요즘도 바닥시세 100일이란 말이 있다. 오랫동안 하락하던 가격이 바닥권에서 100일 정도 횡보한다면 바닥을 다지고 상승하기 쉽다는 말이다. 혼마 무네히사의 삼천이 바닥을 알려주는 모양을 말하는 것이라면 3개월간의 가격정체는 바닥권이 형성되는 기간에 대한 인식을 나타내주는 것이라 할 수 있다. 이 역시 혼마 무네히사의 연구결과인데 이번 장에서는 정확히 하락추세의 3개월간 정체인지 상승추세 도중인지는 언급되어 있지 않다. 그러나 문맥으로 보아 겨울부터 정이월까지 바닥시세에 정체하고 있다고 했으므로 하락추세 도중 3개월간의 바닥권 횡보로 받아들이는 것이 옳다고 본다.

혼마 무네히사가 이렇게 분석했으리라 보는 이유는 '겨울부터 정이월', '3, 4월부터 5, 6월'이라고 분류한 데서 찾을 수 있다. 즉 1년 중 쌀농사와 관련해 겨울과 봄, 가을이라는 계절이 중요한데 그 이유는 쌀의 수급 때문이다. 가을은 쌀을 수확하는 계절이기 때문에 공급이 충분하므로 보통 가격이 안정되는 경향이 있고 겨울 동안 역시 그렇지만 봄과 여름의 경우는 양식이 부족하게 되는 것이 일반적인 흐름이라 할 수 있다. 우리나라에서도 보릿고개라 해서 봄과 여름에는 양식이 부족했던 시절이 있었다. 에도시대는 농업사회였기 때문에 가을에는 쌀이 풍족해 가격이 안정되고, 겨울까지 하락해 바닥권에서 3개월간 횡보했다면 이미 쌀 공급은 충분히 이뤄진 것이고 소비가 활발했다고 가정할 수 있다. 그러므로 1년 쌀 수급의 일반적 경향으로 볼 때 춘궁기가 닥치면 쌀 가격은 상승하기 마련이다.

그래서 혼마 무네히사는 '3, 4월부터 5, 6월 반드시 상승한다'고 단언하는 것이다. 이번 장은 몇 자 안 되는 짧은 글로 되어 있지만 1년의 쌀 수급현황에 대한 자신의 자료에 대한 분석을 드러내고 있다. 거래에서 우선적으로 고려해야 하는 수급동향에 대한 언급이므로 주목할 만한 장이다. 그리고 혼마 무네히사가 얼마나 철저한 승부사적 기질을 가지고 있고 거래에 대한 확신을 가지고 있었는지 '반드시 상승한다'고 하는 표현을 통해 짐작할 수 있다. 그는 승산이 분명한 거래에만 임했기 때문에 거래할 때마다 이익을 얻었고, 승산이 있는 거래를 하기 위해 자신이 원하는 때와 가격을 기다렸던 것이다. 그는 「장자」에 나오는 원추와 같았다.

정월까지 천정가격의 쌀은 이후 하락한다

> 겨울 정월경까지 바닥가격의 쌀은 5, 6월에 상승한다. 겨울부터 정이월경까지 천정가격의 쌀은 5, 6월에 하락한다. 5월 충분히 하락한 때는 6월에 급상승한다. 5월에 하락하지 않으면 6월에 반드시 무너지니 의심하지 말라. 7, 8, 9, 10월까지도 바닥시세의 쌀은 12월까지는 상승한다고 여긴다.

이번 장에서도 수급에 대한 혼마 무네히사의 분석이 시도되고 있다. 수급이란 무엇인가에 대해 관심을 가지고 읽으면 좋을 듯하다. 여기서도 혼마 무네히사는 1년간 쌀 가격의 움직임에 대한 견해를 밝히고 있다. 전 장과는 반대로 겨울에서 2월까지 쌀 가격이 꾸준히 오르고 천정가격을 형성한다면 5, 6월경에 하락하고 5월에 지나치게 하락한다면 6월에 반등이 일어남을 말하고 있다.

이렇게 되는 이유는 쌀 공급은 제한되어 있고 마찬가지로 소비 역시 제한적으로 보기 때문이다. 다시 말해 가을 햅쌀이 나온 이후 공급이 많아져 가격이 안정되거나 하락하기 쉬운데 만일 가을 이후 겨울까지도 가격하락이 이뤄지지 않고 지속적으로 상승한다면 그것은 가격상승을 기대하는 심리가 커 시중에 쌀이 나오지 않고 창고에서 잠자고 있기 때문이다. 그러나 햅쌀이 나온 이후 쌀 물량에는 여유가 있고 가격이 지속적으로 상승했기 때문에 이익을 실현하려는 욕구가 강해지고 이러한 욕구는 결국 봄을 넘기기 힘들다는 뜻이다. 더욱이 여름에 가까울수록 가을 수확기에 대한 부담이 커질 수밖에 없어 쌀을 보유한 사람들의 재고물량이 시중에 나올 가능성이 커진다. 따라서 가격은 천정을 형성하기 쉽다고 볼 수 있다. 이러한 점을 혼마 무네히사는 간파하고 있다는 것을 보여준다.

7~10월 천정시세의 쌀

> 7, 8, 9, 10월 천정시세의 쌀은 12월까지 하락한다고 여긴다.

이번 장에서는 여름은 물론이고 초가을까지도 쌀 가격이 올라가는 예외적인 경우에 대해 설명하고 있는데 이러한 가격 상승은 어떻게 받아들여야 할까. 혹 혼마 무네히사의 수급분석에 문제가 있는 것은 아닐까 하는 의문이 들 수 있다. 그러나 이런 경우는 쌀의 작황에서 기인하는데 병충해, 쌀 성장에 좋지 않은 영향을 주는 기후조건, 태풍이 주로 지나가는 7월에서 10월까지 주요 쌀 산지의 태풍피해가 컸을 경우 등 가을 쌀 수확량이 상당히 감소하리라는 예측이 시장에 선반영되는 데 따른 것이다. 그러나 11월과 12월에 쌀 가격이 하락하게 되는 것은 피해규모가 구체적으로 드러나고 수확량 역시 파악가능해지기 때문에 악재를 선반영했던 시장이 진정되기 때문이다.

혼마 무네히사는 쌀의 가격을 결정하는 것은 기본적으로 쌀의 수급이고, 그 수급에 대한 거래 참여자들 각각의 전망치가 사람들의 심리를 움직이고 가격변동을 일으킨다고 본 것이다. 따라서 가장 중요한 것은 쌀의 작황과 실제 수확고

이고 이를 정확히 파악해야 하는 것은 기본이 되며, 이를 바탕으로 사람들의 심리를 읽을 때 자신 있게 거래해 성공할 수 있다는 것이다. 그리고 이러한 심리를 읽어낼 수 있는 객관적 기준이 바로 캔들과 누적된 캔들로 만들어낸 사카타 5법이다.

바로 이러한 점을 토대로 1년간의 가격 움직임을 읽고 1년 중 천정과 바닥가격 형성과정을 분석하고 있는 것이다. 그리고 여름 쌀 가격에 영향을 미치는 요소로 병충해, 기후와 태풍을 주목하고 예상되는 작황에 따라 천정과 바닥형성을 지켜봤던 것이다.

작황이 나쁠 때의 대처 방법

① 현지* 6, 7월에 비가 많고 서늘하며 냉랭하고 좋은 날씨가 드문 해는 이와 근접한 지역은 흉작이 된다. 또 큐우슈우, 시코쿠, 츄고쿠, 키나이, 토오카이도오, 오슈우지역은 날씨에 따른 작황이 동일하지 않다. 북부지방 풍작, 칸사이지방 흉작, 서부지방 풍작, 칸토오지방 흉작, 그해 대개 이곳에 준한다고 하여도 그 차이가 있는 것임을 잘 생각해야 한다.

② 현지 6, 7월 날씨가 불순해서 벼가 자라지 않고 논바닥이 패이고 성겨도 6월 말부터 7월 20일경까지 일조량이 계속 좋으면 급히 좋은 작황으로 전망이 바뀐다. 또 6월부터 8월까지의 기간에 태풍, 홍수, 충해 등의 천재의 정도에 특히 주의해야 한다. 이것은 현지뿐만 아니라 큐우슈우, 도성에도 마찬가지다.

③ 그리고 상월(霜月)의 신 거래**, 묵은쌀 및 그해의 작황을 파악하여 균형을 살핀 뒤, 5, 60섬에서 100섬으로 거래 시작하고 나서 대개 4, 50섬 하락은 드물다. 그해의 작황을 예상하여 거래를 시작하므로 10섬부터 2, 30섬 정도 하락으로 그해의 변화에 따라 위로 향하게 된다. 오사카, 현지, 흉작, 천재 등으로 6월 첫 거래부터 급상승하는 경우도 있고, 어쨌든 그해 그해의 흉작의 정도, 천재, 묵은쌀의 다소, 큐우슈우 각지의 상태

> 로 오사카 시세의 영향이 현지 시세에 나타나므로 방심하지 말
> 라. 참으로 변화무쌍한 것이다.
> ④ 다만 그해의 바닥가격으로부터 상승하기 시작하는 쌀은 5섬 내

---

*   사카타를 가리킨다.
** 6월에 시작해 11월에 끝나는 쌀 선물거래를 말한다. 이 거래는 가을 햅쌀이 나오는 시기에 하는 거래로 무엇보다 작황에 영향을 받지만 가격을 결정하는 수급에는 묵은쌀도 영향을 미친다. 다시 말해 묵은쌀이 아직 많이 남아 있고 햅쌀은 가을에 수확되기 때문에 일반적으로 쌀 가격은 하락으로 거래가 시작되지만 작황이 좋지 않고 가격이 바닥권일 때 그 하락폭은 별로 크지 않고 곧 상승으로 전환해 꾸준히 상승한다는 말이다. 그러나 오사카나 주요 산지의 작황이 좋지 않다는 예상에 따라 6월 거래 시초부터 급상승하기도 한다는 뜻.

도오지마 곡물거래소에서 거래되는 것은 현물인 쌀만 아니라 선물도 있었다는 사실은 이미 언급한 바 있다. 여기서 쌀을 현금으로 거래하는 것은 특별히 설명하지 않아도 누구나 이해할 수 있지만 선물의 경우는 좀더 설명이 필요하므로 다시 한 번 짚고 넘어가기로 한다.

당시에는 '선납수표'라는 것이 있었는데 이 수표는 250여 년 전 도쿠가와 막부 당시 번의 영주들인 다이묘들이 주로 발행했다. 예를 들어 수확기에 쌀을 내주기로 하고 미리 돈을 받는 방법이다. 가령 쌀 1가마의 시세가 10만 원이라면 10만 원을 받고 수표 1장을 발행하는 것이다. 물론 다이묘들의 필요에 따라 돈이 급한 경우에는 좀 싸게 발행하기도 하고 쌀 가격이 급등하는 때에는 약간 비싸게 발행할 수도 있었다. 이 수표는 언제든지 쌀로 바꿀 수 있었기 때문에 수표만 가지고 있으면 창고를 운영하며 쌀을 쌓아놓고 관리하는 여러 비용이 들어가지 않아 편리했다. 게다가 쌀 가격의 변동에 따라 차익을 기대할 수 있어 선납수표를 선호했다. 따라서 수표를 발행하는 다이묘들과 사는 상인들 모두 서로의 필요에 의해 거래가 성립됐던 것이다.

선물을 매수한다는 것은 이 선납수표를 돈을 지불하고 사들인다는 뜻이며 선물을 매도한다는 것은 이 선납수표를 돈을 받고 발행한다는 뜻이다. 물론 이 매도(발행)는 쌀을 언제든지 내줄 수 있는 사람에게나 가능한 일이었다. 또한 돈 주고 매수했던 선납수표를 다시 파는 것도 매도라 했으며 돈 받고 매도(발행)했던 사람이 되사는 것도 매수라 했다. 오늘날에는 되파는 것과 되사는 것을 청산거래라 한다. 이러한 선납수표는 매매가 자유로워서 발행자와 그에게 돈을 주고 산 매수자의 거래 이외에도 시세변화에 따라 여러 사람을 거치면서 거래됐다는 점을 생각해야 한다.

> 리면 10섬 올리고, 10섬 내리면 20섬 올려가며 8, 9, 10, 11, 12, 정월까지 천정시세가 나는 것을 생각해야 한다. 그리고 천정이 되어 매우 흉작인 해는 2, 3개월이나 그 상태를 유지하며 시세가 하락하지 않고, 정이월경부터 조금씩 빠지기 시작하여 4, 5, 6월에 이르러 고가의 쌀로 인하여 배들도 매입에 나서지 않고, 특히 6월 날씨가 좋고 토용(土用, 입추 전 18일간) 때 일조가 좋으면 분위기가 나빠지고, 특히 6월은 초보자, 숙달자, 타처 매수한 사람들 모두 처분하게 되므로 크게 붕괴하여 7, 80섬에서 100섬 하락 정도로 점차 하락함을 이해하라.

이번 장의 내용은 작황과 수급에 대한 내용을 좀더 구체적으로 언급하고 있는데 혼마 무네히사의 치밀함과 예리한 분석력을 짐작할 수 있게 한다. 도오지마 거래소에서 매매할 당시 그가 중요하게 여겼던 작황에 대한 분석과 그러한 분석을 자신의 '삼위의 방책'에 따라 거래에 어떻게 응용했는가 하는 점을 알 수 있다. 그는 단순히 감에 의해 거래에 임하지 않았고 주요 산지의 작황을 분석하고 여러 가지 변수를 고려한 상당히 안정적인 거래를 했음을 알 수 있다.

기본적으로 작황이 좋지 않아 가을 수확기에 쌀 생산이 줄어들 것으로 예상될 때 쌀 가격이 상승하는 것은 당연한데, 다만 상승하던 중에라도 일조량이 충분해 쌀 생산량이 증가

할 것으로 예상될 때는 하락의 가능성을 염두에 두고 있어야 한다. 그런데 병충해나 태풍, 좋지 않은 날씨 등의 영향으로 흉작이 심할 때는 천정시세라도 쌀 가격이 하락하지 않고 몇 개월 더 강세를 지속하는 경향이 있음을 말하고 있다. 그런데 아무리 날씨나 병충해, 태풍의 영향으로 좋지 않은 작황이 예상되더라도 전국 모두 동일하게 작황이 나쁘지는 않게 되므로 그에 따른 변수도 고려해야 한다고 지적했다.

여기서 주목할 만한 것으로 추세에 대한 언급을 아주 구체적으로 재차 하고 있다는 점이다. 바닥시세의 쌀 가격은 설사 하락하더라도 그 정도가 적고 상승폭은 큰 패턴으로 지속한다고 하고, 반대로 하락추세 시에는 상승 정도는 약하고 하락폭은 큰 것이 일반적임을 강조하고 있다. 상승 시에는 5섬 내리면 10섬 올라가고 10섬 내리면 20섬 올라가는 형태가 나오고, 하락 시에는 크게 붕괴되면서 7, 80섬 혹은 100섬 하락한다는 지적에 주목할 필요가 있다. 혼마 무네히사의 이러한 추세 언급을 바탕으로 판단한다면 상승 시에는 하락을 겁낼 필요가 없으며 오히려 떨어질 때마다 매수에 나서야 하고 하락 시에는 아무리 가격이 많이 하락하더라도 많이 떨어졌다는 것만으로 매수에 나서면 크게 실패한다는 점이다. 오히려 하락 시에는 많이 떨어졌더라도 약간의 상승 시 매도에 나서야 함을 알 수 있다. 이것이 바로 추세이고 추세가 가진 힘이다.

그래서 투자격언에 상승추세 시에는 '달리는 말에 올라타라' 든가, '가는 놈이 더 간다' 는 말이 있고, 하락추세 시에는 '떨어지는 칼날을 잡지 마라' 든가, '바닥 아래 지하가 있다', '지하 1층 아래는 지하 2층이 있다' 는 등의 말이 있다. 따라서 매매에 임하면서 추세판단을 얼마나 정확히 하느냐에 따라 엄청난 손실이 날 수도 있고, 어마어마한 이익을 얻을 수도 있는 것이다. 추세인식은 그래서 중요하다.

지금까지 「혼마비전」에서 언급된 내용을 간략하게 요약하자면 '매매에 임하는 자세' 와 '추세', '가격의 고점, 즉 천정에서의 매매', '바닥권에서의 매매' 등이다. 그리고 작황에 대한 분석은 한마디로 '수급' 이라는 말로 압축할 수 있다.

혼마 무네히사는 250여 년 전에 이미 시장가격이 수요와 공급에 의해 결정된다는 사실을 잘 알고 있었다. 작황에 따라 쌀의 생산량이 결정되고 쌀의 생산량은 시장 거래가격에 영향을 미친다는 사실에 그는 주목했다. 만일 수급을 분석해 작황이 좋다는 판단이 선다면 시장 참여자 대다수가 그 사실을 알기 전에 보유하고 있는 쌀을 서둘러 내다팔아야 하며 가지고 있는 쌀 교환증서인 선납수표도 서둘러 매도해야 할 것이다. 반대로 주요 산지의 작황이 좋지 않을 것으로 분석되고 가을 수확기까지 개선될 조짐이 보이지 않는다면 시중의 쌀을 열심히 사모아야 하며 수표 역시 열심히 매수해놓아야 할 것이다. 그리고 가을 수확기가 다가오면서 예상대로 쌀의 작황이 사람들에게 알려진다면 쌀 가격은 어느 한 방향으로 강하게 움직일 것이다. 이때가 되면 미리 작황을 정확히 분석해 대응했던 사람은 엄청난 이익을 얻을 것이다. 바로 이 점을 혼마 무네히사는 잘 알고 있었다. 그래서 그는 쌀 가격 형성에 영향을 끼치는 여러 요소들 중 무엇보다 수급이 우선하고, 수급에 대한 분석은 상인의 첫 번째 과제임을 강조하기 위해 여러 장에 걸쳐 설명하고 있다.

비록 상품의 종류는 다양해졌지만 현대에도 수요와 공급을 분석해 대응하는 것은 상거래를 하는 사람들에게 필수적인 요소다. 반도체, LCD, 금, 석유, 철강, 다이아몬드, 배추, 마늘, 무 등의 경우도 수요와 공급에 따라 우리가 쉽게 가격변동을 접할 수 있다.

태풍이 우리나라를 휩쓸고 간 다음에 산지 작물의 피해가 극심해진다면 배추 등 농산물 가격이 급등하는 것은 도시로의 농산물 공급이 원활하지 못하고 작황이 나빠질 것으로 예상되기 때문이다. 이는 소비가 급격히 늘었다기보다는 공급 상황이 좋지 않기 때문에 일어나는 가격변동이다.

또 얼마 전 유가의 급등으로 하루가 멀다 하고 언론에서 경제적 악영향을 연일 보도하곤 했는데 석유의 경우 세계 경기가 활황국면으로 들어서면서 기본적으로 수요가 늘어났기 때문에 가격이 오르는 것이 당연하다. 게다가 주요 산유국들의 모임인 석유수출국기구OPEC가 생산량을 조절하면서 사실상 제한적 생산을 유도하기 때문에 수요에 비해 공급이 원활하지 못하다. 여기에 설상가상으로 아프가니스탄과 이라크로 이어지는 전쟁과 테러 등이 석유 공급에 대한 우려를 낳아 유가가 급등양상을 보인 것이다. 미국이 몇 년에 걸쳐 금리를 계속 인하했고, 각종 경제지표들이 경기 바닥징후를 보이며 시간이 갈수록 세계경제가 살아나는 조짐을 보일 때 돈이 많은 사람이라면 무엇을 할 것인가? 주요 원자재들, 특히 석유 수요가 늘어날 것이기 때문에 당연히 석유는 돈이 되는 상품인 것이다. 이런 안목이 중요하다.

만일 이러한 수급의 변화를 미리 알 수만 있다면 엄청난 이익을 얻을 수 있을 것이다. 혼마 무네히사가 250여 년 전 작황의 분석을 통해 쌀 가격의 변화를 예측했던 것처럼 오늘날에도 수급을 분석하는 것은 무엇보다 중요한 일이다.

주식시장의 경우 수급을 결정하는 가장 중요한 요소는 금리다. 시중에 돈이 많으면 주식시장으로 자금이 유입되고 풍부한 자금은 증시 체력을 강화해 매수세가 더욱 보강되어 주가가 점차 상승할 수 있는 여건이 형성된다. 금리를 내리면 시중에 돈이 많이 돌게 되고 유동성이 풍부해져서 경기가 활

성화된다. 금리가 낮기 때문에 기업이나 개인들이 은행으로부터 돈을 빌리기가 덜 부담스러우며 낮은 금리 때문에 은행으로의 돈의 유입은 줄어들게 된다. 풍부해진 시중자금은 좀 더 나은 투자처로 이동하게 되는데 주로 부동산이나 주식시장 등으로 향한다. 역으로 금리를 지속적으로 올리면 시중자금은 서서히 은행으로 이동하며 신규투자가 위축될 뿐 아니라 기업과 개인들의 이자부담이 늘어나게 되고 상환압력이 높아진다. 이렇게 시중의 자금이 경색되면서 주식시장은 점차 고점을 확인하고 내리막길로 접어들게 된다.

이외에도 주식시장에 영향을 주는 다양한 요소들이 있는데 금리 다음으로 강력한 영향력을 가진 요인이 환율이다. 최근 우리나라는 경제 펀더멘털에 비해 시장이 저평가되어 있다는 분석들이 나오면서 외국자금들이 대거 유입되어 시장의 상승을 견인했다. 그런데 사실 이러한 자금들 중에는 장기 투자하는 연기금 같은 자금도 있지만 대부분 환차익과 시세차익을 노리는 단기 자금이다. 이들 단기 자금을 움직이는 동인 중 강력한 것으로 환율을 들 수 있다. 미국은 오랜 불황과 재정적자로 인해 거의 제로금리에 가까울 만큼 금리가 낮아지면서 미국 달러화의 가치가 지속적으로 하락해왔다. 달러화의 하락추세는 오랜 대세였고, 이런 하락추세에 맞춰 외국 단기 자금들이 미국 이외의 시장으로 대거 유입됐다. 그중 신흥시장인 한국시장으로도 단기 자금들이 유입되면서 주식시장이 크게 상승세를 보였던 것이다. 이들 단기 자금들은 달러화를 원화로 바꿔 주식에 투자를 한다. 그 주식이 상승하면서 이익을 얻을 뿐 아니라 달러화의 하락추세로 달러화의 가치가 원화 대비 지속적으로 하락하기 때문에 환차익까지 얻게 되는 것이다. 이러한 이익구조는 한국시장을 매력적이게 만들었고 단기 자금들의 투자목표가 됐다. 그러나 만일 이러한 이익구조가 변할 경우 그들은 썰물처럼 빠져나갈 것이다.

이렇게 수급분석은 거시적인 흐름을 파악할 수 있게 해주고 그에 걸맞은 대응전략을 세울 수 있게 한다는 측면에서 투자자라면 반드시 점검하고 넘어가야 할 사안이다. 그래서 투자격언에 이런 말이 있다.

'수급은 모든 것에 우선한다.'

그리고 혼마 무네히사는 250여 년 전에 이렇게 말했다.

'작황의 좋고 나쁨이 시세 고저의 근본이다.'

시장이 말하는 소리를 들어라

03

급격한 시세에는 기민한 대응이 요구된다

> 급격한 하락, 급격한 상승 시장은 천정과 바닥의 날을 정하지 말고 추세에 따를 뿐이다.

이번 장에서 혼마 무네히사는 다시 한 번 추세에 대해 언급하면서 급격한 상승과 하락을 반복하는 구간에서의 대응방법에 대해 말하고 있다. 일반적으로 매매하기 가장 어려운 시기가 이처럼 변동이 심한 구간이다. 하루 동안에 상승과 하락을 오갈 수도 있고 하루 상승 하루 하락하면서 오르내릴 수도 있다. 언제 내릴지 또 언제 오를지 모르는 변동성이 큰 구간일 경우 좀처럼 대응하기가 쉽지 않다. 한 치 앞도 알 수 없는데 어떻게 투자가 가능하겠는가?

그러나 이렇게 판단이 어려운 때일수록 추세판단을 먼저 해야 하고 그 추세를 따라갈 것을 혼마 무네히사는 권고한다. 추세가 상승추세라면 결국 상승하게 되어 있으므로 하루의 급등락이나 며칠의 급격한 가격 움직임 등은 무시하라는 말이다. 일일이 대응하다가는 심리적으로 크게 흔들리며 자칫 가격 움직임과 반대로 갔다가는 지속적으로 엄청난 손실을 입게 되는 구간이기 때문이다. 따라서 만일 추세가 상승이라면 매수해 지속 보유할 것이고 하락추세라면 매도해 보유하는 것이 정답인 것이다. 현물일 경우에는 하락추세의 경우 매도하고 현금으로 보유해야 할 것이다. 이것이 혼마 무네히사가 강조하는 점이고 항상 마음에 두어야 할 원칙이다.

혼마 무네히사의 상법을 가리켜 그를 깊이 연구한 사람은 '심학'이라고 표현한다. 그가 성취한 인간심리에 대한 통찰을 그의 글 속에서 발견하게 되기 때문이다. 이 인간심리에 대한 통찰이란 어떤 특정 개인의 심리를 말하는 것이 아니라 거래에 임하는 대중의 심리를 뜻한다. 시장 참여자는 바로 이 소리를 들을 수 있어야 한다. 그 소리는 '바닥을 다지고 이제부터 상승한다', '천정을 치고 이제부터 하락한다'고 말해준다. 상승 도중에 가격이 몹시 오르내려도 그 소리는 '계속 상승한다', 혹은 '계속 하락한다'고 알려준다. 그러므로 그 소리를 듣지 못한다면 오르내리는 가격에 휘둘리고 처참

하게 내팽개쳐지는 것이다.

  급등락하는 시장일수록 기민하게 대응해야 한다. 그러기 위해서는 자신의 내면에서 일어나는 움직임은 잠재우고 시장에 조용히 귀 기울여야 한다.

삼법三法

신 거래의 시작에서 점차 끌어올려 큰 소동이 일고 천정가격이 이루어지면, 그날 2섬 3말까지 가다 멈추고, 그날 중에 시세가 변하여 3섬 2, 3말까지 되돌리는데, 이 날의 2섬 3말*에 주목해야 한다. 이 쌀은 또 이틀 안에 2섬 6말까지 변동하지만 2섬 3말까지 세우는 힘은 없고, 맥없이 3섬대로 되돌아가는 것이다. 여기서 매도한다. 급히 2섬 3말까지 상승한 쌀이므로 3, 4섬 대는 분위기가 좋아 4섬대로 하락할 때는 다시 3섬에서 사들이는 것이어도, 자연스러운 매수세가 없이 5, 6섬까지 하락하는 것이다. 이때, 쌀을 생각하고 매수하는 것이다. 반드시 3섬대로 상승한다. 이는 정체 중에 큰 변동이다. 다음 달, 2섬 3말을 1, 2말이라도 상승하면 방심하지 말고 매수할 것이다. 또 다음 달, 3섬 기준하여 2섬 6, 7말 상승하여 정지하면, 매도처분해야 한다. 이것이 삼위의 방책이다.

---

* 쌀의 양을 표시하는 2섬 3말, 3섬 등을 돈과 비교하면 이해하기 쉽다. 예를 들어 10만 원에 1섬을 살 수 있었는데 10만 원에 2섬을 살 수 있게 됐다고 하자. 그렇다면 쌀 가격이 떨어진 것이다. 반대로 10만 원에 1섬을 살 수 있었는데 반섬밖에 살 수 없다고 하면 쌀 가격이 오른 것이다. 이렇게 보면 위의 글을 이해하기가 어렵지 않다. 혼마 무네히사는 당시에 선납수표를 기준으로 시세고하를 논하고 있으므로 자칫 난해해 보이지만 선납수표란 쌀로 바꿀 수 있는 것이고 살 가격의 변화에 다라 바꿀 수 있는 쌀의 양이 달라지므로 위와 같이 분석한다.

이번 장에서 혼마 무네히사가 말하고자 하는 것은 천정가격이 형성된 이후 쌀 가격의 움직임과 매매 대응법이다. 쌀 가격이 하락세로 접어들어가는 모습을 구체적으로 언급하면서 그 가격 움직임이 어떠한 궤적을 그리게 되는지 그리고 이에 대응해 어떻게 매매해야 하는지를 정교하게 묘사하고 있다.

쌀 가격이 천정을 친 후 천정가격을 넘어서지 못하고 계속 저항가격을 만들면서 하락해나가는 모습이다. 이때는 이 저항가격들을 염두에 두고 있다가 하락에 따른 반발로 재차 상승시도가 일어날 때 부화뇌동해 매수하지 말고 저항가격 근처에서 매도로 대응해야 함을 말하고 있다. 이것을 현대에서는 추세매매라 한다.

가격은 일반적으로 하락추세에서든 상승추세에서든 끊임없이 등락을 거듭하면서 거래 참여자들을 혼란시키는 모습을 연출한다. 따라서 어떤 원칙이 없으면 순간의 등락에 따라 시장 분위기가 변하고 거래를 즉흥적으로 일으키기 쉽다. 그러나 추세를 인식하고 있는 거래자는 하락추세일 경우 일시적인 가격상승에 동요되지 않고 이전의 저항가격을 염두에 두고 있다가 정확하게 매도로 짚어나가는 것이다. 이번 장에서 2섬 3말과 3섬이라고 언급하고 있는 것이 그 저항가격이다. 그리 되면 하락추세에서도 매도로 인한 수익이 엄청나게 발생할 수 있다. 이러한 추세매매기법은 상승추세에서도 그대로 적용된다. 다만 저항가격이 지지가격으로 변할 뿐이다.

그런데 여기서 주의할 점이 있다. 저항가격을 상향돌파해 가격상승이 일어난다면 즉시 매도했던 것을 청산하고 재차 매수에 나서야 함을 말하고 있는데 2섬 3말을 1, 2말이라도 상승하면 매수해야 한다는 말이 그것이다. 그리고 시간이 좀 지나 그러한 상승이 이뤄지는 시기가 다음 달일 경우에는 2섬 3말이 기준이 아니라 좀더 낮추라고 한다. 매도를 권장했던 3섬 가격대를 기준으로 상향돌파할 경우에는 즉시 매도를 청산하고 매수에 나서야 한다는 것이다. 이는 추세란 절대불변의 원칙이 아니며 수급과 심리에 의해 형성되는 가변적인 것이라는 점을 혼마 무네히사는 알고 있었다는 얘기이기도 하다.

오늘날에도 기술적 분석 도구들이 마치 절대불변의 원칙인 것처럼 오해하는 경우가 많은데 원칙을 지키는 것은 중요하지만 고집을 부려서는 안 된다. 그래서 '고집은 패망의 지름길'이라는 말이 있는가 하면, '물처럼 유연해야 살아남는다'는 말도 있다. 스스로 세워놓은 기준이 시장에서 거부될 때는 언제라도 과감하게 포기할 줄 아는 용기가 필요하다. 혼마 무네히사는 추세매매의 중요한 기준이 흔들릴 경우 즉시 입장을 바꿔 장에 대응해야 한다고 강조했다.

하락 시 추세매매법을 다시 한 번 요약하자면 다음과 같다. 하락추세인지를 확인하기 위해 우선은 직전저가가 상향돌파되는지 아니면 돌파하지 못하고 저항가격이 되는지를 살피고, 다음으로 반등 시 만들었던 저점가격을 하향돌파하는지를 살펴야 한다. 만일 저점가격을 붕괴시킨다면 바로 매도 대응해야 한다는 것이다. 이것이 바로 추세매매의 핵심이며 저점가격을 하향돌파할 때마다 추가매도에 나서고 매도량을 누적시키다가 저항가격이 상향돌파될 경우에는 즉시 매도분의 청산에 나서야 한다는 것이 혼마 무네히사의 하락 시 추세매매법의 핵심이다.

혼마 무네히사의 사카타 5법 중에 삼산과 삼천에 대해서는 이미 설명한 바 있는데 이번 장에서는 삼법에 대한 그의

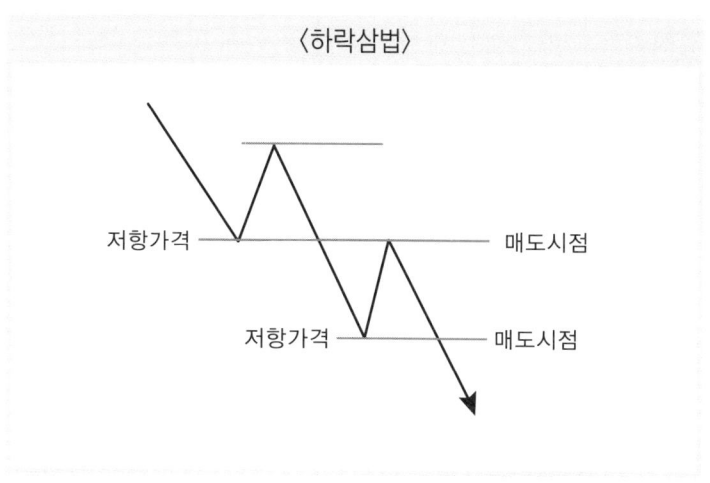

견해가 드러나고 있다. 삼법이란 흔히 휴식을 의미한다고 알려졌으나 좀더 정확하게 말한다면 추세매매법을 의미한다고 할 수 있다. 그것이 하락추세든 상승추세든 추세구간에서의 움직임은 하락추세 시 하락과 반등, 재차 하락으로 이뤄지고, 상승추세 시에는 상승과 조정, 재차 상승의 형태로 만들어져 간다. 이러한 세 가지 움직임의 형태를 삼법이라 하는 것이다. 그래서 추세에 따라 하락추세의 경우에는 하락삼법이라 하고 상승추세에서는 상승삼법이라 이름을 붙이곤 한다.

그렇다면 휴식이라는 뜻으로 삼법을 해석하게 된 이유는 뭘까? 그것은 추세구간에서의 세 가지 움직임 중에서 추세에 역행하는 중간 움직임 때문이다. 예를 들어 하락추세에서는 가격이 하락을 지속하다가 어느 정도 하락이 깊어지면 거래자들 사이에서 가격이 싸다는 공감대가 형성된다. 그러면 일시적으로 매수세가 몰리게 되는데 이에 따라 가격은 하락을 접고 상승하게 된다. 그러나 하락의 영향에서 완전히 벗어나지는 못한 상태기 때문에 상승에 대한 기대치가 그리 높지 못하다. 조금만 이익을 봐도 곧 팔고자 하는 심리가 커지며 또 미처 팔지 못하고 있던 사람들도 가격이 상승함에 따라 팔고자 하는 심리가 지배하게 된다. 그러므로 사고자 하는 심리는 약하고 팔고자 하는 의지는 강하기 때문에 가격은 재차 하락으로 돌아서기 마련이다. 이것이 추세 도중 잠시 추세에 역행하는 움직임이고 그 움직임의 한계다.

그런데 문제는 이렇게 잠시 반등을 보이고 재차 하락을 할 때다. 반등이 마감되고 하락전환해 하락이 이어지다가 반등을 시도하던 최초 가격대, 즉 직전저가를 무너뜨리고 하락하기 시작한다면 시장 참여자들의 심리상태는 상당히 악화되면서 어디까지 하락할지 모른다는 공포감에 사로잡히게 된다. 이때가 되면 무조건 팔자는 식의 소위 투매가 나오기도 하는데 혼마 무네히사가 말하는 것은 반등이 마감되고 직전 서사가 부너지기까지는 지켜보라는 것이다. 만일 반등 이후 하락이 직전저가를 붕괴시킨다면 그 시점에서 과감히 매도하고 붕괴시키지 않는다면 일단 관망하라는 뜻이다. 이러한 자세는 반등 시에도 적용된다. 가격이 하락을 지속하다가 반등을 할 때 저항가격을 상향돌파하고 반등이 이어진다면 이는 하락추세로 볼 수 없으므로 입장을 바꿔야 하는데 과연 저항가격을 돌파하는지 여부를 지켜봐야 한다는 것이다.

이렇게 관망해야 하는 구간 때문에 삼법이 휴식을 의미한다고 말하게 된 듯하다. 그러나 앞서 살펴봤듯이 추세에 따른 매매 대응으로 이해하는 것이 옳을 것이다.

혼마 무네히사가 이번 장에서 언급하고 있는 이러한 구체적인 전략은 오늘날에도 여전히 유용할 뿐 아니라 상당히 정확한 매매기법이어서 250여 년 전 그의 매매가 경이로운 경지에 있었음을 알 수 있다. 「혼마비전」에 담겨 있는 가격 움직임에 대한 견해는 시장에 대한 그의 연구가 상당히 심도 있었음을 짐작하게 하고, 그를 일컬어 '거래의 신'이라 했던 것이 과장이 아님을 분명하게 드러내는 대목이다.

막바지에 다다른 천정가격

> 천정 막바지에 다다른 가격이란 수개월간 고저가 있고, 점차 5, 60섬이나 끌어올려 그 후 상승할지 하락할지 알 수 없게 되고, 대소동이 나타날 때 상승정지가 연중 막바지에 다다른 천정가격이다.

하락추세 구간에서의 매매법 중 천정가격의 조건들에 대한 내용이다. 앞서 사카타 5법 중 삼산형을 언급하면서 천정가격이 형성되는 과정을 도표로 설명했다. 그리고 그러한 삼산형의 도표가 출현하는 이유에 대해서도 이야기했다. 혼마 무네히사는 천정가격이 수급과 거래자의 심리에 의해 형성되며 고점가격이 세 번에 걸쳐 형성될 때 거래자들이 가격의 고점을 가장 강렬하게 공감하게 되는 것으로 분석했다.

그런데 이번 장에서는 좀더 구체적으로 천정가격의 형성 조건을 제시하고 있다. 그 조건이란 다음의 세 가지를 말한다. 첫째 수개월간 고저, 즉 추가적인 상승이 없는 횡보성 내지 박스권의 등락이 있어야 할 것, 둘째 가격이 5, 60섬 오른 상태, 즉 쌀 가격이 상승할 대로 상승한 상태여서 추가상승 가능성에 회의가 있는 가격대일 것, 셋째 쌀 가격 급등으로 너도나도 사재기에 나서는 등 거래자들 사이에서 대소동이 나타날 것. 이런 조건이 갖춰질 때 그 가격은 천정이라고 혼마 무네히사는 말한다.

수개월간 가격이 이미 비싸질 대로 비싸져버린 상태에서 추가적인 상승이 일어나지 못하고 오르내리는 횡보를 해왔다면 이미 고점대에 엄청난 매물대가 형성된 것을 의미한다. 아직은 상승에 대한 기대감이 있어 하락하다가 재차 상승하기도 하지만 고점대에 진입하기만 하면 매물이 쏟아져 가격저항이 생긴 상태라면 추가상승은 어렵다고 판단된다. 이때는 매매하는 사람들이 조금만 상승해도 추격매수에 나서는 등 흥분된 매수세가 살아 있는 동안이 절호의 매도찬스다. 그 이유는 이미 오랫동안 매물을 쌓아놓으면서 추가상승이 억제되고 있는데 한편으로 상승시도가 일어날 때마다 흥분된 거래자들이 대기하고 있다면, 이들의 심리가 진정되면서 추가상승보다는 하락 가능성에 대한 공감대가 확대될 경우 매수세는 급속도로 위축되고 매도세가 득세하게 되어 하락추세로 돌아서기 쉽기 때문이다.

인간은 개인적으로 볼 때는 우수하고 놀라운 능력을 지니고 있을 수 있지만 대중으로 표현되는 인간은 집단심리에 지배당하는 소박한 측면이 있다. 자신이 산 아파트나 토지, 금이나 다이아몬드, 주식, 쌀 등을 어느 날 불현듯 가장 비싼 가격에 샀다는 확신이 생기고, 어디까지 하락할지 알 수 없다는 공포감이 엄습하게 된다면 누구든 매도처분하려고 서두를 것이다. 그리고 만일 그러한 심리가 대중적인 공감대를 형성하게 된다면 그때부터 가격하락은 필연적인 것이다. 게다가 매수하려고 했던 사람들에게까지 얼마든지 싸게 살 수 있다는 생각이 퍼질 경우 사고자 하는 사람은 극소수고 팔고자 하는 사람만 우글거리는 아비규환 상태에 빠질 수도 있다. 이것이 가격을 하락추세로 이끌어가는 힘이다. 이것이 바로 수급이고 대중의 심리다. 이를 누구보다도 깊이 연구하고 잘 알고 있었던 혼마 무네히사는 그래서 기다릴 줄 알았다. 하락추세에서는 매도하고 가격등락에 연연하지 않고 대범할 수 있었으며, 상승추세에서는 매수하고 편안할 수 있었던 것이다. 그가 말하는 '삼위의 방책'이란 바로 수급과 대중의 심리에서 나온다.

　이러한 천정가격을 사카타 5법에서는 삼산의 형태로 나타난다고 정리하고 있다. 도표는 앞서 제시한 삼산형을 참고하시기 바란다.

천정 친 후의 움직임

천정가격 후의 하락시세는 5, 6개월간 1개월에 10섬부터 3, 40섬 매월 정하여 하락하게 된다. 그러나 그때의 모양에 따라 3개월 하락, 4개월째 상승하는 일이 있다. 또 5개월째부터 하락하는 경우도 있다. 6개월 모두 하락하는 경우도 있다. 이 경우는 천정가격이 나타나고 5, 6일 지켜보다 시세의 변동이 거의 없더라도 또는 조금 하락하더라도 매도처분해야 한다. 그달 말에 2, 30섬 반드시 하락하기 마련이다. 또 그 다음 말경부터 4, 5일간 오직 전심을 다하여, 만약 거래가 없다면 10일 후 20일경까지 매도할 것이다. 또 월말부터 4, 5일경까지도 전월의 저가 상태, 또한 5, 6섬, 10섬이나 하락할 때는 반드시 그 월말에 거꾸로 상승하게 된다. 이 일을 잘 이해할 것이다. 둘째 끝내기, 셋째 충분, 넷째 전환, 삼위의 방책이다. 이 자세는 천정부터 2, 3개월은 분명히 하락한다는 것이다. 4개월째는 물건에 따라 상승하는 일이 있는데 경솔하게 매도하지 않는다는 것이다.

생각을 말로 표현하는 것은 어렵고 말을 가지고 그 사람의 생각을 알기도 쉽지 않다. 그러므로 말로 생각을 표현하려고 하기보다는 생각을 표현하려고 애써야 하며, 상대방이 하는 말을 가지고 그의 생각을 알려고 해서도 부족하고 말을 넘어서서 상대방을 이해하려고 해야 한다. 혼마 무네히사가 글 속에서 표현하려는 것 역시 비슷하다고 하겠다. 자칫 그의 글에 사로잡혀 그가 표현하고자 하는 참뜻을 잃어버리거나 왜곡해서는 안 된다.

　어떤 이론을 공부하든지 간에 혹은 어떤 사람으로부터 지식이나 경험을 배우든지 간에 그의 말에 사로잡혀서 말을 신봉하게 된다면 사실 많은 난관에 봉착하게 되는 경우가 많다. 정작 그 이론을 만들거나 가르침을 준 사람은 상당히 이론 적용에 있어 자유로운 점이 있지만 그걸 배운 사람들은 오히려 속박되고 부자연스러워지는 것이다. 그러므로 항상 자유로운 상태에 이르러야 한다.

　「성서」 누가복음에 사람들이 "안식일에 병 고치는 것이 옳으니이까" 물으니, 예수께서 이렇게 말씀하셨다. "너희 중에 누군가가 자기 양이 구덩이에 빠졌으면 붙들고 꺼내지 않겠느냐."

　당시 사람들과 예수님의 안식일을 대하는 관점이 상당히 달랐음을 알 수 있는 부분이다. 누구나 안식일은 철저히 지켜야 한다는 생각을 하고 있고 일종의 사회적 규범이었기 때문에 어길 경우 사회적 비난과 함께 제재가 가해지는 상황이었다. 이럴 경우 안식일을 지켜야 한다는 말은 하기 쉽지만 안식일의 본뜻을 이해하는 것은 쉽지 않았을 것이다. 그러나 예수님은 규범에 따르는 것이 아니라 자신이 속해 있던 사회의 종교적 전통의 핵심, 그 정수를 계승하고 있었다. 안식일은 사람을 위해 있는 것이라는 해석을 하는 것이다. 예수님은 유대교의 본질을 가장 잘 이해하고 있었기 때문에 현실의 유대교로부터 거리를 둘 수 있었고 자유로울 수 있었다.

이번 장을 읽기에 난해하게 만드는 것은 '둘째 끝내기, 셋째 충분, 넷째 전환, 삼위의 방책이다'라는 구절이다. 이는 추세가 시작되면 통상적인 추세의 진행과정, '시작 → 단기시세의 마지막 → 반등 → 재차 하락전환'을 의미한다. 좀더 설명하자면 필자가 삼법을 설명할 때 언급했듯이 하락추세에서 가격의 움직임은 하락이 이어지다가 가격이 싸지게 되면 저가라는 인식이 확산되면서 매수세가 몰리고 이에 따라 반등이 나오며, 이러한 반등은 시세가 이어지지 못하고 곧 다시 하락추세로 전환된다고 했다. 위의 언급은 이러한 과정에 대한 설명이라고 보면 되겠다.

그리고 또 주목할 만한 것으로는 '4개월째는 물건에 따라 상승하는 일이 있는데 경솔하게 매도하지 않는다는 것이다'라는 구절이다. 하락추세 구간에서 반등하는 4개월째는 저항가격의 저항을 확인할 때까지는 함부로 매도하지 말고 지켜볼 것을 경계하는 말이다. 이는 삼법의 관망구간을 의미한다. 이때는 저항가격을 상향돌파하는지 살피고 만일 상향돌파한다면 하락추세 마인드를 접고 대응전략을 다시 수립해야 한다. 그리고 만일 반등이 저항가격을 상향돌파하지 못하고 재차 하락 반전해 직전저가를 하향돌파한다면 오히려 매도를 강화해야 한다.

이번 장에서는 혼마 무네히사의 중요한 생각이 드러나고 있다. 천정가격 이후의 하락시세는 5, 6개월간 이어지고 비록 반등이 있을 수 있지만 하락의 폭이 상당히 크고 깊다고 말하면서 '이 경우는 천정가격이 나타나고 5, 6일 지켜보다 시세의 변동이 거의 없더라도 또는 조금 하락하더라도 매도 처분해야 한다'고 하는 점에 주목해야 한다.

그동안 필자는 혼마 무네히사를 소개하면서 천정형인 삼산이 출현하면 현물인 쌀을 처분하고 선물인 선납수표도 매도에 나서야 한다는 점을 설명했다. 그런데 문제는 삼산형의 출현이란 어느 정도 모양이 완성됐을 때를 의미하는가 하는 것이다. 완벽하게 삼산형이 만들어졌을 때인지 아니면 완벽하게 만들어지고 세 개의 산山 아래로 하락했을 때인지, 그것도 아니라면 아예 삼산형이 만들어지려고 할 때인지, 적절한 기회를 판단하기가 쉽지 않다. 너무 늦게 매도에 나서면 자칫 반등 시에 혼란에 빠질 수 있으며 너무 빨리 매도에 나설 경우에도 삼산형이 만들어지지 않고 오히려 상승추세를 이어갈 수도 있어 위험하기 때문이다.

이런 경우 혼마 무네히사의 사카타 5법 중 삼병을 아는 것이 유용하다. 삼병이란 세 개의 동일한 캔들이 연속으로 출현하는 것을 뜻한다. 예를 들면 연속적으로 가격하락을 의미하는 음봉이 출현한다든가 연속적으로 가격상승을 의미하는 양봉이 출현하는 것을 말한다. 이미 언급했듯이 캔들이란 시가, 저가, 고가, 종가 네 가지의 가격을 가지고 만든 양초모양의 가격도구다. 시가란 당일 처음으로 거래된 가격이며, 저가는 그날의 최저가격, 고가는 그날 최고가격, 종가는 마지막 거래가격이다. 그런데 시가보다 종가가 낮게 마감되면 음봉이라 하고 시가보다 종가가 높으면 양봉이라 부른다.

종가가 시가보다 낮은 날이 거듭되면서 등락은 있지만 종

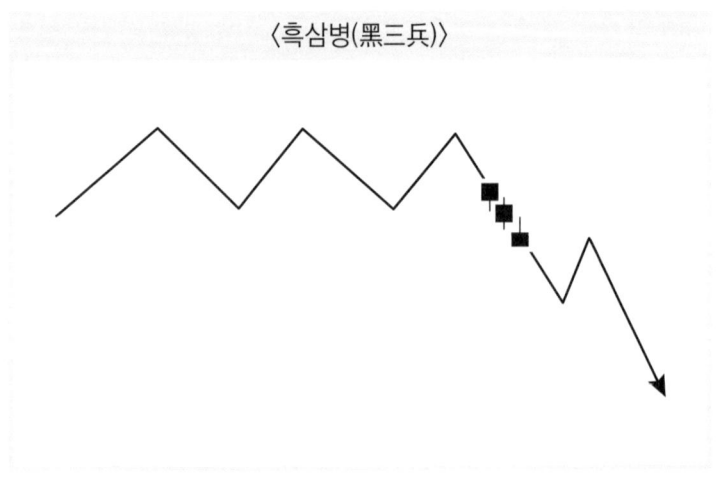

〈흑삼병(黑三兵)〉

가상 가격이 지속 하락하고 있다면 이는 하락추세를 의미한다. 반대로 종가가 시가보다 높은 날이 계속되면서 종가상 가격이 지속 상승하고 있다면 이는 상승추세다.

　이러한 특성을 살펴 가격 고점대에서 음봉이 연속으로 세 개 출현하면 하락추세로 전환할 가능성이 있다고 판단하고, 저가 가격대에서 양봉이 연속으로 세 개 출현하면 상승추세로의 전환 가능성이 있다고 판단한다.

　여기서 혼마 무네히사는 사카타 5법에서 연속적인 동일한 캔들 세 개를 일러 삼병이라고 했는데 음봉 세 개를 가리켜 흑삼병黑三兵이라 하고, 양봉 세 개를 적삼병赤三兵이라 한다.

　특히 삼산의 형태가 만들어진 후 흑삼병이 출현하면서 삼산형의 직전저가를 하향돌파한다면 확실한 하락추세로 전환

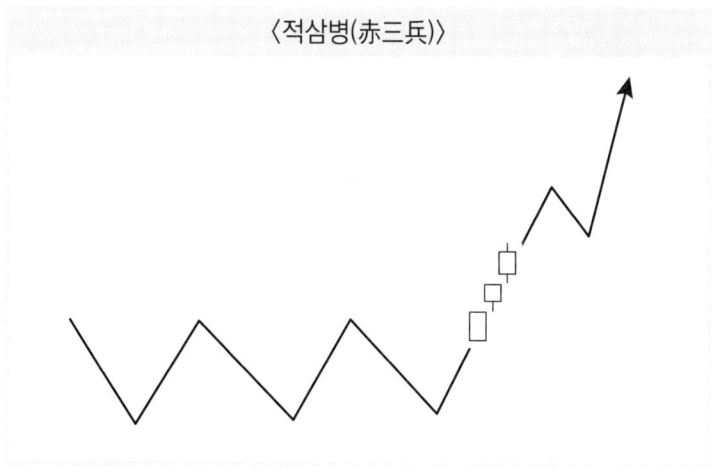

〈적삼병(赤三兵)〉

됐다고 볼 수 있기 때문에 이때는 강력한 매도신호로 받아들인다. 오늘날에는 여기에 거래량까지 동반하면서 매물이 쏟아지는 형태가 나온다면 반드시 매도해야 한다고 판단한다. 거래량이 중요한 이유는 심리적으로 완전히 하락마인드로 돌아섰음이 확인되는 것이고, 터져 나온 거래량 자체가 강력한 매물대를 형성해 좀처럼 그 매물대를 상향돌파하기 어려워지기 때문이다.

그러므로 정확한 매도시기는 삼산형 중 세 개의 산 중에 두 번째 만들어졌던 산의 하단 부분, 즉 직전저가가 붕괴되면서 흑삼병이 출현할 때다.

이를 이용하면 역으로 절호의 매수시기는 삼산형의 반대인 삼천형이 출현하고, 직전고가를 적삼병이 출현하면서 상향돌파할 때라 할 수 있다. 물론 이때도 거래량이 동반된다면 그 거래량은 강력한 지지가격대로 작용하면서 바닥가격을 형성하게 된다.

이런 매수매도의 시점을 잡는 것은 지속적으로 시장에 관심을 가지면서 기다리던 사람이 아니면 어려운 일이다. 설사 잡았다 하더라도 자신이 어떤 위치에서 매수매도 했는지에 대한 생각이 준비되지 않았다면 작은 출렁거림에도 쉽사리 흔들려 차익실현 욕구에 사로잡히게 되므로 수익도 그만큼 적을 수밖에 없다. 그러나 기다리고 준비한 사람이라면 자신이 가장 바닥에서 매수했다는 생각을 갖고 있기 때문에 약간의 가격등락과 변동 정도는 지나칠 수 있으며 버티는 힘도 그만큼 커지므로 수익이 엄청나게 불어날 것이다.

이번 장에서 혼마 무네히사는 '천정가격 후의 하락시세는 5, 6개월간 1개월에 10섬부터 3, 40섬 매월 정하여 하락하게 된다'고 하여 그가 전망하고 있는 수익이 얼마나 큰지를 보여주고 있다. 또 '천정가격 후 흐름에 따르면 하락시세는 월초에 상승, 월말에는 29일 그믐까지 2, 30섬, 3, 40섬씩 정하여 하락하는 것이니 의심하지 말라'는 확신을 피력하고 있어 자신의 이론에 대한 자신감을 짐작하게 한다. 그리고 그는 자신감에 상응하는 엄청난 부를 이뤘던 사람이다.

04 자연스러움을 아는 것이 중요하다

시세의 고저는 천성자연의 이치

> 쌀 시세의 고저는 천성자연의 이치로서 오르락내리락하므로 상승 하락을 정하기가 매우 어렵다. 이 도(道)에 어두운 사람은 미련하여 이 거래에 손댈 일이 아니다.

「장자」의 양생주養生主에 보면 '우리의 삶에는 끝이 있지만 앎에는 끝이 없다. 끝이 있는 것으로써 끝이 없는 것을 좇으면 위태로울 뿐이다. 그런데도 알려고 한다면 더욱 위태로울 것이다'라는 말이 나온다.

혼마 무네히사는 87세로 생을 마칠 때까지 쌀 거래를 하면서 연구와 연구를 거듭했지만 그는 언제나 시장을 경외감을 가지고 대했던 것으로 보인다. 의욕만으로 섣불리 시장에 참여할 경우 감당할 수 없는 실패를 경험할 수 있음을 그는 경고하고자 했다. 젊은 시절 그도 한때 패기와 오만함에 사로잡혀 시장을 자기 뜻대로 움직일 수 있다고 생각도 했고, 가격을 제압할 수 있다고도 여겼었지만 결국 뼈아픈 실패를 경험했었다. 그리하여 혼마 무네히사는 이렇게 말한 바 있다.

'시세의 본래 모습은 사람의 힘이나 지혜 등으로 헤아리거나 움직이거나 할 수 있는 것이 아니다.'

시장에서 가격이 움직일 때 사람들은 자신들의 욕망과 기대가 이끄는 대로 매매를 하게 되지만 수백 수천 혹은 수만 명의 사람들이 일제히 참여하게 될 경우 시장에서 형성되는 가격이란 도무지 종잡을 수 없고 제 맘대로 움직인다. 그러한 가격 움직임의 천변만화 앞에 한 개인이라는 것은 바람 앞의 등불이고 강물에 휩쓸려가는 나뭇잎과 같은 존재인 것이다. 모두가 가격이 오른다고 확신할 때도 시세는 전혀 다르게 반대로 움직이기도 하고, 모두가 비관적 전망 속에 있을 때 시세가 분출되기도 한다. 그래서 이러한 시장의 가격 변화를 이른바 'random walk'라 한다. 도무지 종잡을 수 없게 움직이는 시장은 마치 수천 마리의 닭들이 종횡무진하는 광경과 같다고 하겠다.

그러므로 섣부른 아마추어의 경우는 시세를 확신하지만 그 순간 그들은 죽음을 목전에 둔 것과 마찬가지가 된다. 확신하는 순간 실패가 눈앞에 있는 것이다. 그래서 시장에서는 '살아남기 위해서는 뱀처럼 유연해야 한다'는 말이 있다. 언제든 예상과 다르게 가격이 움직일 경우에는 겸손한 자세로 물러날 줄 알아야 하며 시장을 움직일 수 있다고 자만하고 앞서기보다는 존중하고 시장이 가는 방향으로 순종할 필요가 있는 것이다. 이것이 성공하는 첫 걸음이고 살아남는 비법이다.

「장자」의 양생주에는 소를 잡는 직업을 가진 포정庖丁이라는 사람이 나온다. 그가 왕王 문혜군 앞에서 소를 잡은 일이 있었는데 소를 잡는 솜씨가 몹시 뛰어나 왕이 감탄하여 물었다.

"참으로 놀라운 기술이다. 어떻게 하여 그런 경지에 이르렀는지 궁금하구나."

포정은 칼을 내려놓고 대답했다.

"저는 기술이라기보다는 도라고 생각하고 있습니다. 처음에는 소를 잡을 때 소만 보였으나 3년이 지나면서 소가 보이지 않게 됐습니다. 요즘 전 소를 눈으로 대하지 않고 정신으로 대하고 있습니다. 눈으로 보지 않게 되니 정신으로 보게 됐습니다.

천리天理를 따라 가죽과 고기, 살과 뼈가 생긴 그대로를 따라가며 칼질을 합니다. 한 번도 실수를 해서 살이나 뼈를 다치게 한 적이 없습니다. 하물며 더 큰 뼈야 말할 나위가 있겠습니까.

솜씨 좋은 백정이 1년 만에 칼을 바꾸는 것은 살을 가르기 때문이고 평범한 백정이 매달 칼을 바꾸는 것은 뼈를 자르기 때문입니다. 그렇지만 저는 19년간 소를 수천 마리 잡았지만 제 칼날은 방금 숫돌에 간 것과 같습니다. 가죽과 고기, 살과 뼈 사이에는 틈새가 있고 제 칼은 두께가 없기 때문이지요. 그러니 칼을 움직이는 것이 여유가 있고 칼날이 상할 이유가 없습니다.

하지만 지금도 근육과 뼈가 엉긴 곳에 이를 때면 충분히 조심하고 마음을 가다듬어 손을 천천히 칼을 미묘하게 움직여서 일을 합니다."

이 말을 다 듣고 난 왕은 감탄을 금치 못했다.

포정이라는 사람이 도의 경지에 이르렀다고 인정하게 되는 것은 가죽과 고기, 살과 뼈를 솜씨 좋게 분리하고 다치지 않게 하는 것이기도 하겠지만, 스스로 도의 경지에 이르렀다고 자부하는 그가 소를 잡을 때마다 근육과 뼈가 뭉쳐 있는 곳에 이르면 언제나 경계심을 가지고 조심스럽게 접근한다는 점이다.

시장에서 거래에 참여하면서 아홉 번 매매에 성공하고도 한 번의 실수로 돌이킬 수 없을 정도로 재산상의 손실을 입게 되는 경우를 종종 만날 수 있다. 한순간의 자만심 때문이거나 나태 혹은 시장을 앞서가는 경솔함이 그 원인이다. 시장은 언제나 존중되어야 할 대상이고 거래하는 사람은 단지 참여할 뿐 시장을 이끌어가는 존재가 아니라는 점을 인식해야 한다. 이러한 이치를 깨우치지 못한다면 소위 말하는 '묻지마 투자'나 '투기'를 하고 있는 셈이고 결국엔 시장에서 퇴출되는 것이다.

땅을 파더라도 10년의 세월이 지나면 도를 깨우쳐야 한다. 이것이 진정한 자세다.

정체상태에서의 상승 표출 이후

> 시세의 대변동도 지나 천정가격 후 시세 정체의 상태에서 상승일까 하락일까 가늠할 때에 어쩐지 시세의 상승 방향을 포함하여 좀 기분이 들뜰 때에는 사람들이 사고 싶어하고, 소동이 일 정도로 상승하게 된다. 그때, 반드시 매도 장세이다. 이것은 시세의 흐름으로서 오르면 내리고 내리면 오르는, 지나친 변동도 없고, 몇 번이고 반복하게 된다. 이 같은 분위기와 반목의 시세에 마음이 동요되지 말고, 천정과 바닥을 생각하는 것이 제일이다. 다만 큰 변동 없이 바닥에서 정체되어 있을 때 자연스럽게 오르기 시작한 쌀은 팔아서는 안 된다. 점점 사들여야 한다. 이것은 반복하는 시세에서는 하지 않고, 자연스럽게 오르기 시작하는 시세에서 한다.

시세의 막바지 국면에서 종종 일어나는 현상 하나가 있다. 그것은 바로 천청에서는 마지막 불꽃이며 바닥권에서는 진 바닥을 실현하는 마지막 투매다.

상승시세 막바지에 이르면 모두가 흥분된 상태에 있어 가격은 하늘을 찌를 듯이 솟구치면서 화려한 마지막 불꽃놀이를 펼친다. 모두가 이 불꽃놀이를 즐거워하고 환호하며 매수세를 모두 불 태운다. 그렇지만 매기는 일순간에 소진되고 가격은 급락하기 시작한다.

또 바닥권에서는 불안감이 시장에 팽배하고 가격은 끝도 없이 떨어질 듯 공포심을 불러일으키며, 쓰러진 사람을 일어서지 못하게 짓밟듯이 수시로 악재가 터지면서 투매를 부추긴다. 엄청난 손실 앞에서 망연자실해 있던 사람의 물량마저 모두 털어내는 소란이 있고 나서야 가격은 진바닥을 확인하고 상승을 시작한다.

이러한 모습은 거래에 참여하는 사람들을 현혹해 자칫 시세와 반대방향으로 가게 하는 경우가 종종 있다. 그러나 이때 현혹된 사람들은 씻을 수 없는 엄청난 손실을 입을 수 있기 때문에 무엇보다 주의해야 한다. 소위 가장 꼭대기에서 매수하거나 가장 바닥에서 매도하는 것을 말한다. 이를 '꼭지를 잡았다'거나 '마지막에 털렸다'고 말들 한다. 그러므로 분위기에 편승하는 것은 백 번, 천 번 실패할 우려가 있다. 아무리 가격이 끝없이 올라갈 것 같아도 일정 수준 이상의 가격이 형성되고 있다면 이미 보유하고 있는 사람이 아니고 신규 매수 대기자로서는 일단 경계하는 것이 옳으며 더욱이 시세가 분출되지 못하고 등락을 거듭하면서 횡보하고 있다면 더욱더 신규진입은 금해야 한다.

다시 말해 혼마 무네히사가 강조하는 것처럼 천정과 바닥을 항상 생각하면서 지금 가격이 어느 위치에 있는가를 먼저 생각해야 한다는 것이다.

　바닥과 천정의 징후 중 이번 장에서 혼마 무네히사가 강조하는 것은 등락만을 거듭하며 추세를 형성하지 않고 횡보하는 국면이다. 이런 모습은 천정 아니면 바닥이라는 관점이다. 만일 천정가격 근처에서 그러한 모습을 보이면서 일순간 가격이 급등하며 상승 분위기가 나타난다면 오히려 매도를 준비할 것이며, 바닥국면에서 횡보를 거듭하다가 서서히 상승하기 시작한다면 이는 매수를 고려해야 한다는 것이다. 항상 바닥과 천정을 생각히는 자세야말로 스스로의 욕심을 억제할 수 있는 좋은 방법이다.

정체상태에서 하락으로 표출될 때

> 앞의 정체상태에서 조금 하락할 때 미리 파는 쪽이 당연하다고들 생각하고 점점 팔아치우게 되고 사는 쪽의 사람들도 안 되겠다 싶어 팔고 나가버려 오히려 과매도에 이르렀다는 생각이 들게 되지만 '내가 먼저', '내가 먼저' 하며 팔아치우므로 더욱 하락하게 된다. 이때 사야만 하며, 절호의 이익 기회이다. 좀처럼 매수하기 어렵지만 매수해야만 한다. 경험 많은 사람도 후회가 많다. 정체 중의 반복적인 거래는 10섬 시세의 변동을 표적으로 하여 재빠르게 간파하는 것이 제일이다.

이번 장의 내용은 전 장의 내용과 비슷하다. 그러나 전 장의 내용이 천정권에서 일시적으로 시세를 분출할 때 매도해야 한다는 문제를 다루고 있다면, 이번 장에서는 바닥권에서 일시적으로 급락이 일어날 때 절호의 매수기회라고 하는, 매수시점을 잡는 문제에 대해 언급하고 있다는 점이 다르다.

이 두 가지 매도시점과 매수시점을 잡는 문제는 상당히 어렵고 누구나 시장 분위기에 현혹되기 쉬운 순간이지만 오히려 반대로 가야만 한다는 것을 강조하고 있다. 중요한 것은 혼마 무네히사가 누누이 강조하듯이 '삼위의 방책'을 항상 마음에 담고 준비하고 있는 사람만이 가능한 기회라는 점이다. 만일 지금 가격이 바닥이고 바닥을 다지고 있다고 판단해 매수 기회를 엿보고 있는 사람이라면 일시적인 분위기에 따른 급락은 그야말로 절호의 기회라고 생각하지만 그렇지 못한 사람은 공포에 질려 매도에 나서게 될 것이 분명하다.

생각해보라. 지금이 바닥가격이라면 어떤 악재의 노출로 인해 가격이 일시적으로 추가하락한다면 바닥에서도 더 하락한 것이므로 과매도이며 매수만 하면 저절로 이익이 되는 가격인데 왜 매수에 나서지 않겠는가. 따라서 언제든 '삼위의 방책'을 염두에 두고 기회를 엿보고 있어야 한다. 항상 스스로에게 질문하라. 과연 지금은 바닥인가 천정인가, 아니면 쉬어야 할 때인가.

매수적기를 놓쳤을 때는 냉정하게 때를 기다려라

> 쌀을 사야 한다고 판단했을 때 2섬이나 상승할 때에는 매수적기를 놓친 것이라 생각하고 오히려 매도하는 편이 좋다고 하나 이는 커다란 실수가 된다. 매수적기를 놓쳤을 때에는 다만 사는 장을 기다릴 뿐.

혼마 무네히사가 주로 활동했던 시기 도쿠가와 막부의 쇼군은 제8대 요시무네였다는 것을 이미 언급한 바 있다. 요시무네는 쌀 장군이란 별칭으로 널리 알려져 있는데 당시 사람들이 요시무네를 그렇게 부른 이유는 그의 집권기간인 쿄호享保 연간에 유독 쌀 가격의 폭등락이 심해 이를 진정시키느라 갖은 노력을 했기 때문이라 한다.

요시무네는 무예를 좋아하고 검소해 자식들에게도 무명옷을 입히고 현미를 즐겨먹었다고 한다. 도쿠가와 막부가 안정기에 들어선 이후 오랫동안 평화가 유지되면서 사람들은 점차 사치와 향락에 빠지고 정치와 재정이 문란해졌다. 특히 요시무네 집권기에 이르러서는 정치개혁의 필요성이 대두되던 시기였기 때문에 그의 검소하고 소탈한 성품은 당시 민중들에게 커다란 기대감을 심어주었다. 요시무네 역시 개혁의 필요성을 절감하고 앞장서서 여러 가지의 개혁안을 시행했는데 이를 쿄호개혁享保改革이라 한다.

막번체제가 안정되면서 사회안정과 경제적 풍요를 이뤘는데 이는 당시 집권층인 무사들의 사치와 향락문화의 만연을 가져왔다. 다른 한편으로는 무가제법도에 따른 참근교대로 인해 막부의 재정은 흔들리고 각 번의 재정 역시 점차 적자가 누적된 상태이기도 했다. 요시무네는 이를 우선적으로 바로잡고자 했다. 그래서 내놓은 정책이 다이묘들로부터 일반 평민들까지 사치를 금지한다는 사치금지령과 세금을 더 거둬들일 수 있게 하는 증세 정책 등이었다.

그런데 요시무네가 내놓은 정책 중에 특이한 것으로 살생금지령을 폐지한다는 명령이 있었다. 제5대 쇼군이었던 쓰나요시綱吉, 1646~1709가 1685년에 발령한 살생금지령은 생명체가 있는 것은 죽여서는 안 된다는 것으로 먹기 위해 물고기를 길러서는 안 되며 가축은 물론이고 날아다니는 새도 잡아서는 안 된다는 것이다. 당시 얼굴에 앉은 모기를 잡았다 해서 벌을 받는 일까지도 있었다고 하니 특이한 법령이었다.

이러한 살생금지령을 선포한 이유에 대해서는 여러 설이 있다. 쓰나요시는 아들을 일찍 여의고 후사를 얻지 못했다. 그러던 어느 날 고코쿠시護國寺 주지인 류코隆光 스님으로부터 쓰나요시가 후사를 두지 못하는 것은 전생에 살생을 많이 한

업보 때문으로 살생을 삼가도록 권했던 것이 배경이라는 이야기가 있다. 이때 류코 스님은 쓰나요시가 술년戌年에 태어났기 때문에 특히 개를 아끼고 사랑해야 한다고 말해, 쓰나요시 집권기에는 개에게 돌을 던지거나 몽둥이로 패면 체포돼 벌을 받았다고 한다. 그리고 만일 개가 병이 나면 수의사에게 데려가 극진히 보살펴야 한다는 내용도 있어서, 이를 귀찮게 여긴 사람들이 개를 산과 들에 버려 주인 잃은 개들이 처치하기 곤란할 정도로 많았다고 전해진다.

또 다른 설로는 도쿠가와 막부가 정권을 잡은 뒤 60여 년이 지났지만 당시 사람들은 여전히 전국시대의 마인드를 벗어나지 못했다. 싸움이 생활이었고 주먹다짐은 애교였으며 살인이 비일비재해 대낮에도 살인이 일어나곤 했기 때문에 전국시대의 잔재를 일신하기 위해 살생금지령을 선포했다는 얘기가 있다. 전국시대가 남긴 후유증은 주군에 대한 충성심으로 치장된 할복자살, 명예존중이라는 이름의 결투 등 폭력의 일상화와 정당화였다. 중앙집권화를 중시하고 있는 도쿠가와 막부로서는 전국시대와 다른 사회라는 의식을 심어주고 사회안정과 쇼군에의 충성을 유도하기 위한 조치로 살생금지령을 선포했다는 해석이다.

아무튼 이러한 살생금지령은 요시무네에 의해 폐지되는데 그 이유는 여러 가지 불합리한 점들이 많이 노출됐을 뿐 아니라 막부에 대한 불만을 무마시키기 위한 개혁조치의 일환 이기도 했다. 다른 한편으로는 요시무네가 무예를 좋아하고 사냥을 애호해 스스로 불편했기 때문이었다고 볼 수 있다. 요시무네는 살생금지령을 폐지하고 매사냥을 무척 즐겼다고 한다.

다시 쌀 이야기로 돌아가자. 요시무네의 집권기간 동안 유난히 쌀 가격 폭등락이 거듭됐다고 얘기했는데 한 예로 메뚜기떼의 공격을 받아 벼가 완전히 수확이 불가능하게 되어 수백만 명이 기아에 허덕이고 수만 명이 아사한 일도 있었다. 그렇게 특수한 경우가 아니라도 일본의 경우 쌀 생산량이 소비량에 비해 항상 부족해 가격폭등이 빈번했고 이로 인해 빈민폭동이 일어나기도 했다. 이에 부심하던 요시무네는 오사카의 곡물거래소가 쌀 가격 상승을 부추긴다고 판단해 거래소의 쌀 거래를 무제한 정지시킨 일이 있다. 그리고 새로운 농지의 개발을 장려해 91만 정보였던 농지를 300만 정보까지 늘렸고, 이로 인해 쌀 생산량이 급증했다. 이러한 쌀 수급의 획기적인 개선 덕택으로 요시무네는 쌀 가격을 안정시키는 데 성공하기에 이른다.

그러나 아이러니하게도 사치금지령과 증세정책, 곡물거래소 거래정지, 농지개발 등의 정책은 역으로 부메랑이 되어 요시무네를 곤경에 빠트리게 된다. 쌀 가격 폭등을 잠재우는

데는 성공했으나 거래가 과도하게 억제되고 쌀 생산량이 급증해 수급이 무너진 것이다. 그 때문에 어느 순간 하락하기 시작한 쌀 가격이 바닥을 짐작할 수 없을 정도로 폭락양상을 보이게 됐다. 따라서 막부와 영주들은 세수가 호전돼 쌀은 많아졌으나 쌀 가격 폭락으로 실질적인 재정상태는 나아지지 않았다. 거기에 늘어난 쌀을 저장, 관리하느라 막대한 창고비용과 기타 부대비용이 증가했으며 전체 물가의 상대적 상승으로 인한 인플레로 사실상 재정악화 일로에 봉착하게 됐던 것이다.

요시무네는 결국 타개책으로 상인들의 건의를 받아들여 곡물거래소에서의 거래를 재개시키고 화폐 발행량을 늘려 쌀 가격의 하락을 막아보려 했으나 이 역시 인플레를 조장해 전체 무사계급의 생활을 더욱 어렵게 만들었다. 결국 요시무네는 집권기간 내내 쌀과의 전쟁을 수행했으나 완전히 해결하는 데는 실패했다. 그렇지만 쌀의 수급이 개선되는 효과를 가져왔다는 점은 긍정적이라 하겠다.

혼마 무네히사는 바로 이러한 요시무네의 개혁정치 시대에 주로 거래를 했던 사람이고, 요시무네가 그토록 노력하던 쌀과의 전쟁 한가운데 서 있던 인물이었다. 그러므로 혼마 무네히사는 대상승과 대하락이라는 거대한 추세를 경험한 노련한 상인이라 할 수 있다.

이번 장에서는 매수의 기회를 놓쳤을 경우 취할 자세에 대해 언급했는데 거래자들이 흔히 범하기 쉬운 실수를 경계하고 있다. 매수의 기회란 '삼위의 방책'에서 바닥권일 때, 좀 더 자세히 말하면 바닥을 다지고 서서히 움직일 때를 말한다. 그러나 바닥에서 가격이 움직일 때 동참하지 못했다면 아차 하는 순간에 어느 정도 상승해버려 매매하기가 곤란해진다. 지금이라도 따라가 살 것인가, 관망할 것인가 아니면 매도로 임할 것인가?

여기서 명심할 것은 바닥에서 상승하고 있다는 사실이다. 어느 정도 상승이 이뤄졌다 해서 매도시기를 노린다면 이는 마치 앞으로 100%의 가격상승이 있을 것인데 15% 정도 상승했다 해서 매도를 노리는 것과 같다. 참으로 어리석고 위험한 일이 아닐 수 없다. 이때 매도한다면 그야말로 푼돈을 벌고 파는 것과 같으며 더욱이 이 시기에 선물로 매도를 한다는 것은 전 재산을 날릴 위험에 봉착하게 될 수도 있다.

이번 장에서 혼마 무네히사가 말하고자 하는 바를 요약한다면 '바닥에서 매도하지 말라'는 것이다. 조금 올랐다 해서 천정이 되는 것은 아니며 여전히 바닥이다. 이 점을 잊지 말아야 한다. 그러므로 매수시기를 놓쳤으면 잠시 마음을 진정시키면서 섣불리 천정을 예단하지 말고 오로지 매수만 생각할 일이다.

시세란 관성이 강해서 바닥에서 한번 움직이기 시작하면 끊임없이 사고자 하는 매수세를 공급받으면서 그 시세가 마무리될 때까지 상승한다. 이것이 사람의 심리이고 욕심의 자연스런 흐름이다. 이 점을 올바로 이해해야만 약간의 조정에도 흔들리지 않으며 시세를 신뢰할 수 있게 된다. 이러한 인간의 심리는 오늘날 시장에도 그대로 적용된다.

갑자기 기세가 꺾인 약세

> 2, 3개월 오르고 오르다가 급격히 하락해버리는 경우가 있다. 이것은 꼭 사야 한다. 다시 상승하게 되고, 그때 재빠르게 처분해야 한다.

이번 장의 내용은 자칫 오해를 불러일으킬 소지가 다분한 장이나. 그러나 정확하게 이해한다면 상당한 도움이 된다. 시세가 한번 강하게 분출하고 나면 반드시 조정이 찾아오는데 이는 시세가 급격히 분출됐기 때문에 순간적으로 매수세가 소진돼 매수 공백이 발생하는 데 원인이 있다. 사람들은 매수를 할 때 가격이 추가적으로 오를 것이라는 기대감으로 거래에 나선다. 그러나 가격이 상승을 거듭하다 보면 추가상승에 대한 기대감보다 다가올 하락조정에 대한 두려움이 더 크게 작용하는 가격대가 형성된다. 이때 기존의 매수자들은 이익실현을 하고자 하는 욕구가 어느 때보다 강해지고 대기 매수자들은 조정을 기다리면서 싼 가격에 매수하려고 하기 때문에 매수 공백상태가 된다. 그래서 이러한 가격대에서는 조그만 악재도 크게 부풀려지고 사람들이 받아들이는 충격의 정도도 몹시 크다.

바로 이러한 때 가격이 급작스럽게 하락하게 되면 적극적으로 매수에 나서야 하고 사람들이 주춤거릴 때 반드시 사야 한다. 그런데 문제는 혼마 무네히사가 여기에서 제시한 단서, 즉 '다시 상승하게 되고, 그때 재빠르게 처분해야 한다'는 말을 어떻게 해석해야 하는가? 상승추세라면 혼마 무네히사가 누누이 강조했듯이 천정가격에 이르기까지 우직하게 가지고 가야 하는 것이 아닌가. 그런데 왜 재빠르게 팔아야 한다고 말하는 것일까?

그러나 여기서 조금만 주의 깊게 생각해본다면 혼마 무네히사가 얼마나 주도면밀한 사람인가를 짐작할 수 있다. 필자가 이미 추세매매기법으로서 삼법을 설명한 일이 있음을 기억했으면 한다.

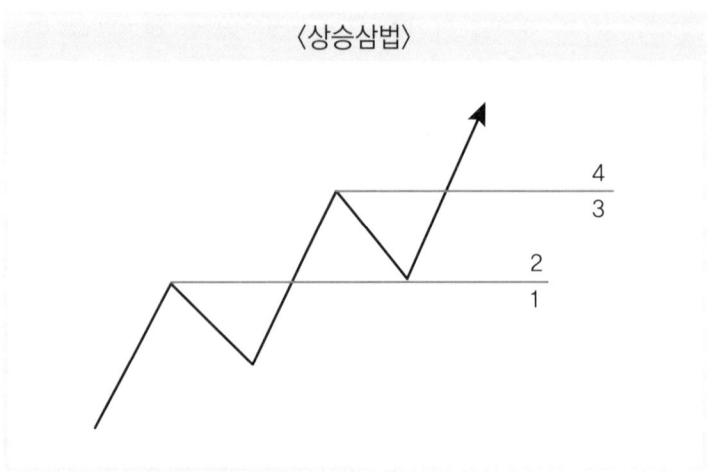

〈상승삼법〉

추세매매기법이란 추세가 형성되는 과정을 인지하고 그에 맞는 대응법을 제시한 것을 말한다. 바로 삼법이 그것이다. 삼법에는 하락삼법과 상승삼법이 있는데 이들은 사실상 하나와 마찬가지다. 다시 한 번 상승삼법을 차트로 확인해보기로 하자.

이번 장에서 말하는, 상승과정에서 급락이 일어날 때 적극적으로 매수해야 하는 가격대는 바로 상승삼법 차트에서 2와 4다. 그리고 상승 시 매수물량을 매도해야 하는 자리는 1과 3 근처다. 그 이유는 전고점이 돌파될시 확인이 안 된 상태기 때문에 매도에 임해야 하고 만일 전고점이 상향돌파된다면 재차 매수해야 하는 자리다. 이것이 바로 추세매매기법의 핵심이다. 다시 말해 조금 더 비싸게 다시 매수하는 한이 있더라도 추세를 확인하면서 매매하는 방법인 것이다.

바로 이러한 점을 혼마 무네히사는 정확히 짚고 있다. 그러므로 이번 장을 읽을 때 이러한 추세매매법을 염두에 두고 읽어야만 이해에 무리가 없을 것이다.

이익은 크게 늘려라, 작은 이익에 머물지 말라

> 바닥을 노려 매수하여 어느 정도 이익을 낼 때 시세가 정체상태나 조금 하락하는 경우가 있다. 이때 이익 계산을 하여 이전의 상승 시에 팔았어야 한다고 생각하게 된다. 이는 매우 잘못 생각하는 것이다. 바닥을 샀을 때는 시세가 꺾일 때까지 결코 팔아서는 안 된다. 바닥을 사들이되 떨어질 때까지 사들인 것을 쌓아둘 것을 생각하라.

거래라는 것은 단순하다. 싸게 사서 비싸게 파는 것이다. 그러나 이것이 어렵다는 것은 누구나 다 알고 있다. 그래서 혼마 무네히사는 바닥에서 사고 천정에서 팔라고 말한다. 이것이 '삼위의 방책'이다. 이를 위해 혼마 무네히사는 바닥이 형성되는 과정을 도표화해 삼천의 바닥형을 도출해냈고, 천정이 형성되는 과정을 도표화해 삼산이라는 천정형을 고안해냈다. 이러한 바닥매수와 천정매도를 이용해 거래한다면 시장의 순간적인 분위기에 흔들릴 까닭이 없다. 한번 포지션을 잡으면 편안한 상태가 되는 것이다. 왜냐하면 바닥에서 샀고 천정에서 매도했기 때문이다.

또한 추세가 시작되는 처음의 모습을 연구해 삼병형을 발견했고 추세가 이뤄지면서 이에 따라 매매할 수 있도록 삼법이라는 추세매매법을 개발하기에 이르렀다. 여기까지가 바로 사카타 5법 중 네 가지다.

이제 남은 것은 삼공인데 이것은 시세가 분출될 때 지나치게 가격이 상승한 상태에서 출현한다고 봤다. 시장 참여자들이 시세에 민감해 심리적으로 몹시 들뜨게 되면 반드시 열기가 식는 과정이 도래한다는 데서 착안한 매매법이다.

가격이 한 방향으로 추세가 형성되어 움직이면서 서서히 분위기가 무르익기 시작하면 매기가 집중되면서 시상 참여자들의 심리상태가 흥분된다. 이때 사람들은 추가적으로 가격이 상승할 것을 기대하면서 가격의 높고 낮음에 상관없이 과감히 매수하는 상태로 진입한다. 이런 과열권에서 발생하

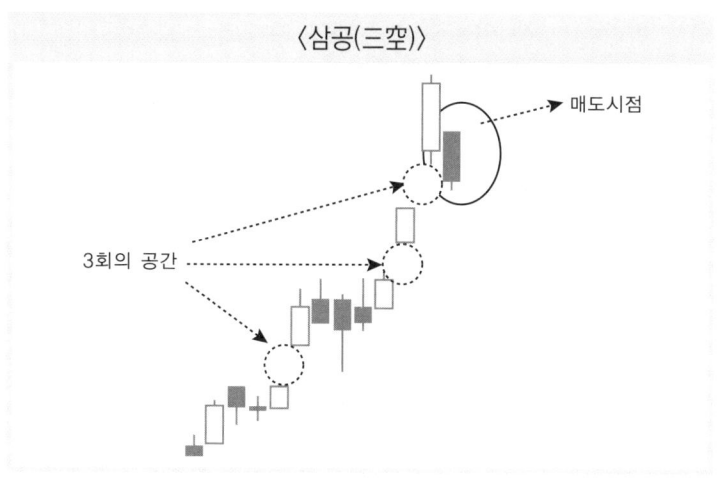

〈삼공(三空)〉

는 것이 공空이다. 이를 현대의 기술적 분석가들은 갭Gap이라 부른다.

갭은, 상승의 경우를 예로 들면, 당일의 거래가 전일의 종가에서 시작하는 것이 아니라 전일의 고가마저 훌쩍 뛰어넘어 시작되기 때문에 전일 가격 대비 거래되지 않은 가격이 생기는 것을 말한다. 예를 들면 전일 고가가 15,000원이었고 당일 시작가격이 16,000원이라 하면 1,000원의 갭이 발생한 것이다. 바로 이렇게 거래되지 않은 가격이 있는 공간을 갭이라 하고 혼마 무네히사는 공이라 했다.

상승추세 도중 갭이 발생하는 경우는 가격상승에 대한 기대감이 높을 때인데 비싸게 돈을 지불하고서라도 사놓기만 하면 얼마든지 이익을 낼 수 있다는 확신으로 매수에 임하기 때문이다. 이러한 갭이 발생한다는 것은 시장이 서서히 과열되고 있다는 것을 의미하며 추세가 진행되는 과정에서 갭이 세 개가 발생한다는 것은 이미 가격이 상당히 고평가되고 있음을 뜻하기도 한다. 갭이 세 개가 발생할 경우 사람들은 이익실현을 하고자 하는 욕구가 강해지며 비싸게 산 사람일수록 자신이 천정가격에서 매수하지 않았나 하는 불안감에 시달리게 된다. 따라서 모두가 매도하려는 욕구에 사로잡히게 되고 사람들은 더 이상 비싼 가격에 매수하고자 하지 않기 때문에 매수세가 급격히 위축되면서 수급이 붕괴되고 가격은 급락하는 경우가 많다. 이러한 경우에 캔들은 긴 몸통을 가진 음봉이 나타나기 쉽고 고가에 산 사람들은 엄청난 손실을 입기도 한다.

　이번 장에서 혼마 무네히사는 작은 이익에 연연해 이익이 나면 바로 이익실현을 하는 매매행태에 대해 경계한다. 이익이 날 때 끝까지 가져가야만 이익이 크며 작은 등락은 무시해야 한다고 말한다. 이익이 적게 나는 것은 가격의 움직임에 지나치게 예민하게 반응하기 때문이다. 이런 경우 길게 가져가지 못하게 되고 결국 더 비싼 가격에 다시 사야 하는 어려움에 처하게 된다. 그러나 설사 이익이 날 것으로 예상될 때조차 자신이 판 가격보다 비싸게 사기란 쉬운 일이 아니다. 그러므로 '삼위의 방책'으로 바닥에서 매수했으면 잔파도에 휩쓸리지 말고 천정가격까지 가져가야 한다고 강조하는 것이다.

　그런데 문제는 언제 매수해야 할지 진입시기를 결정하는 것이 쉽지 않을뿐더러 매도 역시 얼마만큼의 이익이 났을 때 해야 하는 것인지 판단하기가 참으로 어렵다. 섣불리 이익실현을 했다가는 가격이 더욱 상승할 경우 다시 매수해야 할지 혼란을 겪게 되고 자칫 혼란에 빠져 천정가격에서 매수할 위험도 있는 것이다. 그러므로 한번 매수한 후에 천정가격까지 이익을 내고 다시 바닥권에 이를 때까지는 재매수를 않는다는 원칙을 갖는 것이 중요하다. 재매수를 하지 않을 수 있는 것은 자신이 천정가격에 팔았기 때문에 다시 매수한다는 것은 곧 손실로 직결되는 것이고 따라서 재매수할 아무런 이유가 없다는 원칙에 의해서다. 이러한 원칙이 없다면 흔들리기 쉽다.

혼마 무네히사의 경우 이익이 나고 있는 것을 매도하는 시점에 대해 몇 가지 언급하고 있는데 대표적인 것이 삼산이다.

가격이 상승추세를 이어가다가 삼산형이 출현하는 것은 고점을 돌파하지 못하는 것, 즉 저항가격 때문이다. 설사 일시적으로 돌파했다 하더라도 곧바로 저항가격 아래로 물러나는 가격 움직임이야말로 삼산형이 출현하는 핵심이다. 이렇게 저항가격이 형성되고 마치 가격이 벽에 부딪힌 것처럼 답답한 움직임을 보일 때가 매도시점이라고 혼마 무네히사는 말한다. 가격이란 오르지 못하고 횡보한다면 결국 하락밖에 남은 것이 없다.

이러한 관점에서 보면 혼마 무네히사의 삼법 역시 동일한 맥락에서 매도문제를 다루고 있음을 확인할 수 있다. 추세매매 구간에서 저항가격, 지지가격의 돌파여부는 추세확인을 위한 핵심적인 사항이다. 그러므로 상승삼법에서는 저항가격을 돌파하지 못할 경우 이익을 실현하고 하락삼법에서는 지지가격을 하향돌파하지 못할 경우 이익실현에 나서야 하는 것이다.

　혼마 무네히사가 말하는 또 다른 매도시점은 삼공이 출현할 경우다. 삼공이 출현한다는 것은 지나친 기대감 때문에 과도한 가격 부풀리기가 이뤄졌다는 뜻이다. 어느 정도는 사람들이 묻지마 추격매수를 했다는 것을 말하며 그러므로 거래하는 사람들이 심리적으로 불안정한 상태에 처해 있음을 의미한다. 이러한 경우라면 추세를 역행해 가격이 움직이기 마련이므로 당연히 이익실현에 나서야 한다. 그리고 삼공이 출현할 때까지 바닥에서 매수한 것을 보유하고 있었다면 이미 상당한 이익이 난 상태이기에 이익실현에 주저할 이유가 없을 것이다.

　여기서 좀더 정확한 매도시점에 대해 언급하자면 상승추세에서 삼공이 출현했다고 해서 반드시 하락전환하는 것은 아니므로 하락전환 신호를 확인하고 이익실현하는 것이 더 확실하다. 세 번째 갭이 출현한 후 그 세 번째 갭이 출현했던 처음 가격, 즉 그날의 시가가 붕괴된다면 분명한 하락전환 신호라 볼 수 있다. 그렇지 않고 세 번째 갭이 출현했던 날의 시가가 지지받으면서 재차 가격상승이 일어나고 전고점까지 돌파한다면 아직 시세가 마무리되지 않았다고 받아들이는 것이 옳다. 그러나 대부분의 경우 이미 과도한 매수가 일어났고 보유자들의 심리가 불안정하므로 대기 매수세가 약화될 경우 하락전환할 가능성이 높다. 특히 세 번째 갭이 일어났던 시가를 붕괴시키면서 하락전환하는 것이 보통이다.

그리고 이러한 하락전환은 천정가격대에 상당히 많은 거래를 일으키며 매물을 쌓아놓는 경우가 많고, 이러한 매물은 점차 하락을 가속화시키면서 추세를 형성케 하는 동력이 된다. 그럴 수밖에 없는 것이 하락전환하기 천정권일 때 시장은 상승 분위기 속에 있기 때문에 매수세가 여전히 살아 있었다. 그런데 보유하고 있는 입장에서 보면 충분히 이익이 난 상태고 지나친 상승으로 심리가 불안해져 있기 때문에 매도세 역시 강하다. 이와 같은 이유로 고가권에서는 거래가 많이 일어나면서 상당한 매물이 쌓이게 된다. 이렇게 고가권에서 상당한 거래량이 발생하면 이 가격대에 쌓여 있는 매물 때문에 상승시도가 일어나더라도 추가상승이 억제된다. 이런 과정이 얼마간 되풀이되면 고가권에는 매물이 더욱 첩첩이 쌓이게 되므로 매도하려는 심리가 더욱 강해지고 보유자들은 손실을 감수하고라도 청산하고자 적극 매도에 나서게 된다. 그렇게 매도세가 강해질수록 매수하려는 사람들의 심리는 위축되며 더욱 싸게 사고자 하기 때문에 결국 가격하락은 가속화되기 마련이다. 이것이 바로 추세발생 이면에 숨어 있는 하부구조다.

그리하여 바로 이러한 점을 섬세하게 읽었던 혼마 무네히사는 저항가격을 이용해 매도시점을 찾았던 것이다. 삼산, 삼법, 삼공의 개념을 통해 이번 장에서 짚고 넘어가야 하는 것은 저항가격의 돌파유무가 매수매도 시점을 찾는 데 핵심이라는 점이다.

함부로 매수해서는 안 되며 함부로 매도해서도 안 된다. 이것이 무엇보다 중요하다.

상승 후의 하락

> 햅쌀이 나오기 시작하여 1, 2섬이나 시세변동이 있고, 바닥에서 정체하다가 5, 6, 10섬 정도 시세가 붙고, 또 2섬 정도 내리고 정체 상태에 머무는 경우가 있다. 이런 장에선 사는 쪽은 심드렁하고 파는 쪽은 더욱더 팔게 된다. 이 쌀, 결코 팔아서는 안 된다. 파는 쪽은 여기서 사야 한다*. 이 쌀은 바닥에서부터 오르기 시작한 쌀이다. 상승 과정 중의 하락. 전적으로 천정가격의 때를 생각할 수 있는 것이 제일이다.

햅쌀이 나오면서 쌀 가격이 오른다는 것은 바닥권에서 상승이 시작됐다는 것을 의미한다. 왜냐하면 특별한 경우를 제외하고는 전통적으로 가을에 벼가 수확될 경우 유통 가능한 쌀이 늘게 되므로 가격이 하락하기 마련이다. 가을에 바닥을 다 지고 겨울부터 상승하기 시작해 쌀이 귀한 봄을 지나 여름까지 쌀 가격은 끈질기게 지속적으로 상승한다. 그리고 다시 가

---

* '파는 쪽은 여기서 사야 한다'는 말은 선물에서 매도 포지션을 취한 사람은 포지션을 청산해야 한다는 뜻이다. 이미 언급한 바 있듯이 돈을 미리 받고 선납수표를 발행하는 것을 매도라고 한다. 쌀 가격이 비쌀 때 매도했다가 쌀 때 청산하면 쌀 가격이 변동한 만큼 이익을 얻게 된다. 그러나 반대로 쌀 가격이 상승하게 되면 상승 쪽으로 가격이 변동한 만큼 손실을 입는다. 즉 매도자는 향후 쌀 가격이 하락한다는 것에 배팅한 것이다.

을이 다가오면서 쌀 가격은 하락압력을 받는다. 그리하여 보통 햅쌀이 나올 때쯤에는 쌀 가격이 바닥권을 형성하곤 한다.

그런데 이번 장에서 언급한 것처럼 햅쌀이 나오는 시기에 쌀 가격이 상승하기 시작한다면 바닥을 찍었다는 뜻이다. 또한 쌀 가격의 상승이 1, 2섬 오르고 등락을 거듭하다가 재차 상승해 5, 10섬 정도 오르다가 2섬 정도 내리고 하면서 서서히 상승한다면, 이는 커다란 추세를 예고하는 것이므로 적극적으로 사들여야 한다. 즉 대시세의 태동으로 받아들여야 할 움직임인데 이를 착각해 조금의 이익을 얻고 팔거나 하락으로 보고 선물을 매도했다가는 커다란 낭패를 본다는 뜻이다.

판단이 틀렸을 때는 재빨리 처분하고 쉬어라

불리한 운의 때 사기평균, 팔기평균*은 결코 해서는 안 된다. 판단이 틀렸을 때는 재빨리 처분하고 4, 50일 쉰다. 충분히 예상대로의 거래라 할지라도 거래 후 4, 50일은 쉬고, 쌀의 통용을 생각하고, 삼위의 방책에 따라 적절한 시기를 생각하고 출동할 것이다. 무엇보다 이익의 기회를 얻어도 이 휴식을 잊으면 거래 종결 시에는 결국 손실을 보게 됨을 명심하라. 다만 거래를 마치고 휴식한다 함은 아무 생각 없이 쉬는 것이 아니라 마음의 동요 없이 매일의 시세변동을 꼼꼼히 살핀다는 것이다. 또한 전년도 매도방법으로 이익의 기회를 잡았다면 또 거기에 집착하게 되는데, 전년도의 기분을 완전히 떠나 그때 그해의 작황, 물건의 다소, 분위기의 정도를 생각하는 것이 제일이다.

현대의 주식시장에서 흔히 사용하는 매매방법 중 하나가 분할매매다. 이 방법은 주가가 상승할 것으로 예상될 때 일시적인 등락으로 인해 심리적으로 흔들리는 것을 방지하고 전체 매수가격을 낮추는 효과를 볼 수 있어 많은 투자자들이

---

* 분할매수, 분할매도를 말한다. 몇 차례에 걸쳐 나누어 매수하거나 매도하면 평균가격으로 사거나 판 셈이 된다. 흔히 일시적인 가격변동의 위험을 회피하기 위해 매매하는 방법이다.

사용하고 있다. 그렇지만 일명 물타기라고 불리는 분할매매법은 추세를 역행하게 될 경우에는 상당한 위험에 노출된다. 다음과 같은 경우를 상정한다면 그 이유가 분명해진다.

만일 김 씨가 주식투자를 하기 위해 열심히 연구를 거듭해 어떤 회사의 주식이 유망하다고 보고 매수했는데 마침 전체 시장이 천정을 만들고 하락하는 시기였다고 하자. 김 씨가 산 주식 역시도 전체 시장의 분위기로부터 자유롭지 못해 15,000원에 산 주식이 순식간에 12,000원까지 하락하고 말았다. 이에 자신이 좋지 않은 시기에 주식을 샀다는 것을 깨달았지만 주가가 더 이상 하락할 것 같지는 않아, 적금을 깨서 15,000원에 산 주식수만큼 12,000원에 추가로 매수했다. 이로써 김 씨는 평균 13,500원에 주식을 산 셈이 됐다. 그러나 주가는 더욱 하락해 10,000원에 이르렀고 김 씨가 손실을 보고 정리할까 망설이던 순간에 8,000원까지 하락하고 말았다. 결국 김 씨는 엄청난 손실을 안게 됐다.

김 씨는 자신의 판단이 잘못됐음을 깨달았을 때 약간의 손실을 보고 정리할 수 있었지만 분할매매법을 사용했기 때문에 그러한 기회를 놓치고 말았다. 분할매매법은 기본적으로 수량이 늘어나는 것이기 때문에 추세를 역행할 때는 엄청난 손실을 발생시킨다. 그러나 만일 김 씨가 상승추세에서 분할매매법을 구사했다면 엄청난 이익을 얻을 수 있었다. 상승추세라면 설사 15,000원짜리 주식이 12,000원까지 하락하더라도 재차 상승을 이어갈 것이기 때문에 매매가격을 평균해 13,500원이라는 싼 가격에 주식을 산 셈이 되기 때문이다. 이때는 주식수를 늘린 것만큼 주가 상승 시 이익이 늘어나게 된다. 그러니까 김 씨가 상승추세에서 분할매매법을 사용했다면 싸게 수량을 늘려 산 만큼 추가적인 이익이 발생했을 것이다.

혼마 무네히사가 판단이 틀렸을 때는 재빨리 처분하고 쉬라 했음을 유념할 필요가 있다. 이 경우는 추세역행의 예다. 다시 말해 지지가격이 무참히 붕괴되는 경우를 말한다. 가격이 상승추세인 것으로 판단해 매수했는데 지지가격을 붕괴시키며 하락한다면 이는 추세판단을 잘못한 것이다. 상승추세의 경우 대부분 지지가격을 지지하면서 상승하기 때문이다. 그러나 지지가격이 힘없이 붕괴되는 경우라면 설사 재차 상승을 이어간다 하더라도 일단 청산하고 관망하는 것이 옳다. 지지가격을 붕괴시킨다는 것은 적어도 횡보국면으로 보아야 하며 최악의 경우는 하락추세로 이어질 수도 있다. 그러므로 이때는 분할매수할 것이 아니라 물량을 청산하고 관망하면서 자신의 판단을 정확히 점검해봐야 한다.

이것이 매매를 접고 휴식기를 가져야 하는 까닭이다. 자신의 포지션을 유지한 상태로는 판단을 중립적으로 하기 어렵기 때문에 시장을 정확하게 점검하기가 쉽지 않다. 인간의 심리가 그렇게 되어 있다는 것을 인정해야 한다. 혼마 무네히사가 말하는 휴식이란 시장을 등지고 낚시를 가거나 여행을 떠나거나 하는 휴식이라기보다는 '포지션이 없는 상태'라고 보는 것이 옳다. 즉 시장을 객관적으로 정확히 보기 위한 하나의 방법인 셈이다. 판단이 잘못됐을 경우만이 아니라 이익을 내고 매매를 정리했을 경우에도 휴식이 필요한 건 마찬가지다. 이익을 내고 물량을 청산했을 때도 바로 거래에 임한다면 이익을 냈던 기억이 핀단을 올바르게 하는 것을 방해하고 이익을 냈던 포지션에 집착하게 한다. 또 어느 방향에 대해 편애하도록 해 결국 거래를 실패로 이끌 가능성이 있다. 따라서 섣부르게 재차 진입할 것이 아니라 수급상황을 점검하고 시장 분위기를 살피는 등의 노력이 필요하다. 현대에는 금리, 유가, 원자재값, 원/달러 환율, 각종 경기지표 등 혼마 무네히사 당시보다 더 변수가 많으므로 더 세심한 주의를 기울여야 한다.

'휴식도 투자다'라는 격언이 있지만 여기서의 휴식은 여행 다니고 골프 치고 잠을 더 많이 자고 놀고먹는 행위가 아니라 심리적으로 어떤 관성, 편애와 집착, 아집에 사로잡히지 않고 자유로운 상태에서 시장을 객관적으로 바라보기 위한 방법적 휴식이라는 점을 혼마 무네히사는 강조한다.

05 이익보다 마음이 먼저다

이운利運의 때, 마음의 자세

> 거래에서 이익의 기회를 잡았을 때 우선 적당한 선에서 이익을 실현한다. 그때 이틀 쉬어라. 그 휴식을 잊으면 어떤 이익의 기회가 오더라도 거래 종결 시에는 반드시 손실이 있다. 승리에 과신하여 백 냥의 이익은 이백 냥 갖고 싶은 마음이 들고 천 냥 이천 냥의 기분이 되어 욕심에 빠져서 처분하지 못하고 손실을 보는 것이다. 이런 욕심으로부터 미망에 빠지는 것이다. 불리한 운의 시기에는 더욱 조심할 것이다. 이런 때 손을 떼는 것이 중요하다. 신중할 것이다.

여기서 '미망'이라는 말이 나온다. 혼마 무네히사가 사찰을 찾고 그곳에 머무른 적이 있으며, 주지스님과의 대화 중에 커다란 깨달음을 얻었다는 점은 앞서 언급했다. 이를 미루어 짐작하건대 혼마 무네히사는 불교적 영향을 많이 받았던 사람인 듯하다. 「혼마비전」 곳곳에서 불교사상의 흔적이 발견되는데 '미망'이란 말도 그중 하나다.

'미망'이란 말 그대로 보면 '헛되이 헤매는 것'이다. 있는 그대로의 세계를 보지 못하고 자신의 마음속에서 만들어 놓은 세계 속에서 헤매는 것이다. 한마디로 헛된 꿈을 꾸고 있음을 말한다. 거래를 해 이익이 날 때 누구나 한번쯤 이익이 계속 불어나는 것을 상상하고, 그렇게 불어난 이익을 가지고 즐거워하며 갖고 싶었던 차를 사기도 하고 집을 몇 채 사거나 빌딩을 짓기도 하는 공상을 한다. 근사한 해외 여행지에서의 행복한 날들을 꿈꾸기도 하고 여기서 한발 더 나아간다면 달콤한 로맨스도 상상한다. 이것이 미망이다.

이 미망에 사로잡히면 지나친 욕심이 발동하고 괜한 배짱이 생기기도 하며 웬만한 돈은 우습게 보이기도 한다. 시장에서 얻을 수 있는 이익을 초과해 욕심을 일으키다 보니 자신이 현재 얻고 있는 이익은 성에 차지 않는다. 눈에 비늘이 생겨 이익실현할 때를 놓치고 추세가 바뀌어도 계속 보유하면서 배짱을 부리다가 기어코 엄청난 평가 손실을 떠안고서야 비로소 미망에서 깨어나게 된다.

시장에서는 겸손해야 하는 이유가 여기에 있다. 약간의

이익을 얻고 청산했다 하더라도 휴식 없이 재차 진입을 하게 된다면 지나친 자신감이 그를 망칠 수도 있고 사소한 손실을 가벼이 여기다가 엄청난 손실을 보게 되기도 한다. 이것이 다 미망이다. 과거 거래에서 이익을 얻었기 때문에 그 이익이 주는 심리적 관성에 젖어 패가망신할 수도 있으며, 한때 거래에서 크게 성공했다는, 시장을 경시하는 오만함으로 인해 시장에서 퇴출당하기도 한다. 시장은 언제나 함부로 대해서는 안 되는 경외의 대상이며 자신의 논리대로 나아가는 살아 있는 생물체와 같은 존재다. 그러므로 함부로 예단하고 앞장서서도 안 되며 아집과 욕심에 사로잡혀 판단해서도 안 된다.

이익이 날 때 이익이 나고 있다는 생각을 가능하면 하지 말고 매매를 생각해야 하고 손실이 날 때도 손실이 나고 있다는 사실에 집착하지 말고 매매를 생각해야 한다. 이것이 쉬운 일이 아니지만 이러한 감정에 휘둘리기 시작하면 정작 봐야 할 것을 보지 못하고 판단이 흐려져 매매에 실패하기 쉽다. 이익이든 손실이든 그러한 감정에 사로잡히는 것도 모두 미망이다.

만일 거래하면서 미망에 사로잡히지 않았다면 추세를 정확히 짚을 것이며 시세가 추세를 거스르게 될 때 과감히 포지션을 청산하게 될 것이다. 그러므로 이익이 나고 있느냐

손실이 나고 있느냐 하는 점이 중요하다기보다는 매수할 때
와 매도할 때를 정확히 잡아낼 수 있느냐 하는 것이 더 중요
하다.

승리에 도취되지 말라

> 수개월 생각한 대로 8, 9할 목표치에 이르렀을 때 반드시 승리에 도취되지 말라. 다만 무난히 이익을 취할 것을 전심으로 생각하라. 반드시 반드시 욕심에 빠져 헤매지 않도록 한다.

전설에 의하면 혼마 무네히사는 중국의 병법서인 「육도삼략六韜三略」에 대해 심도 있게 연구를 했다고 전해진다. 「육도삼략」은 태공망太公望이라는 사람이 썼다고 한다. 학자들 중에는 그가 쓴 것이 아니고 후대에 다른 사람이 병법으로 유명했던 태공망을 등장시켜 책을 엮은 것일 뿐이라 하기도 한다. 아무튼 많은 사람들이 「육도삼략」은 태공망이 썼다고 알고 있다. 그리고 「육도삼략」 중에 '삼략'은 진시황 말기에 황석공이라는 사람이 한나라의 개국공신인 장량에게 주어 전해졌다고 한다.

태공망은 우리에겐 강태공으로 유명한 사람인데 이 사람은 기원전 12세기 은나라 말기에 폭정을 피해 숨어 살았다고 한다. 백정 일과 밥장수 등을 전전하면서 70세가 넘도록 가난하게 살았다고 전해진다. 우리가 흔히 알고 있는 강태공은 낚시로 유명한데 「육도삼략」의 문도文韜 문사文師에 보면 태공망이 낚시를 하면서 세월을 보내다가 은나라를 무너뜨리고 주나라를 창건한 무왕의 아버지 문왕을 만나는 장면이 나온다. 다른 기록들에도 그가 동해에 숨어 살았다든가 하는 기록이 있어 노년에는 낚시를 업으로 하고 있었다고 추측된다.

아무튼 태공망은 문왕을 만났고 문왕과 그 아들 무왕을 도와 은나라를 멸망시키고 주나라를 건설, 천하를 평정시킨 일등공신이다. 그것도 평생 가난하게 살면서 천한 직업에 종사하다가 80 가까운 나이가 되어 일약 역사의 중심에 서게 된 인물이다. 문文의 공자, 무武의 태공망이라 하여 중국인들에게 무의 정신적 존재로 추앙받는 인물이기도 하다.

태공망의 '삼략'을 전했다는 황석공은 별로 알려진 바가 없는데 다만 장량과의 일화가 유명하다. 장량이 전 재산을 털어 진시황을 암살하기 위해 자객들을 모았는데 암살이 실패로 돌아가고 쫓기는 신세가 됐다. 도망자 시절 장량은 어느 다리 위에서 허리가 굽은 한 노인을 만난다. 노인은 일부러 신발을 다리 밑으로 떨어뜨리고 나서 장량을 쳐다보며 말했다.

"젊은이 신발이 다리 밑으로 떨어졌는데 좀 주어다 주겠나?"

장량은 일부러 떨어뜨리고 주어다 달라는 노인이 괴이하게 생각됐지만 말없이 다리 밑으로 내려가 신발을 주워서 건

넸다. 그러자 노인은 장량을 찬찬히 살피며 말했다.

"이보게, 주어다 준 김에 신겨도 주게나."

장량은 도대체 노인이 자신에게 왜 무리한 요구를 거듭하는지 의아해했지만 시키는 대로 신발을 신겨주었다. 그러자 노인은 고맙다는 인사도 없이 장량에게 등을 보이고 걸어갔다. 장량이 '이상한 노인이군' 하며 갈 길을 가려고 하는데 갑자기 노인이 뒤돌아서며 이렇게 말했다.

"젊은이, 자네는 배울 자세가 되어 있는 사람이구만. 닷새 뒤에 아침 일찍 이곳에서 기다리게."

말을 마친 노인은 장량의 대답을 듣지도 않고 사라져버렸다. 장량은 괴이쩍게 생각하면서도 닷새 뒤에 일찍 일어나 다리로 갔다. 노인은 이미 다리 위에 와서 기다리고 있다가 말했다.

"노인과 약속하고 늦게 나오다니 버릇이 없는 젊은이구만. 닷새 뒤에 다시 여기서 만나!"

노인은 괘씸하다는 표정으로 한마디 하고는 사라져버렸다. 장량은 어처구니없었지만 쫓기는 신세로 별로 할 일도 없어 닷새 뒤에 다시 다리 위로 갔다. 그러나 이번에도 노인은 다리 위에서 기다리고 있었고 다시 닷새 뒤에 만나자고 하고서 사라졌다. 결국 장량은 아예 날이 밝지 않은 새벽녘에 나가서야 노인보다 먼저 기다릴 수 있었다. 그러자 노인은 기분 좋은 얼굴이 되어 장량에게 제왕의 스승이 될 것이라는 말과 함께 책을 한 권 건넸다 한다. 그가 황석공이고 그가 준 책이 '삼략'이라 전해진다. 만일 장량이 노인의 말을 흘려듣고 약속장소에 나가지 않았더라면 오늘의 「육도삼략」은 지금과 같은 모습이 아니었을지도 모른다.

「육도삼략」의 문도 문사를 보면 문왕과 태공망이 만나는 장면이 나오는데 이때 태공망은 낚시를 가지고 천하경영 철학을 문왕에게 설명한다. 그중 일부가 다음과 같다.

"낚싯줄이 가늘고 미끼가 잘 보이면 작은 물고기가 물고, 낚싯줄이 약간 굵고 미끼가 향기로우면 중치의 물고기가 물고, 낚싯줄이 굵고 미끼가 크면 큰 고기가 물게 마련입니다. …이러한 이치를 발전시켜보면 대부가 자기의 집안을 들어서 나라를 얻으려 하면 나라를 얻을 수 있고, 제후가 자기 나라를 바쳐서 천하를 얻으려 하면 천하를 얻을 수 있습니다."

이 내용은 자신이 얻고자 하는 것이 무엇인지 분명히 하고 그에 걸맞은 행동을 해야 함을 의미한다. 강태공의 일명 '미끼론'이라 칭하는 것인데 혼마 무네히사의 다음과 같은 글의 내용과 결부시켜서 고려할 것이 있다.

'수개월 생각한 대로 8, 9할 목표치에 이르렀을 때 반드시 승리에 도취되지 말라. 다만 무난히 이익을 취할 것을 전심으로 생각하라. 반드시 반드시 욕심에 빠져 헤매지 않도록

한다.'

　수개월 생각하는 것과 8, 9할 목표치에 이르렀을 때라는 구절을 생각해보자. 투자를 할 때 10분을 생각해 투자하는 경우가 있고 하루를 생각해 투자하는 경우도 있고 한 달을 생각해 투자하는 경우도 있다. 혼마 무네히사가 말한 대로 수개월 생각하고 투자할 수도 있다. 이것저것 생각하는 것이 아니라 오직 그것만 수개월간 골똘하게 생각한다는 것은 쉽지 않다. 물론 몇 개월이 아니라 몇 년을 생각할 수도 있고 그런 사람도 있을 것이다. 아마도 사람들은 보통 결혼에 대해 가장 많이, 가장 오랫동안 생각하지 않을까 싶다. 투자 역시 적어도 그렇게 해야 한다고 본다.

　물론 투자를 고려하면서 생각한 시간에 정비례해 성공 가능성이 높아진다고 보장할 수는 없지만, 생각을 정확하게 하기 위해 많은 시간을 들여 고민했다면 성공 가능성은 고심한 시간에 비례할 것이라 보는 게 옳다.

　이것도 강태공의 미끼론이라는 범주에 속한다. 충분히 기다리고 인내하고 결정적인 기회를 노렸다면 2, 3할 이익이 났을 때 정리하진 않는다. 8, 9할의 이익을 보고 정리하며 지나치게 욕심을 부려 재앙을 부르지도 않을 것이다. 대부가 집을 바쳤을 때는 나라를 얻으려 하는 것이고, 제후가 나라를 바칠 때는 천하를 얻으려 하는 일이다. 이것을 잊지 말고 가슴에 담을 필요가 있다. 자신이 투자한 것을 소중히 여겨야 하고 투자할 때 목표로 한 것을 잊어서는 안 된다. 이것은 무모한 투자와는 차이가 있다. 무모함은 가볍고, 쉽게 변하며, 원칙이 부재하고, 흔들리며, 스스로를 경시하는 경향이 있다. 이것은 모두 욕심과 무원칙, 근시안과 조급함에서 나오는 것이다.

투자할 때 작은 고기를 잡으려고 하는 것인지 큰 고기를 잡으려고 하는 것인지 스스로 분명해야 하며 그에 걸맞은 미끼를 사용해야 하고 스스로의 자세도 추슬러야 한다. 낚시를 할 때조차 무엇을 잡을지, 무엇을 할지 스스로 분명할진대 투자를 하는 데 더할 나위가 있겠는가. 그리하여 얻고자 하는 것을 얻는 것, 이것이 바로 혼마 무네히사가 말하는 '승리에 도취되지 말라'이다. 얻고자 하는 것을 얻었다면 충분하지 않을까?

바닥을 노리고 천정을 노리는 것

> 바닥을 노리고 천정을 노리고 매매할 것. 오직 마음에 새길 것이다.

「육도삼략」의 무도武韜 문계文啓에 보면 태공망이 문왕에게 성인의 도에 대해 말하는 장면이 나온다. 여기에서 태공망은 다음과 같은 말을 한다.

"성인에게는 근심할 것도 아낄 것도 없습니다. 무엇을 얻으려 하지 않아도 만물이 저절로 얻어집니다. 그러니 무엇을 근심하고 무엇을 아까워하겠습니까? 만물은 저절로 자라고 왕성해집니다. 마찬가지로 성인의 정치는 너무도 자연스럽게 덕을 베풀기 때문에 백성들이 그 감화를 알지 못합니다. 또 네 계절이 흘러가면서도 풍속이 저절로 달라지므로 백성들은 바뀌는 것을 알지 못합니다. 성인이 이런 자연의 도리를 지키면 만물은 저절로 감화됩니다."

이 말들 중에 특히 '만물은 저절로 자라고 왕성해진다'는 구절을 생각해보자. 성인이 하는 일은 눈에 보이지 않으나 천성자연의 이치에 맞으며 그러기에 자연스럽다. 무엇을 하기는 하나 드러나지 않고 별로 한 일이 없는 듯이 보인다.

혼마 무네히사 역시 이러한 이치를 거래에서 그대로 실천한 사람으로 판단된다. 그는 '쌀 시세의 고저는 천성자연의 이치로서 오르락내리락하므로 상승 하락을 정하기가 매우 어렵다. 이 도에 어두운 사람은 미련하여 이 거래에 손댈 일이 아니다'고 했다. 쌀 거래를 하면서 무엇을 어떻게 해야 하는지 잘 알고 있었던 것이다.

자연스럽게 저절로 이루어지는 투자의 경지는 혼마 무네히사가 가장 중요하게 생각했던 점이다. 시세의 등락에 휘둘리지 않고, 봄이 되면 만물이 나서 여름을 거치면서 풍성하게 자라나듯이 중요한 것을 파악하고 그것만 짚어주면 모든 것은 저절로 되어가는 거래가 그것이다.

이것이 바로 '바닥을 노리고 천정을 노리고 매매할 것. 오직 마음에 새길 것이다'는 말이다. 이는 '만물은 저절로 자라고 스스로 왕성해진다'라는 구절을 쌀 거래에서 구체화시킨 비법이라 할 수 있다. 즉 쌀 거래의 성인의 도이다. 바닥에서 사기만 하면 시세는 저절로 움직여 커다란 이익을 가져오며 천정에서 팔면 된다. 또한 천정에서 매도하면 시세는 저절로 움직이기 때문에 바닥권에서 청산하면 커다란 이익이 된다. 이것이 시세에 휩쓸리지 않고 마음고생도 할 필요가 없는 쌀 거래의 비법이다. 그러므로 항상 나는 무엇을 하고 있는가, 지금이 어디인가, 시세는 어디에 있는가를 묻고 또 물어 어중간한 거래는 피해야 한다.

가마니가 날아다니는 급상승

> 시세가 2, 3개월이나 변동 없이 또 반복하고 있을 때 열 사람이면 열 사람 심드렁하고, 낙관적인 사람도 약해지고, 파는 쪽은 판단대로라고 생각을 굳혀 더욱 팔게 되고, 그 후 반드시 상승하게 된다. 이때 비로소 시장에서는 적극적이든 소극적이든 일시 소동이 일어 되사므로 시세는 쌀가마니가 날아다니는 듯한 급상승을 한다. 열 사람이면 열 사람 다 한쪽 길로 몰릴 때 반드시 그 뒤편으로 오는 것이다. 앞쪽 길을 오는 것이면 알기 쉬우나 이처럼 오지 않고 생각이 미치지 못한다. 음양자연의 도리이다.

'쌀가마니가 날아다니는 듯한 급상승'이라는 표현이 의미심장하다. 그 무거운 쌀가마니가 날아다니다니 상승세가 보통이 아니다. 사람들이 시세의 움직임에 얼마나 민감하게 반응하며 이익에 예민한가를 잘 표현하는 말이라 생각된다. 누구나 엄청난 이익을 얻고자 시장에 참여하고 거래를 시작하지만 대부분의 사람들은 거래에 실패하곤 한다. 그 이유는 뭘까?

「육도삼략」의 용도龍韜 선장選將에 보면 인재를 가려내 중용하기 위해 사람을 평가하는 기준이 제시되어 있다. 사람의 속내는 겉모습과 다른 경우가 많기 때문에 다음의 여덟 가지 방법으로 시험해볼 것을 권하고 있다.

1) 질문을 하여 대답하는 것을 살핀다.
2) 토론을 벌여 집요하게 몰아세워서 임기응변을 살핀다.
3) 염탐꾼을 붙여 혼자 있을 때의 성실성을 살핀다.
4) 의중을 털어놓고 상대에게 질문을 던져 덕행을 살핀다.
5) 재물을 맡겨 청렴을 살핀다.
6) 아름다운 여자를 가까이 하게 하여 심지를 살핀다.
7) 재난에 임하여 얼마나 용기가 있는지를 본다.
8) 술에 취하게 만들어 취중 태도를 살핀다.

사람은 이중 삼중적인 측면이 있으므로 겉모습만 보고서 쉽게 판단할 일이 아니다. 태공망이 사람에 대한 나름대로의 평가기준을 가지고 사람을 대했다는 것은 어찌 보면 자연스럽다고 할 수 있다. 세상 사람의 평가가 좋다고 하여 그를 중용하고 세상 사람들이 나쁘게 말한다 하여 그를 멀리 한다면 패거리 있는 모략가들과 협잡꾼들만이 활개치고 다니는 세상이 될 것이다. 그러나 세상은 그렇지가 않아 태공망처럼 사람을 평가하는 기준이 입체적이고 복합적인 사람들도 있다. 그리고 이러한 기준이 오로지 사람을 평가하기 위한 것이 아니라 있는 그대로를 보기 위한 방편으로 받아들이고 해석하는 것이 더 옳다.

시장에서도 사람들의 생각이 지나치게 비관적이거나 지나치게 낙관적일 때 의심은 당연한 것이며 사람들의 견해가 한 방향으로 굳었다면 거기에는 생명력이 없고 딱딱하게 죽어버린 사고만 존재하는 것이라 볼 수 있다. 따라서 그러한 생각들을 좇는다면 함께 무덤으로 들어가는 일이 될 것이다.

혼마 무네히사는 시장을 끊임없이 살아 움직이는 생명체로 인식했으며 언제든 다른 포지션을 취할 수 있는 유연한 자세를 가졌던 것으로 보인다. 시장이 살아 있는 생명체이므로 거래하는 사람도 살아 있는 생명체가 되지 않는다면 결코 거래에서 승리할 수 없다. 시장의 움직임과 함께 살아 움직여야만 승산이 있기 때문이다. 그리하여 혼마 무네히사는 고집을 부려서는 안 되고 감정에 사로잡히거나 욕심에 사로잡혀 매매해서도 안 된다고 했다. 다른 사람의 말을 귀담아 들되 판단은 스스로의 정보와 원칙에 따라 내려야 하며 언제든 사람들과 반대의 길을 갈 수 있는 용기와 유연한 마인드가 필요하다고 보고 있는 것이다.

이것이 '열 사람이면 열 사람 다 한쪽 길로 몰릴 때 반드시 그 뒤편으로 오는 것이다. 앞쪽 길을 오는 것이면 알기 쉬우나 이처럼 오지 않고 생각이 미치지 못한다. 음양자연의 도리이다'의 깊은 뜻이다.

볼 수 있는 사람만 보고 알 수 있는 사람만 아는 것, 이것이 시세다. 그리고 그것은 있는 그대로를 보는 데서 얻어지는 것이다. 비록 그 경지에 오르기란 어려운 일이지만 오직 그 경지만을 추구했던 이가 혼마 무네히사다. 이것이 그의 상법의 핵심이며 상인의 도이자 거래의 도이며 천성자연의 이치일 뿐 아니라 아마추어가 이를 수 없는 경지다.

파는 것을 잘 해야 성공한다

1년 중 상승 한 번, 하락 한 번 외에는 큰 변동 없다. 상승 중에도 약간 내리고, 하락 중에도 약간 오른다. 이것은 반복적으로 천정 바닥을 보는 시세가 아니다. 반복적인 시세에 현혹되지 말라. 첫걸음은 무엇보다 중요하다. 매수에 나서기는 쉽게 생각할 것이 아니나 이익의 기회를 맞았을 때 조금도 괴로워하지 말라. 파는 쪽은 쉬운 것 같지만 대처하기가 매우 어렵다. 내려가기 시작하면 어느 정도 내려갈지 모르는 것이고, 되사두어야* 하는 것이다. 하락의 상태, 사람들의 소동에 흔들리지 말고 욕심을 버리고 되사는 것이 제일이다.

「장자」의 재유在宥 편에 보면 최구와 노담의 대화가 나온다. 최구가 노담에게 물었다.

"천하를 다스리지 않는다면 어떻게 사람들의 마음이 좋아지겠습니까?"

---

* 되산다는 표현은 쌀 가격이 하락할 것을 예상해 매도한 것을 청산하는 것을 말한다. 즉 선납수표를 발행한 사람이 쌀 가격이 많이 하락하자 쌀을 내주거나, 쌀을 내줄 필요도 없이 추가하락을 예상해 선납수표를 발행하겠다는 사람의 선납수표를 사들이는 것을 말한다. 이것이 청산거래로 선납수표를 10만 원 받고 발행했는데 5만 원에 되산다면 그는 5만 원의 이익을 본 것이다.

노담이 대답했다.

"사람의 마음을 공연히 묶지 않도록 삼가게. 사람의 마음은 억누르면 가라앉고 추켜올리면 올라가는데, 오르락내리락하다가 쇠잔해지게 마련이네. 부드러움으로 굳센 것을 유연하게 만들고 날카로운 것으로 새겨 상처를 내지. 또 뜨거워지면 불같이 타오르고 차가워지면 얼음처럼 꽁꽁 뭉쳐진다네. 재빠르기는 고개를 움직이는 순간 사해 밖까지 덮고 움직이지 않으면 심연처럼 고요하나 움직였다 하면 세차게 치달아서 잡아둘 수 없는 것, 그것이 사람의 마음이지."

좀처럼 종잡을 수 없고 제멋대로 움직이는 것이 인간의 마음이지만 자칫 억누르면 더욱 묘한 변화를 일으켜 세상이 혼란스러워짐을 말하고 있다. 그러므로 사람의 마음은 통제의 대상이 아니라 이해의 대상이고 변화시키려는 의도를 갖기보다는 있는 그대로 인정하고 바라볼 수 있어야 한다는 말이다. 이것이 자연스러움의 기본이다.

시세는 등락을 거듭하고 끝없이 움직이면서 거래하는 사람들을 끌어들이며 어떤 방향으로 유도하는 것 같지만 사실 사람들은 스스로 유혹을 받는 것이고 현혹되는 것이다. 다시 말해 앞으로 쌀 가격이 이렇게 움직일 가능성이 있다고 기대하면서 스스로 그 방향으로 나아가는 것이다. 그러나 시세가 방향성을 띠지 않고 등락만을 거듭하며 횡보한다면 그는 현혹된 것이다. 이것이 '반복적인 시세에 현혹되지 말라'이다.

이익을 내고 있을 때 욕심이 앞설 수 있고 그것은 자연스러운 것이다. 하지만 욕심이 시세를 움직이지 못하므로 시세가 뜻과는 반대로 움직인다면 오히려 손실을 입을 수도 있다. 따라서 시장의 움직임을 차분히 읽고 적절한 대처가 필요할 뿐 욕심에 이끌려 거래를 해서는 항상 위험에 노출된다. 만일 욕심에 이끌려 거래를 했는데 문득 자신이 비싸게 샀다는 생각이 들며 장이 기대와 달리 하락으로 흐른다면 그의 마음은 순식간에 차가워지고 그의 욕심은 공포로 바뀌어 손실을 보고 정리할 수밖에 없게 된다. 이것이 바로 욕심이 가져오는 손실의 구조다.

그러므로 매수를 하든 매도를 하든, 이익이 나고 있건 손실이 나고 있건, 지나친 기대감이나 욕심, 공포나 실망감, 조급함 등에 사로잡힘 없이 시장을 제대로 보기 위해 노력해야 하고 시장에서 들려오는 목소리에 귀를 기울여야 한다. 거래의 성공을 위해서는 아무런 소용이 없는 변화무쌍한 마음의 움직임을 그대로 두고 오로지 시장을 있는 그대로 보려고 하는 것이 중요하다.

쉴 때 무엇을 해야 하는가　06

여름에 냉기가 강하면

여름에 일기가 불순하여 비가 많은 해는 자연의 흉작이라고 생각해야 한다. 여름철 냉기가 강하고 해충이 많고 홍수, 폭풍 등 천재가 있을 때 주의 깊게 6, 7월부터 약한 시세에서 사들여야 한다. 6, 7월 일기가 순조롭고 일조가 좋고 풍작이 예상되고, 누가 보아도 풍작이라고 볼 수 있는 해는 서둘러 사지 말라. 8, 9월은 전심으로 그해의 매수의 장이 된다. 월초에 사야 한다. 다만 9월은 조금 늦어질 수도 있다. 8월은 전심전력할 것. 풍작이라도 해마다 9, 10월부터 상승하게 된다. 또 6월 말 7월 중순까지도 몇십 년 만에 오는 풍작의 징후에도 무언가 일이 일어나서 다소에 관계없이 예상이 빗나가는 것이다. 아무런 이상 없이 수확하기란 매우 드문 것이다.

일반적으로 쌀 수확기인 가을이 다가오면 쌀 가격은 지속적으로 하락하면서 바닥가격에 근접하게 된다. 가을에 쌀을 수확하게 되면 쌀 공급량이 늘어 쌀 가격이 안정되기 때문인데 이를 선반영해 곡물거래소의 쌀 가격은 가을이 되기까지 하락세가 이어지는 경우가 많다. 이러한 쌀 가격 하락세는 수확기에 절정을 이루고 통상 이 무렵에 바닥을 다진다. 그런 후 가을부터 가격상승이 시작되어 쌀이 전반적으로 부족해지는 봄에 이르면 상당한 상승을 보인다.

그런데 가을이 오기 전인 6월이나 7월에 냉해를 입거나 해충의 피해를 입게 되는 경우, 또 태풍으로 인한 홍수와 바람의 피해 등이 있을 경우에는 공급량이 줄어들 것이라는 예측으로 인해 쌀 가격의 상승이 수확기 이전에 이뤄질 수 있기 때문에 매수시기를 앞당길 필요가 있다. 혼마 무네히사는 이 점을 언급하고 있는데 다만 누구나 알 수 있는 풍년일 경우에는 매수시기를 서두르지 말 것을 권하고 있다.

그러나 혼마 무네히사의 이러한 권고는 250여 년 전의 상황을 고려한다면 쉽게 따르기 어려운 점이 있다. 요즘과는 달리 당시에는 교통과 통신이 발달하지 못해 전국의 쌀 작황을 분석한다는 것이 용이하지 않았을 것이며 각종 병충해나 냉해, 태풍피해의 정도를 알아내는 것 역시 거의 불가능에 가까운 일이었을 것이다. 다시 말해 막연한 추측만으로 쌀의 작황을 예단하고 거래에 임한다는 건 그만큼 높은 리스크에 노출된다는 것을 의미한다.

다만 혼마 무네히사가 각종 정보를 취합하고 무용한 정보를 걸러내는 방식이 있었으며, 주요 산지의 작황을 분석해낼 만한 정보통이 존재했다는 점에 착안한다면 그의 분석은 어느 정도 정확했으리라 추측된다. 이번 장은 일본의 주요 쌀 산지인 사카타에 근거를 두고 있었던 쌀 거래상 혼마 무네히사의 경험이 잘 녹아 있다고 볼 수 있다.

오늘날에도 주식이든 부동산이든 또 다른 어떤 상품이든지 상품의 수급을 철저히 분석하고 그 동향에 따라 변하는 사람들의 심리를 읽어내 매매에 응용하는 일은 무엇보다 중요하다. 이것이 휴식하고 있는 동안 집중적으로 관심을 가져야 하는 것들이다.

쉬는 것도 중요하다

> 이 거래 삼위의 방책을 가지고, 일체의 상승 하락을 지켜보고, 이 두 가지 중 어느 정도 내리고, 어느 정도까지 오르고, 어느 정도에서 멈추는지 관찰한다. 그때 오사카와 현지의 작황을 생각하고, 끊임없이 어떠한지를 지켜본다. 예를 들면 매수할 때에는 그동안의 심한 시세의 요동에 따라가지 않고 입장을 견지하고 확실히 할 것이다. 예상이 들어맞았을 때는 예상한 시세에 멈출 것이다. 쌀 때 사서 비쌀 때 팔아야 하는 것이라고 생각하는 것은 좋지 않다. 상승이라고 판단했을 때는 전체를 보고 매집해야 한다. 그때, 약세라고 생각함으로써 과매도하는 것은 매우 좋지 않은 것이다. 반드시 하락할 것이라고 생각해도 팔지 않는 것이다. 잘 생각하라.

「장자」의 외물外物에 이런 말이 나온다.

'사람에게는 이해利害라는 두 가지 함정이 있어서 도무지 도망칠 수가 없다. 항상 두려워하며 편안치 않고 마음은 천지 사이에 매달린 듯 불안정하다. 언제나 마음속이 울적하고 괴로워하면서 이해에 대한 관념 사이에서 자신의 가장 소중한 태화泰和의 기氣를 태워버리고 만다. 사람의 마음은 달빛처럼 청명해도 이 불에 이길 수가 없다. 여기서 모든 것은 무너

져버리고 천리天理는 사라져 육체도 정신도 소멸하게 된다.'

인간의 마음을 지배하는 수많은 것들 중에 이해관계만큼 집요하게 사람을 붙들고 움직여나가는 것도 드물다. 그래서 경제문제는 인간사회의 핵심적인 사안이다. 아무리 물질문제로부터 벗어나려 해도 생존의 본능이 있는 한 불가능하며 물질적 삶에 뿌리를 내리고 있는 한 이해관계에 민감할 수밖에 없다. 이해관계가 충돌하며 타오르는 불꽃에 스스로를 태우면서도 몰려드는 불나방 같은 속성을 장자가 얼마나 통찰하고 있는지를 보여주는 이야기다. 그가 고요한 사람이 아니라면 위와 같은 통찰은 이뤄지기 어려웠을 것이다. 그는 인간의 내면에서 일어나는 수천만 가지의 변화를 찬찬히 살폈던 것이다.

그러나 순간순간 이익을 좇으며 극도로 긴장해 거래하는 사람들, 이해관계에 자신을 온통 불사르고 있는 상인들, 투자자들 그리고 현대의 트레이더들에게 위와 같은 장자의 말은 한갓 말하기 좋아하는 사람들이나 읽고 즐거워할 이야기일지도 모른다. 더더구나 혼마 무네히사의 '쉬는 것이 중요하다'라는 말에 대해 진정 한가한 사람들의 여유일 뿐이라고 치부할지도 모른다. 마치 감하후에게 곡식을 빌리러 간 장자처럼 여겨질 수도 있다.

평생 가난했던 장자는 집에 곡식이 떨어져 감하후에게 곡식을 빌리러 갔다. 감하후가 장자에게 말했다.

"좋소, 빌려드리지. 조금 있으면 백성들에게 세금을 거둬들일 텐데 그때 삼백 금을 빌려드리지요. 그거면 되겠죠?"

이 말을 들은 장자가 말했다.

"이리로 올 때 수레바퀴 자국에 붕어가 있었는데 내게 살려달라 애원하더군요. 물이 약간만 있어도 살 수 있다고 간절히 외치기에 이렇게 말했지요. 내가 지금 오왕에게 가는데 강물을 밀어 보내 마시게 해주마. 그랬더니 붕어가 화를 발끈 내면서 내게 필요한 건 한 되의 물일 뿐이오, 그렇게 말할 거면 차라리 건어물 전에 가서 날 찾는 게 나을 거요!"

이 대화 이후 장자가 감하후에게 곡식을 빌렸는지는 알 길이 없다. 그러나 장자의 가난은 그 이후에도 계속됐다는 것은 알 수 있다. 그는 가난을 부끄러워하지 않았고 굳이 부자가 되려고 하지 않았기 때문이다. 다시 말해 장자가 감하후에게 곡식을 빌리지 못했더라도 장자의 철학이 바뀌었을 까닭도 없고 그의 생활방식이 바뀌지 않았을 것은 분명하다. 그의 마음 한가운데는 빈부의 고통이 미치지 못하는 무풍지대가 있기 때문이다.

거래를 할 때 완벽히 쉬어야 할 때가 있고, 관망하면서 장을 관찰해야 할 때가 있고, 매수해야 할 때가 있고, 매도해야 할 때가 있으며, 욕심을 부리지 말아야 할 때가 있고, 욕심을 부려야 할 때가 있다. 이러한 리듬을 잘 알고 잘 탈 줄 알아야 거래에서 커다란 성공을 거둘 수 있다. 손실이 엄청나게 난 상태라 해서 이러한 리듬을 무시하거나 아예 여기에 대해 무지하다면 결코 성공을 거둘 수 없다. 마찬가지로 이익이 많이 난 상태라 해서 이러한 리듬을 무시한다면 그동안 어렵게 쌓아온 이익을 하루아침에 다 날려버릴 수도 있다. 따라서 매매에 성급한 마음을 일으키기 전에 지금은 어느 때인가를 항상 살펴야 한다. 이러한 여유 있는 마음이 선행되어야 스스로를 혼돈으로부터 보호하고 자신의 중심과 원칙을 지킬 수 있다. 특히 거래하는 사람들은 시장의 혼란 한가운데로 나아가기 때문에 마음 한구석에 무풍지대를 유지하는 것은 더 긴요한 일이다.

거래할 때 여러 가지 필요한 시간 중 쉬는 것은 무엇보다도 중요하다. 아무리 돈 버는 일이 급하며 절체절명의 순간이라 해도 쉴 때 쉬지 못한다면 집착으로 인해 더 커다란 손해를 입게 될 것이다. 찾아오는 기회를 잡으려 발버둥쳐도 순간적으로 스쳐가는 기회를 잡기는 참으로 어렵다. 사람들은 찰나적 기회를 잡기 위해 매매에 열중하고 몰입하며 집착한다. 그러나 기회란 잡기 어렵다. 그래서 기회인 것이다.

그렇지만 쉬는 사람에게는 기회가 잡힌다. 참으로 아이러니한 일이다. 순간에 집착하는 사람은 전체를 보기 힘들고 본질을 알기 어렵지만 쉬는 사람은 현상 이면에 있는 사실을 볼 수 있고 전체의 흐름 속에서 한순간을 보기 때문이다. 그러므로 혼마 무네히사의 '휴식'이란 '그냥 모든 것을 잊어라'가 아니다. 쉬는 동안에 무엇을 할 것인가를 제시한다. 그것이 이번 장이다.

'이 거래 삼위의 방책을 가지고, 일체의 상승 하락을 지켜보고, 이 두 가지 중, 어느 정도 내리고, 어느 정도까지 오르고, 어느 정도에서 멈추는지 관찰한다. 그때 오사카와 현지의 작황을 생각하고, 끊임없이 어떠한지를 지켜본다.'

이것이 혼마 무네히사가 말하는 휴식이다.

자금이 바닥난 해

> 겨울부터 봄까지 자금이 바닥난 해는 마음먹고 많이 산 때문에 돈이 부족하게 된 것이다. 이 해 5월까지 내려가지 않는 때는 6월 20일경 대붕괴임에 의심 없다.

겨울부터 봄까지 쌀 가격의 상승이 이어지는데 이 기간 중에 상인들은 매수 일변도로 쌀을 사들이기 때문에 창고에 쌀은 많고 현금은 없는 상태에 빠진다. 오히려 이 기간에 이르러서는 하락을 염두에 두고 매도 위주로 거래를 하여 쌀보다는 현금으로 가지고 있어야 한다. 그래야 가을 수확을 반영하는 하락세가 이어지고 난 뒤 바닥가격에서 매수에 임할 수 있기 때문이다. 그러나 사람들은 상승 분위기에 젖어 오히려 매수를 늘려 현금이 부족한 상태에 빠지고 봄에 이르도록 쌀 가격 역시 하락하지 않으므로 6월에 이르면 쌀 가격 대붕괴가 일어난다는 뜻이다.

천정, 바닥 3년

> 천정가격, 바닥가격을 3년 계속하는 경우가 있다. 이 경우 천정가격을 내려고 생각하지 말라. 바닥가격도 3년 계속된다. 보통의 해에도 있는 것이므로 매우매우 주의해야 한다.

이번 장의 경우는 일반적인 시세와는 다른 특이한 경우를 언급하고 있다. 쌀 시세는 일반적으로 1년의 주기적인 수급동향에 따라 상승시세와 하락시세를 경험하는 법인데 드물게 이러한 주기적인 패턴에서 벗어나는 경우가 있다. 즉 상승해 천정에서 3년간 움직이거나 바닥가격에서 3년간 정체하는 경우가 있다는 것이다. 이러한 경우도 수급에 따른 것으로 천재지변이나 전쟁, 민란, 지속적인 기근, 병해나 기후여건 등의 이유로 생긴다.

마음을 정하지 않고 움직이면 손실만 있다

> 쌀 시세가 상승할 것이라 생각해도 만약 이 사이에 한번 하락이 나타나면 마음도 어쨌든 보류상태가 되고, 조금 오를 때는 이거라 생각하고 내리면 비로소 하락세라 생각한다. 이렇듯이 일체 마음이 정하여지지 못한 채로 움직인다. 나중에 시세를 생각할 때는 저 상승 때 팔고 이 하락 때 사면, 오르고 내림에 대응하는 것이 손쉬울 것같이 생각되지만 시세변동을 포착하기는 어렵다. 두 달은 시세를 지켜보고 일시적인 하락인지를 생각하여야 할 것이다. 상승 하락에 매인 마음으로써는 연중 쉼 없이 시세를 따라 마음이 소란스럽게 움직인다. 그 때문에 손실이 된다.

오늘날에는 인터넷이 있고 잘 만들어진 차트가 있어 투자할 때 추세판단을 손쉽게 할 수 있고 여러 가지 투자방식 중 취사선택해 자신에 맞는 투자법을 만들 수가 있다. 250여 년 전과는 전혀 다른 조건이다. 그러나 투자환경이 달라지고 유용한 도구들이 많이 개발됐다 해도 투자도구들이 변변치 않던 250여 년 전과 별로 달라지지 않은 것이 있다. 그때나 지금이나 막연한 추측과 기대감으로 원칙 없이 매매에 임하는 투자자들이 많다는 점이다.

이번 장에서 혼마 무네히사가 언급한 '마음을 정하지 못하고 시세에 따라 팔고사기를 반복하는 경우'란 원칙 없이 매매하는 사람들을 지적한 것이다. 이로 미루어 당시에도 막연하게 투자하는 사람들이 많았음을 알 수 있다. 나름대로의 거래방식을 정하지 않고 매매에 임한다는 건 마치 무기 없이 맨몸으로 전쟁터에 나가는 것과 같아서 거래에 성공하기 어렵고 실패하기 쉽다. 사업에는 수익모델이 준비되어 있어야 하고 거래에는 자신만의 투자법이 있어야 한다.

시장이란 온갖 부류의 사람들이 자신의 욕망을 일제히 분출시키는 곳이기 때문에 마음의 준비가 없으면 시장 분위기에 쉽게 감응해 즉흥적인 매매를 하기 쉽다. 그래서 사회에서 아무리 각 분야의 전문가이고 지적 수준이 높은 사람일지라도 시장은 순식간에 그들을 우매하게 만들어버린다. 막연히 오를 것 같아서 매수하게 하고, 막연히 내릴 것 같아서 매도하게 하는 우를 범하게 한다. 등락을 거듭하는 가격은 사람을 현혹시키고 거래에 참여하는 사람의 욕망을 극대화시키며 오만함을 조장하는가 하면, 극도의 혼란과 공포심을 불러일으킨다.

그래서 장이 끝나고 돌이켜보면 매매했던 사람이 과연 나였던가 의문이 들게끔 만들기도 한다. 오늘날 인터넷으로 주식을 거래하는 많은 사람들 중에는 매매를 한 것은 자신이 아니라 손가락이라고 푸념을 늘어놓기도 한다. 시장에 참여하고 있는 동안에는 그만큼 자신을 지키기 어렵다는 말인데 그것은 마치 거대한 파도가 용솟음치는 바다 한가운데서 홀로 사투를 벌이는 것과도 같다.

그러므로 원칙은 혼란 속에 처할 때 스스로를 지킬 수 있는, 스스로 고안해 만들어놓은 믿음직한 제2의 자아가 된다. 이 제2의 자아는 단순히 판단이 어려울 때 조언해주고 갈 길을 가르쳐주는 것뿐 아니라 거래하는 사람이 흔들릴 때 충고를 해주고 잘못된 점을 바로잡아주기도 하는 친구나 스승 같은 면도 가지고 있다. 그래서 원칙을 통해 스스로를 지키고 스스로를 만들어가게 된다. 원칙과 관련된 이런 격언이 있다.

'거래에 실패했더라도 원칙을 지켰다면 승리한 것이다.'

원칙 없이 거래해서 손실이 나면 스스로 혼란에 빠져 자괴감에 사로잡히지만, 거래에서 손실을 봤더라도 원칙을 지켰다면 스스로를 신뢰할 수 있게 되고 결국은 이익을 얻게 된다. 그렇게 되는 가장 큰 이유는 자신감이고 다음으로는 차후 거래에서 원칙을 세울 때 그가 확인했던 높은 승률 덕분이다. 그가 자신만의 원칙을 세운 것은 그만큼 승산이 있었기에 그러한 것 아닌가? 그러면 승률이 높은 원칙이란 무엇인가?

혼마 무네히사에게 그것은 '삼위의 방책'이었다.

시세를 거역하는 것은 금물이다

> 비관적이 되어 파는 쪽으로 향할 때 예측이 틀려서 조금씩 불이운 (不利運)이 되는 경우가 있다. 그때 팔기평균*하려고 상승세에 있는 쌀을 점점 팔아치우게 되는데 매우 잘못된 생각이다. 시세를 거역하지 말고 삼갈 것이다. 사는 경우에도 같은 마음가짐이다. 판단이 틀리면 빨리 손을 떼고 흐름을 지켜볼 것이다.

매매기법 중에서 분할매매법은 추세를 따라가는 경우에는 아주 유용한 방법이다. 가격이라는 것은 등락을 거듭하기 때문에 매매에 임하는 사람은 자칫 약간의 등락에도 쉽게 흔들리게 되어 오래 가지고 있으면 상당한 이익을 얻을 수 있는데도 팔아치워 안타까운 경험을 하는 경우가 많다. 이러한 가격등락의 영향을 어느 정도 방어하면서 심리적인 안정을 얻을 수 있는 매매법이 바로 분할매매법이다. 그런데 이 매매법은 한 가지 위험을 내포하고 있는데 추세를 역행할 경우다. 예를 들어 추세는 상승인데 장세를 잘못 판단해 매도를

---

* 분할매도를 뜻한다. 매도란 이미 언급한 바 있듯이 선납수표를 발행하는 것, 다시 말해 선물을 매도하는 것을 말하며 분할매도란 쌀 가격이 하락할 것을 예상해 매도를 나눠 행하는 것을 말한다. 이것은 결국 전체 매도물량을 평균한 값이 매도가격이 되는 것이기 때문에 팔기평균이란 말로 표현하고 있다.

했다고 할 때 당연히 손실이 발생할 것이다. 이때 장세판단을 잘못했다는 징후를 발견한다면 바로 청산하고 관망하면서 추세판단을 재정립할 기회를 가져야 한다. 그런데 포지션을 청산하지 않고 오히려 상승할 때마다 매도량을 늘려간다면 비록 매도단가는 높일 수 있어도 추가매도한 물량마저 모두 손실로 돌아서기 때문에 엄청난 손실이 발생할 것이다. 바로 이것이 분할매매법의 위험요인이다.

그렇다면 추세를 역행했는지 알 수 있는 방법은 무엇일까?

보통 추세역행을 알기는 매우 어렵다. 왜냐하면 상승이냐 하락이냐를 두고 오랜 고심 끝에 매도에 나섰다면 그는 이미 장세에 대한 고정관념이 생겨서 웬만한 추세역행 징후는 알아차리기 쉽지 않기 때문이다. 설사 징후를 발견한다 해도 장세판단의 관점이 굳어져 하락으로 해석하기 쉽다.

그러나 어떤 경우에도 위험신호가 나오면 일단 신속하게 반응하는 것이 중요하며 최우선의 거래원칙으로 삼아야 한다. 거래 시 위험신호란 혼마 무네히사의 경우에는 삼법을 응용한 데서 찾아볼 수 있다.

삼법은 하락삼법과 상승삼법이 있는데 어느 것이든 그 패턴은 동일하다. 삼법은 상승할 때나 하락할 때 가격의 등락이 있다는 데서 착안한 것으로 지지가격과 저항가격으로 표현된다. 상승할 때는 보통 지지가격을 지지하면서 직전고점을 상향돌파하는 모습으로 나타나기 마련이다. 따라서 상승추세로 판단하고 매수에 임했으나 지지가격을 무참히 하향돌파하는 모양새가 출현한다면 일단 위험신호로 받아들여야 한다. 또 하락추세로 판단하고 매도에 임했으나 지지가격이 지지된 후 저항가격마저 단숨에 상향돌파하는 모양새가 출현한다면 또한 위험신호로 받아들여야 한다. 이것이 바로 혼마 무네히사의 삼법에서 응용할 수 있는 위험신호다.

 삼법에 따라 분할매매를 고려한다면 각각의 경우 운용방법은 다음과 같다. 상승추세로 판단해 매수했을 때 지지가격을 지지하고 직전고점을 상향돌파한다면 그 시점이 추가매수 시점이며, 하락추세로 판단해 매도했을 경우에는 저항가격의 저항이 확인되고 직전저점이 붕괴될 때가 추가매도 시

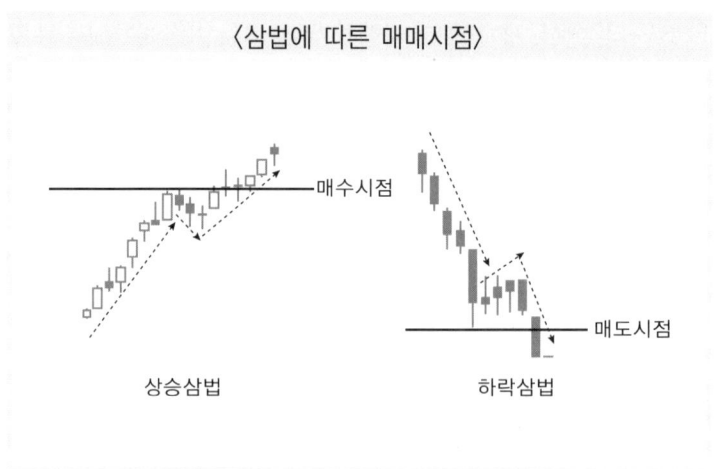

〈삼법에 따른 매매시점〉

점이다. 다시 말해 상승추세의 경우든 하락추세의 경우든 반대방향으로 가격이 움직이는 동안에는 분할매매를 해서는 안 되며 추세가 확인되는 시점, 즉 상승추세 때는 직전고점을 돌파할 때, 하락추세 때는 지지가격이 돌파될 때 해야 한다는 뜻이다.

07 전체로서의 쌀을 보라

후회에는 두 가지가 있다

> 후회에 두 가지가 있으니 이것을 생각할 것. 시세변동의 때 지금 5, 6일 기다릴 때는 충분히 얻을 이익을 섣불리 서둘러서 2, 3할 놓치고 나서 후회하는데 이는 웃고 넘어갈 후회이다. 또 7, 8할 이익이 될 쌀을 욕심에 휘둘려 결국 하락으로 손실을 보고 후회하는데 이는 고생 끝에 후회이다. 신중하게 생각할 일이다.

혼마 무네히사의 '삼위의 방책'에서 삼위란 천정과 바닥 그리고 중간가격을 뜻한다고 언급했다. 삼산과 삼천이 천정과 바닥가격을 찾기 위한 패턴연구의 결과라고 한다면, 천정과 바닥의 가운데에 대한 연구는 삼법이 대표한다. 특히 삼법의 경우는 천정과 바닥에 이르는 과정에서 형성되는 추세확인을 위한 유용한 수단이며 추세가 진행 중인 동안에 매수시점과 매도시점을 찾는 유용한 도구로 활용될 수 있다.

가격의 등락 과정에서 삼법에서와 같이 지지가격의 지지나 저항가격의 저항이 반드시 정확히 이뤄지는 것만은 아니다. 하지만 지지가격의 붕괴나 저항가격의 돌파 시 추세가 강화된다는 점이 확률적으로 높다는 것은 확실하다. 혼마 무네히사는 이번 장에서 이러한 측면을 말하고 있다.

이익을 서둘러 2, 3할을 놓치고 후회하는 건, 만일 원칙대로 삼법에 근거해 매매했더라도 그 정도의 오류는 설명이 되고 가볍게 넘어갈 수 있다고 했다. 하지만, 7, 8할의 이익이 나던 쌀을 손실로 마감했다면 이는 원칙을 가지고 삼법에 따른 매매를 했다고 볼 수 없기 때문에 심각하게 매매법을 돌아봐야 한다는 것이다.

예를 들어 쌀을 매수해 상당한 이익을 보고 있는데 줄기차게 오르던 쌀 가격이 고점을 찍고 하락하면서 등락을 거듭했다고 하자. 이때 쌀을 매수했던 사람은 주의 깊게 직전의 고점가격을 주시하면서 과연 쌀 가격이 직전고가의 저항을 극복하는지 살피다가 극복하지 못하자 모두 팔았다. 그런데 그가 팔고 나자 갑자기 강하게 상승하면서 직전고가를 상향돌파해 추가적으로 2, 3할 상승했다면, 이미 팔아버린 사람은 2, 3할 더 이익을 얻을 수 있었던 것을 미리 판 셈이어서 속이 쓰릴 것이다. 그러나 최고가에서 팔지 못했다고 하여 그리 후회할 만한 일이 아니고 나름대로 원칙을 지켰으므로 웃어넘길 수 있다.

한편 쌀을 매수한 후 매수가 대비 7, 8할의 이익을 보고 있는 사람이 있다. 직전고가를 벗기지 못하고 등락을 거듭할 때 매도욕구를 느꼈으나 막연히 더 상승할 것으로 예상해 보유하고 있었는데 결국 저항가격을 극복하지 못하는 것은 물론이고 거꾸로 직전저가를 붕괴시키면서 하락했다. 그는 이미 이익을 많이 보고 있었기에 하락하더라도 얼마나 하락하겠냐는 마음이 들었고 재차 상승할 것으로 예상해 팔지 않았다. 그런데 쌀 가격은 지속적으로 하락해 결국 그가 매수한 가격대 아래로 떨어져버리고 말았다. 이 경우는 적절한 매도시점을 놓친 경우로 직전저가가 무너질 때는 무조건 매도했어야 했던 것이다. 그래야 삼법에 의거한 매매라 할 수 있었다. 그러나 그는 그렇게 하지 않았고 이익을 모두 반납했을 뿐만 아니라 오히려 손실을 입게 됐으며 무원칙의 매매를 했다는 자책까지 하게 되는 대실패를 하고 말았다. 이 경우는 원칙이 부재하기 때문에 심각하게 자신을 되돌아봐야 한다고 혼마 무네히사는 말한다.

매수와 매도시점을 찾는 좋은 방법은 삼법을 원칙으로 삼는 것이다.

천정과 바닥의 움직임을 포착한다

> 상승시세에 비교하여 작은 시세를 생각하며 매매할 때에는 시세를 거역하여 과오를 범하게 된다. 쌀은 천성자연의 도리로서 상승 하락하므로 산술이 미치지 못하는 것이다. 심오한 것은 천정 바닥의 순서를 심득하고, 매일의 시세에 주의하는 것이 원칙이다.

추세는 3개월짜리도 있고 6개월짜리도 있고 1년 혹은 3년간 이어지는 것도 있다. 쌀 시세는 보통 1년을 주기로 상승과 하락이라는 커다란 사이클을 형성하는 경우가 많다. 즉 가을 쌀 수확기부터 바닥을 다지고 상승을 시작해 이듬해 봄까지 상승하다가 수확기가 다가옴에 따라 쌀 공급이 늘어날 것을 예상한 투자자들의 매도로 하락을 하여 다시 수확기까지 이어진다. 그러므로 쌀 가격은 바닥권과 천정권에 머무는 기간을 합해 1년에 두 번의 추세를 형성하는 것이 일반적이다.

그런데 추세에 대한 이런 거시적인 접근이 필요하기는 하지만 실상 추세라는 것은 극히 미세한 것의 집합으로 하루하루 누적된 결과이며, 더 구체적으로는 하루에도 수천 수만의 거래가 쌓여 비로소 형성되는 것이다. 이런 관점에서 보면 추세를 예단하고 어느 방향을 정한 뒤에 매수나 매도를 하고 방치해두는 것은 올바른 것이 아니다. 오히려 매일매일 거래상황을 점검하고 가격변동을 일일이 확인해야 함이 당연하다.

쌀 가격의 변동을 일일이 점검하고 확인하는 과정이 필요한 이유는 추세가 무너지지 않고 지속되는지를 알기 위해서다. 만일 추세를 역행하는 움직임이 출현한다든가 천정징후가 나타난다든가 하면 그에 적절히 대응해야 이익을 지킬 수 있고 손실을 방어할 수 있다. 바로 추세가 유지되는지를 끊임없이 점검하는 일이 이번 장에서 혼마 무네히사가 말하는 '매일의 시세에 주의하는 것'의 의미다.

그런데 아무런 점검의 기준도 없이 막연히 거래되는 상황을 바라보며 움직임만 조심한다고 하면 마치 보초를 서되 무엇을 지켜야 하는지를 모르는 허수아비에 불과하다 할 것이다.

보통 추세를 점검하는 이유는 매수한 것을 팔기 위해서고 매도한 것을 청산하기 위해서다. 이것이 바로 거래의 백미라 할 매수매도 시점인데 거래에서 가장 중요한 것은 바로 이 시점을 찾는 것이다. 총을 잘 쏘기 위해서 오랫동안 교육받고 훈련받는 병사들처럼 거래하는 사람은 그의 모든 노력이 바로 이 시점을 찾기 위한 것이어야 한다고 해도 과언은 아니다.

혼마 무네히사의 사카타 5법 역시 바로 이 매수매도 시점에 대해 말하고 있는 것이다. 대표적인 것이 삼산과 삼천으로 거시적인 매수매도 시점을 찾는 형태인데 삼법은 추세가 형성되고 있는 과정에서, 삼병은 천정과 바닥권에서 그 시점을 찾아낸다는 점에 차이가 있다. 또한 삼공은 시세의 과열 여부를 가지고 매수매도 시점을 찾는다.

이 다섯 가지 형태를 충분히 연구하고 숙지해 매매에 적절히 응용한다면 그야말로 '터럭 하나 차이가 천 리가 되는' 기적적인 일들이 일어나 부의 세계로 이끌 것이라고 혼마 무네히사는 말했다.

혼마 무네히사는 다만 매매할 때 너무 미시적으로 접근하지 말라고 경고했다. 오늘날에도 인터넷의 발달로 지나치게 단기 매매에 집착하는 소위 단타족들이 많은데 이러한 단기 매매는 추세를 따르기 어렵고 스스로 혼란에 빠지게 되며 추세에 역행하는 경우가 많기 때문에 위험하다. 시세는 수급의 논리로 이어지는 도도한 강물과 같은 흐름이며 거래에 참여하는 사람들의 심리적인 관성이며 몇 사람의 힘으로 돌이키거나 변화시키기 불가능한 가격의 움직임임을 알아야 한다. 그리하여 혼마 무네히사는 시세는 천성자연의 이치라고 말했다.

봄이 오는 것을 어찌 막을 수 있겠는가? 사계의 변화를 거역할 수 없고 변화를 이해할 뿐이다.

생각을 바꾸는 일

> 시세변동이 있은 후 정체할 때, 어쩐지 약하게 보이고 여러 가지 생각한 후, 이런저런 이야기를 들어보지만 강세는 보이지 않는다. 이런 때는 반드시 반드시 2, 30섬은 하락할 듯한 모양이므로 여기서 팔지 않으면 후회한다고 생각하여 팔고 싶어질 때 생각을 바꿔 매수에 가담하여야 하는데 이것이 방책이다. 모두가 소침하여 매수에 가담하는 것을 대단히 위험하게 여겨 그렇게 하지 못하지만 이 글을 지켜 자신의 의지를 고집하지 않고 매수한다면 지극한 이익의 기회가 된다. 반드시 강세이므로 사들여야 한다고 생각될 때도 이 또한 생각을 바꾸어 팔아야 하는 것이 쌀 거래의 비결이다. 항상 이 마음가짐을 잊지 말라. 내가 강세라고 생각하면 타인도 강세라고 생각하고, 약세라고 생각할 때도 마찬가지다.

이번 장을 읽다 보면 한 가지 의문이 든다. 혼마 무네히사는 도대체 무엇을 믿고 모든 사람이 하락한다고 생각하는 국면에서 오히려 역발상 매수를 고려해야 한다고 말하는가 하는 것이다. 물론 혼마 무네히사가 말하는 바닥 형태인 삼천형을 고려해볼 수는 있지만 그 이외에 그가 생각하는 다른 요소는 과연 없었을까 다시 한 번 생각해보게 된다.

그가 직접적으로 언급하지는 않았지만 오늘날 주요한 투자법 중 하나인 펀더멘털 매매를 떠올려볼 수 있다. 펀더멘털 매매란 투자대상의 본질적 가치를 분석, 평가하고 현재 거래가격이 저평가됐거나 고평가됐다는 점에 착안해 매수매도 시점을 찾아 매매하는 방법이다.

쌀은 일본에서 소비량에 비해 생산량이 언제나 부족한 상태였고 에도시대에 조선에서 쌀을 수입하는 것은 중요한 무역 중 하나였다. 또한 쌀을 주식으로 하는 일본인들에게는 생존을 위한 필수품이었기 때문에 화폐처럼 무사들의 월급으로 지급되기도 했고 여러 상거래 시에 지불수단으로 사용되기도 했다. 그렇기 때문에 쌀 거래에서 매수자들이 매도자들보다 상대적인 우위에 서 있었다고 한다. 다시 말해 쌀은 반드시 필요한 물품이고 일본 전체적으로 부족한 상태에 있었기 때문에 쌀은 고유의 가치가 있어 지나친 가격하락이 이루어질 때는 과매도됐다고 판단할 수 있었을 것이다.

오랫동안 쌀 거래를 해온 혼마 무네히사로서는 쌀 가격에 있어 상승의 한계와 하락의 한계를 잘 알고 있지 않았을까 추측해본다. 그렇다고 보면 모두가 추가적으로 쌀 가격이 하락할 것으로 예상하고 있을 때 오히려 매수에 나서야 함을 강조하는 이면에는 쌀 가격의 통상적인 시세(펀더멘털)에 비해 저평가상태에 있다고 판단했으리라 생각된다. 쉽게 말해 시간이 문제일 뿐이지 언제가 됐든 얼마든지 비싸게 팔 수 있다면 사람들이 아무리 하락한다고 한목소리로 말한다 해도 매수에 주저할 필요가 없을 것이다.

나의 일 푼의 판단

> 나의 일 푼의 판단으로 매매를 결정해서는 안 된다. 삼위의 방책을 표징으로 하여 입장을 정하고 매매 중에 일방을 세워 관철하라.

흔히 시장을 전쟁터에 비유해 거래하는 사람들을 가리켜 '자신과 싸우는 전사'로 표현한다. 그래서인지는 몰라도 시장을 표현하는 말들 중에는 전쟁과 관련된 용어가 많다. 하루의 거래가 끝나면 사람들은 '전쟁터에서 돌아온 기분이다'라고 표현하는가 하면 '전쟁과 같은 하루였다'고 말하기도 한다. 혹은 '손실은 났으나 나와의 싸움에서 이겼다', '나와의 싸움에서 패배하고 손실도 난 비참한 하루'라고 평가하기도 한다. 또 자신만의 매매기법, 수익모델이 없이 시장에 참여하는 사람을 가리켜 '총알받이' 혹은 '소모품'이라 하며 '알몸을 드러내고 싸운다'고 하기도 한다. 이 모든 말들은 시장에서 거래하는 일이 결코 가벼운 일이 아니고 목숨을 내놓고 싸우는 전쟁터와 같음을 뜻한다.

거래는 복잡해 보이는 것 같지만 사실은 아주 단순한 행위다. 돈 주고 사서 돈 받고 파는 것뿐이다. 이처럼 간단한 일은 어린아이도 할 수 있으며 노인이나 여성이나 가릴 것 없이 누구나 할 수 있는 일이다. 거래는 세 살 먹은 아이도 조금만 교육시키면 금방 배울 수 있을 정도고, 너무나 단순해 원숭이에게 매매를 시키기도 했다는 얘기도 있다. 그러나 거래의 이면에는 결코 단순하다고 말할 수 없는 것들이 수없이 많다는 것을 조금만 생각해보면 알 수 있다.

　사람들은 물건을 살 때 결코 그저 사지만은 않는다. 최소한 가격흥정을 하려고 하며, 상품끼리 품질과 가격을 비교하고 상점과 상점 간에도 비교한다. 그뿐 아니라 서비스도 거래의 중요한 요소이며, 상품의 디자인과 디스플레이도 커다란 요소가 된다. 여기에 거래하려는 상품의 가격변동이 예상된다면 살펴야 할 것은 복잡할 정도로 많아진다. 예를 들어 LCD모니터를 구입하려 할 때 모니터 가격이 하락추세에 있다면 시기를 미뤄야 할까 아니면 지금 구입해야 할까. 옥션 같은 데서 경매물건을 싸게 사려 할 때 가능한 한 남보다 높은 가격을 써넣어야 낙찰을 받지만 너무 비싸게 사기는 싫다면, 이런 때는 어떤 전략을 짜야 할까. 이런 요인들을 고려하기 시작하면 거래는 전혀 단순하지 않다. 엄청난 경우의 수를 갖게 돼 갈수록 복잡해진다.

　많은 사람들이 시장을 전쟁터에 비유하지만 실상 거래하면서 전쟁터에 임하는 것처럼 매매를 하지는 못하는 경우가 많다. 전쟁을 하기 위해서는 많은 고려와 준비가 필요하다.

우선 군대가 필요한데 이 군대를 구성하는 것은 그리 단순하지가 않다. 군대가 지향하는 명분이 있어야 하며 군대를 구성하는 지휘체계가 필요하고 기간요원의 선발과 평가방법, 군대의 편제와 훈련, 전투장비와 전략, 전술 등 고려할 사항이 한둘이 아니다. 이 모든 것이 갖춰져야 비로소 한 명의 병사가 실전에 배치되어 총을 쏠 수 있는 것이다. 어찌 보면 총을 쏘는 행위 자체는 단순한 면이 있다. 적을 향해 방아쇠를 당기면 되는 일이다. 그러나 그렇게 단순해 보이는 행위 이면에는 철저히 준비되어야 하는 수많은 것들이 존재한다는 것을 염두에 둬야 한다.

거래 역시 단순해 보이는 사고파는 행위일 뿐이지만 무방비 상태로 접근할 경우에는 가지각색의 돌발상황과 치밀하게 준비해 들어오는 상대방에 의해 무참히 패배하고 손실이 발생하며 심리적으로도 엄청난 타격을 입게 되어 있다. 그러므로 거래하는 사람은 준비되어 있어야 하며 나름대로의 전략을 지켜내려는 노력이 뒷받침되어야 한다.

혼마 무네히사의 '나의 일 푼의 판단으로 매매를 결정해서는 안 된다'라는 말은 '즉흥성'에 대해 경계하고자 하는 것이다. 시세의 등락에 연연하며 물 위의 가랑잎이 흔들리듯 매매를 한다면 필연적으로 누적손실이 그를 파산으로 이끌 것이기 때문이다. 거래를 하기 위해서는 반드시 전략과 전술을 세울 일이다. 혼마 무네히사에게는 그것이 바로 '삼위의 방책'이다.

'삼위의 방책'이란 첫째 지금의 장은 어느 위치에 있는가 라는 형세판단, 둘째 장은 어느 방향으로 가고 있는가라는 추세판단, 셋째 언제 진입할 것인가에 대한 매수매도 시점 분석이다. 지금은 과연 천정권인가 아니면 바닥권인가 혹은 중간 위치인가. 장은 지금 추세진행 중인가 아니면 추세발생 시점인가 혹은 비추세구간인가. 현재 매매를 시작해야 하는가 아니면 쉬면서 관망해야 하는가, 아예 시장을 멀리해야 하는 때인가. 이 모든 것을 고려한 후 거래를 시작해도 손실이 날 수 있는데 즉흥적 거래임에야 말할 것도 없으리라.

욕심에서 벗어나라

> 쌀 시세의 고저에 따라 입장도 없이 '오를 거다, 내릴 거다'라고 생각하여 거래하고, 5, 6일도 안 지나 쌀의 움직임에 따라 소침해지고, 그때 과매도 해버리고, 14, 5일도 안 지나 다시 매수하고, 그때마다 손실을 입는다. 이것은 거래를 서두르고, 반드시 벌겠다는 마음에 사로잡힌 때문이다. 욕심을 버리고 천정과 바닥을 잘 파악하여 상승이라면 상승, 하락이라면 하락이라는 입장을 정하고, 산 위의 방책에 비교하여 일관성을 갖고 팔기도 하고 사기도 하는 것이다.

'너무 많이 아는 것도 탈이다'라는 말이 있다. 거래하는 사람들에게도 종종 통하는 말이다. 거래하는 사람들, 즉 트레이더에게 가장 중요한 것을 요약하자면 '단순해져라. 끝없이 단순함을 추구하라'라고 할 수 있다. 너무나 많은 것을 알고 그것들을 다 적용시키기에는 거래행위의 속성이 단순하기 때문에 무리다. 확률적으로 승률이 높은 것 한 개나 두 개 정도만을 가지고 집중적으로 연구해 매매하는 것이 무엇보다 중요하다. 무작위로 사고판다면 50대 50 정도의 승률인데 자칫 연구가 덜된 기법을 사용한다든가 지나치게 다양한 기법을 적용시키다 보면 오히려 승률이 더 떨어질 수 있다. 만일 승률이 45대 55로 낮아진다면 시간의 문제일 뿐 결국 손실이 누적되어 자금을 모두 탕진하게 된다. 그러나 승률이 55대 45로 높아진다면 시간의 문제일 뿐 결국 엄청난 수익을 얻게 되어 있다.

따라서 승률을 어떻게 하면 높일 수 있는가가 관건인데 다양한 기법을 거래에 모두 적용시키는 것은 결코 도움이 되지 않는다. 승률을 높이기 위해 다양한 기법을 적용하는 심리 이면에는 승률을 한없이 높여 고수익을 얻고자 하는 욕심이 개입되어 있기 마련이어서 이러한 욕심이 승률을 낮추는 것이다.

고수익의 욕심은 훌륭하다고 소문난 기법이란 기법은 모두 거래에 적용시켜보게 만들고 순간순간의 시세에 집착해 매매를 자주 하게 한다. 이론적으로는 자그마한 등락까지도 적절하게 매매만 잘 한다면 수익을 얻을 수 있고, 그러한 수익이 하루에도 여러 번 발생할 수 있으므로 그런 식으로 계속해서 1년 동안 수익을 얻게 된다면 누적수익은 가히 천문학적인 것이 될 것이다. 그러나 결코 그런 일은 일어날 수 없다. 오히려 시세의 작은 움직임에도 잦은 거래를 일으켜 자그마한 이익에 집착하게 되고 손실은 자칫 크게 키우기 십상이다. 또한 심리적으로도 이익에 집착해 잦은 매매를 하다

보니 몹시 지치고 매매가 여의치 않을 때는 상당한 상처를 입게 된다.

　게다가 잦은 매매는 장을 전체적으로 보는 것을 방해하고 긴 호흡을 방해해 이익이 나기 시작하더라도 이익을 끝까지 가져가지 못하게 한다. 이익이 날 때 이익을 키우지 못하는 것은 트레이더에게는 치명적이다. 속된 말로 먹을 때 왕창 먹어야 다소간의 손실이 발생해도 충분히 견딜 수 있는 것이다. 하지만 잦은 매매는 전체를 보지 못하고 길게 가져가지 못하는 속성 때문에 시간이 가지고 있는 미래의 불확실성을 견디지 못하게 하고 매매횟수만큼 리스크가 커져서 이익보다는 손실에 더 노출되는 경향을 보인다.

　그러므로 한두 가지 매매기법을 치밀하게 연구해 완성도를 높여가는 것이 더 좋은 방법이다. 어찌 보면 단순무식한 듯한 방법이 오히려 더 안전한 수익모델이 될 수 있다. 별로 높지 않은 듯 보이는 55% 정도의 승률이라 하더라도 충분히 많은 수익을 얻을 수 있는 기법이 된다. 승률만으로도 수익이 나는데다가 약간의 응용을 덧붙인다면, 예를 들어 수익구간을 늘리기만 하더라도 엄청난 수익을 올릴 수 있게 된다. 단기 매매자들이 100원의 이익이 나면 파는 것을, 자신의 기법에 대한 신뢰가 있다면 500원, 1,000원의 이익이 날 때까지 가져갈 수 있는 것이다. 이것은 종이 한 장의 차이 같지만 결과로 보면 천 리의 차이가 되는 매매다.

혼마 무네히사의 '삼위의 방책'은 단순해 보이기도 한다. 하지만 혼마 무네히사가 엄청난 부를 축적할 수 있었던 숨은 이유를 그 안에서 찾을 수 있어야 한다.

일관성을 유지하라

이 글을 잘 이해한다 하여도 시세변동에 따라 전체로서의 쌀을 잃어버리게 된다. 때때로 삼위의 방책에 비추어 전체 쌀이 상승인가 하락인가 지켜보라. 매월, 매일의 시세변동을 생각하고, 좀 움직인다 싶으면 매일 매매하고 싶은 충동에 빠지고 연중 쉼 없이 거래한 연후 결국 손실을 입나니.

일년 중 두 번이니, 제대로 거래할 수 있는 기회는. 삼위의 방책을 생각하고, 이 쌀이 2, 3개월은 상승할까 하락할까를 꼭 유념하고, 팔기 사기 모두 일관성 있게 할 것이다. 그와 함께 마음이 내키지 않을 때는 몇 달이고 기다리고, 예상한 시기를 노릴 것이다. 절대로 삼위의 방책을 벗어나 자신의 섣부른 판단으로 거래하지 말 것을 원칙으로 하라. 만약 섣부른 판단으로 거래한다면 손실은 의심할 바 없는 것이다.

현대의 투자격언에 '주식을 가지고 있는 기간은 짧고 현금을 보유하는 기간은 길게 하라'는 말이 있다. 마치 매미가 땅 속에서 7년을 견디다가 여름 한 철 목청껏 울고 생을 마치듯이. 많은 상품들이 있지만 특히 주식시장은 주기가 있다는 점이 250여 년 전 일본의 쌀 시장과 비슷하다. 업체들 중에는 간혹 삼성전자나 롯데제과처럼 회사가 지속적인 성장을 하면서 흑자규모가 불어나는 회사들이 있어 장기 투자자들에게 고수익을 안겨주기도 하지만 대부분의 업체들은 경제순환에 따라 주기적으로 등락을 거듭하는 경향이 강하다. 그래서 장기 투자는 배당금을 많이 주지 않는 회사라면 그리 매력적이지 못하다. 주식보다는 현금 보유기간을 길게 하라는 격언은 바로 이러한 실정에서 나온 말이다.

일본의 쌀 시장도 주기를 갖는다는 점에서는 비슷해서 혼마 무네히사는 시장의 주기적 변동에 착안해 1년에 두 번만 매매하라는 말을 하고 있다. 그런데 그의 글에서 더욱 중요한 것은 두 번만 매매하라는 말이라기보다는 '삼위의 방책'에 따라 시세변동을 살피고 추세가 형성되는 시기에 거래를 하라는 말이다. 두 번만 거래하라는 뜻은 바로 추세가 형성될 때 거래하라는 뜻이기 때문이다. 또한 한번 추세가 형성된다면 쌀 가격의 변동에 따라 흔들리지 말고 항상 전체를 보고, 추세를 붕괴시키지 않는 한 일관성을 유지하라고 권고한다. 여기서 일관성이란 추세를 말한다. 추세가 붕괴되면 일관성도 없고 유지할 필요도 없다. 재차 추세가 형성될 때까지 관망해야 한다.

정체상태 거래수칙

> 시세가 정체해 있을 때 4, 5백 냥이나 매도해놓고 20섬이나 이익을 얻으면 과녁을 맞혔다고 생각하여 더욱 매도하게 되나 크게 잘못된 생각이다. 정체시세의 고저는 1, 20섬 정도라고 보면, 1, 20섬의 고저는 빨리 포기하는 것이다. 사고팔기를 부럽게 생각할 일이 아니다.

등락만 있고 추세가 없는 횡보장에서 가능한 매매는 단기 매매, 즉 단타다. 그런데 추세매매를 하듯이 보유 포지션을 한 방향으로 늘려간다면 엄청난 손실이 발생할 수도 있다. 왜냐하면 횡보장은 추세가 없어 내리는 듯하다 오르고 오르는 듯하다 내리기 때문이다. 그리하여 자칫 내려간다 하여 매도하고 더 내려간다고 매도를 추가했다가는 역으로 치고 오르기 때문에 이익이 났던 것이 손실로 돌아서게 된다. 더욱이 오를수록 손실은 눈덩이처럼 불어난다. 다행히 재차 하락한다 하더라도 별로 소득이 없는 매매가 된다. 물론 재차 하락할 가능성이 높기 때문에 견디기도 하지만 만일 그대로 추세가 형성된다면 파산할 수도 있다. 그러므로 횡보장에서는 오로지 단기 매매만 가능한데 이는 언제 어떻게 등락할지 예측하기 곤란하기 때문이다. 또는 위험만 높고 이익 볼 가능성은 적은 고위험 저수익 구간이라 되도록 매매를 삼가는 것이 현명하다.

그런데 사람들 중에는 이렇게 고위험 저수익 구간에서 이익을 냈다고 적은 이익에 도취돼 자랑을 늘어놓는 이들도 있다. 이익을 얻게 된 섬세한 기술을 장황하게 설명하면서 대단한 매매법인 양 선전하는 사람들도 있다. 이는 모두 잘못된 것이고 타인에게 해를 입히는 행위라 생각된다. 섬세한 기술은 매매에서 필요한 것이 아니고 매매하기 이전에 시장을 관찰하고 판단하며 거래를 결정할 때 필요한 것이다. 정작 매매할 때는 단순하고 간명한 방법이 제일이다. 오로지 관찰할 일은 추세가 형성되느냐다.

혼마 무네히사가 추세가 형성된 구간에서만 매매하라고 권고하는 이유가 바로 그것이다. 작은 이익은 포기하고 무시하라. 이것이 이번 장의 핵심이다.

매매하려는 마음이 일면 이틀 기다려라

'이 쌀은 반드시 반드시 오를 것이다. 오늘 중으로 사야 한다'고 나설 때에는 이틀 기다려라. '반드시 반드시 내릴 것'이라고 팔려 할 때에는 역시 이틀을 기다릴 것이다. 이는 심오한 비결이다. 모름지기 천정가격에 이르렀을 때에는 매도시점 포착이 제일이다. 천정가격이 나타나면 팔아야 한다는 생각이 제일인 것이다. 바닥가격인 때는 사야 한다는 마음이 제일이다. 이 마음가짐을 잊지 말 것이다.

「장자」 외물에 보면 임나라의 공자公子 얘기가 나온다. 우리가 흔히 아는 공자孔子가 아니고 다른 사람이다. 임 공자는 검고 굵은 낚싯줄에 커다란 낚싯바늘을 달고 50마리의 소를 미끼로 달았다. 그렇게 회계산에 앉아 동해에다 낚싯대를 던져놓고 매일 낚시를 했으나 1년이 넘도록 한 마리의 물고기도 잡지 못했다. 그럴 수밖에 없는 것이 소를 먹어치우는 물고기가 어디 그렇게 쉬이 잡힐까. 그러던 그가 드디어 한 마리를 잡았는데 이 물고기가 얼마나 큰지 한번 움직일 때마다 산더미같은 파도와 해일이 일었고, 몸부림칠 때 나는 소리에 천 리 사방 사람들이 두려움에 떨 정도였다. 임 공자는 이 물고기를 잡아 포를 떠서 천하의 수많은 사람들을 배불렸다고 한다.

가는 낚싯줄과 작은 미끼로 조그만 도랑에서 낚시를 하는 사람은 결코 이런 거대한 고기를 낚을 수 없다. 낚시꾼이 되려면 자신이 하려는 것이 무엇인지를 살펴야 한다. 욕심이 지대해 큰 고기를 잡으려 한다면 작은 낚싯대를 가지고는 어림도 없으며, 며칠 낚시 후에 물고기가 잡히지 않는다고 불평하는 것도 어울리지 않는다. 큰돈을 벌려면 마음을 크게 해야 하며 작은 고통은 넘어설 줄 알고 작은 기쁨은 버릴 수 있어야 한다. 거래 역시 그러하다.

시장에서 쌀 가격이 폭등하면 너도나도 사야 한다고 생각한다. 그리고 앞으로 계속 올라간다면 당장 매수에 나서야 한다고 생각한다. 그러나 그보다 먼저 생각할 일이 있다. 지금 어느 위치에 있는가이다. 천정이냐, 바닥이냐, 지금 여기가 어디냐? 이 생각을 위해서라도 이틀을 기다려야 한다. 분위기에 휩쓸리지 말고 이틀 동안 이것을 생각하라는 말이다. 그것은 내려갈 때도 마찬가지다.

흔히 추격매매를 하게 되는 이유는 돈을 벌기 위해서, 속된 말로 왕창 한탕 하려고 하는 데서 비롯된다. 그러나 그것이 과연 크게 먹을 수 있는 거래인가를 돌이켜봐야 한다. 정말 크게 버는 거래는 바닥에서 사서 천정가격에 파는 일이다. 이보다 더 크게 버는 일은 없다. 과연 이런 이익을 내기에 지금 추격매매하는 것이 과연 적절한가? 임 공자가 1년을 기다려 잡았던 고기를 생각해볼 일이다.

내가 낙관적일 때는 타인도 낙관적이다

> 시세가 약하게 보여 빈번히 팔려고 할 때에 삼 일을 기다리고 생각을 바꾸어 사는 쪽에 붙으면 반드시 이익이 된다. 반드시 상승할 것이라고 사려고 할 때에 이 또한 생각을 바꾸어 팔 것이다. 이는 쌀 거래의 심오한 이치이다. 이 마음을 잊지 말라. 내가 낙관적일 때는 타인도 낙관적일 것이라 생각하고, 내가 비관적일 때는 타인도 비관적으로 기울게 된다. 오를 만큼 오르면 내리고 내릴 만큼 내리면 오르는, 음양 자연의 도리이므로 생각이 미치지 못한다. 오직 삼위의 방책에 맡길 것이다.

시장에 참여하고 있는 한 시장의 분위기에 대해 정리된 마음을 가지고 있어야 한다. 시장의 많은 사람들이 생각하고 있는 방향을 따라서 매매할 것인가 아니면 반대로 할 것인가를 결정해야 한다. 시장 분위기가 상승에 대한 기대로 들떠 있다 해서 무조건 따라서 매수해서도 안 되지만 무조건 사람들과 반대로 매매해야 한다고 생각해 기계적으로 매도해서도 안 된다. 중요한 건 도식적이고 기계적인 행위가 필요한 것이 아니고 생각이 필요하다는 것이다.

지금은 천정인가 바닥인가, 천정 근처인가 바닥 근처인가.

천정 근처라면 매수해 약간의 이익을 낼 수는 있어도 손실을 볼 가능성이 이익을 낼 가능성보다 크며, 바닥 근처라면 매수해 손실이 날 가능성보다는 이익을 얻을 가능성이 더 크다. 그러므로 시장의 분위기가 어느 방향으로 쏠릴 때 현재의 시장 위치가 같은 방향인지 아니면 반대방향을 가리키고 있는지를 확인해야 한다. 시장 분위기와 시장의 방향성은 같을 수도 있고 다를 수도 있다. 혼마 무네히사의 분석으로는 다른 경우가 많다는 것이고 그에 따라 반대방향으로 갈 것을 누누이 강조하고 있다. 그러나 가장 확실한 것은 시장 분위기와는 무관하게 시장의 위치를 가늠해보는 일이다.

급하게 벌려고 생각하지 말라

> 급하게 벌겠다고 거래를 서두를 때는 매일의 고저에 미혹되어 시세를 쫓아다니는 거래를 하므로 그때마다 손실이 난다. 햅쌀은 각처의 날씨와 작황을 잘 생각하고 천정과 바닥을 생각하여 삼위의 방책에 비교하여 매수를 계획하고 시종일관 적극적으로 대처할 것이다. 봄, 여름의 쌀도 이와 같은 순서이다. 시작이 중요하니 몇 달이고 관망하며 바닥을 포착하는 것이 제일이다. 거래가 적중하였을 때는 매도하는 것이 중요하다. 거래를 마치고 4, 50일 쉬는 것이 원칙이다.

혼마 무네히사가 의욕이 넘치던 젊은 시절 쓰라린 실패의 경험을 했다는 사실은 이미 이 책의 앞부분에서 언급했다. 「혼마비전」을 읽다 보면 곳곳에서 그가 젊은 시절에 겪었던 실패의 경험이 간접적이지만 절절하게 묻어나고 있음을 느끼게 된다. 이번 장 역시 그러한 흔적이 엿보이는 곳이다. 그가 극복하고자 몸부림쳤고 번번이 그를 손실의 늪으로 끌어들였던 매매법이 무엇인가 알 수 있다. 시세를 좇아 매일매일 시세의 고저에 미혹되어 매매를 거듭하던 그를 반드시 손실로 이끌었던 매매법, 원칙 없이 시장 전반을 살피지 못하고 이익을 급하게 낼 욕심을 부렸던 매매법이 그것이다.

　시장을 보고 읽을 줄 몰랐던 어수룩한 초보자 시절은 분위기에 편승한 매매를 할 수밖에 없었을 것이다. 이런 경험은 누구나 할 수 있는 것이다. 그러다 보면 손실을 입게 되고 손실이 누적되다 보면 원금이라도 회복하고자 마음이 급해지고 그럴수록 손실은 눈덩이처럼 불어난다. 결국 자금의 바닥이 보이게 되면 그때부터 일확천금을 노리는 도박사 같은 심정이 되어 종자돈마저 아낌없이 시장에 헌납하게 되는 것이다. 마음이 급하고 한꺼번에 서금을 벌려고 하는 사람에게는 절대 일확천금은 쥐어지지 않는 법이다. 돈은 낚싯대를 드리우고 기다리는 사람에게는 다가와도 물고기를 쫓아다니면서 제발 미끼를 물어달라고 애원하는 낚시꾼에게는 잡히지 않는다. 설사 기회가 오더라도 손가락 사이로 빠져나가는 것이 마음 급한 사람의 운명인 것이다.

　조급한 마음으로 거래하는 것, 이것이 소위 말하는 깡통으로 직행하는 노선이다. 마음이 조급해지고 불안해질수록 거래의 실패율은 높아지고 손실은 거듭되어 자금은 바닥나게 되고 자금이 바닥날수록 극도의 정체성 상실과 혼란, 후회의 감정에 몸부림치게 된다. 자금이 바닥난다는 것은 단순히 주머니에서 돈만 없어지는 것이 아니다. 자금의 고갈과 함께 자신감도 더불어 상실되고 점차 무기력하게 된다. 그래서 이익이 날 거래인데도 자신감이 없어져 주저하다가 기회를 놓치기 쉽다. 그런 일이 몇 번 반복되면 될 대로 되라는 식의 용기를 발휘해 남은 자금을 몽땅 투입하게 되고, 그때는 이미 기회를 놓친 시기여서 고점에 잡았을지도 모른다는 불안감 때문에 조금만 가격이 흔들려도 불에 덴 듯이 물량을 정리하고 만다. 이런 식으로 이익이 날 거래도 손해가 나거나 적은 이익만을 취하게 되고, 이와 같은 거래가 거듭되면서 실패거래를 할 확률이 높아지게 되는 것이다. 결국 자기혐오와 자포자기적인 투기심, 가족과 가까운 친지들에 대한 신경질적인 반응 등에 휩싸여 빈번히 부부싸움을 일으키고 심지어 폭력과 이혼 등 최후의 선택을 할 수밖에 없게 된다. 그리고 자기혐오감과 무기력증이 심한 경우에는 목숨을 끊기에 이른다. 이것이 바로 거래실패자가 겪는 일련의 과정이다. 물론 어디 거래실패자만 그렇겠는가. 사업실패나 자신이 추구하던 가치가 상실되면 누구나 겪을 수 있는 심리적 과정이기도 하다.

비록 혼마 무네히사는 마지막 선택을 해야 하는 지경까지 이르지는 않았다. 하지만 고향의 산사에서 주지스님의 가르침을 받지 못했다면, 가르침을 받고도 깨닫지 못했다면, 깨닫고도 실천하지 못했다면 그 역시 보통의 실패자들과 다르지 않았으리라. 추측하건대 그가 글 속에서 시세를 추종하고 쫓아다니는 거래에 대한 경계를 누누이 하는 걸 보면 젊은 시절의 실패경험으로 누구보다 이러한 심리를 잘 알고 있었기 때문이 아닌가 생각된다.

시세는 오르기도 하고 내리기도 하는 것이어서 단기의 움직임에 연연해서는 거래에 실패할 수밖에 없는 것이다. 오르는 것도 시장 맘대로 올랐듯이 내리는 것도 그러하기 때문이다. 다만 시장 전반을 살피고 추세를 살펴 추세대로 매매한다면 설사 거래진입 후 잠시 평가손 상태에 처할지라도 곧 손실은 회복되고 이익이 누적될 깃이이서 실패할 일이 적다. 때문에 혼마 무네히사가 강조하는 것은 천정과 바닥을 고려해 추세대로 매매하라는 것이다. 이는 가격의 등락에 연연할 수밖에 없는 거래자들에게는 쉬우면서도 지키기 어려운 것이기도 하다.

작은 이익을 무시하고 소를 낚싯밥으로 건 채 큰 고기가 물릴 때까지 기다리던 임 공자처럼 스스로를 큰 사람으로 만들지 않으면 안 된다. 이것이 성공의 조건이다.

작황의 선악이 근본이다

> 작황의 선악이 시세 고저의 근본이다. 매년 큐우슈우, 수도, 현지, 킨키지방, 아울러 재고 쌀의 다소를 생각하는 것이 제일이다. 삼위의 방책이라 하여도 고저를 아는 기술에는 못 미치고, 삼위의 때에 이르러 무언가 일이 일어나 상승할 때를 아는 것이 기술이다. 깊이 생각할 일이다.

가격은 수급에 의해 형성된다는 단순한 사실을 강조하는 장이다. 단순하다는 것이 중요하지 않다는 것은 아니다. 사고자 하는 사람이 많으면 물건값은 올라가고 팔고자 하는 사람이 많으면 내려간다. 이는 틀림없는 사실이다. 너무도 진부해 보이는 문제지만 무시할 수 없으며 가장 중요한 것이라는 점을 분명히 하고 있다.

   다이아몬드, 금, 석유, 생필품 등 어느 하나 수급을 우선하지 않는 것이 없다. 사고자 하는 사람이 많으면 가격은 오르게 되어 있다. 따라서 거래에서 섣불리 천정가격을 예단하는 것은 지극히 위험한 일이 된다. 왜냐하면 아무리 예전에 찍었던 고점 근처라 할지라도 이번에도 반드시 고점가격이 될 거라는 보장은 없기 때문이다. 이전과 수급이 다르다면 가격은 더 상승할 수가 있는 것이다. 천정과 바닥가격은 예측하는 것이 아니고 확인하는 것이다.

혼마 무네히사의 삼천과 삼산은 예측형이 아니라 확인형이다. '이 정도면 상승할 만큼 상승했으니 이제 매도해야 된다'는 식의 매매방식이 아니고, '천정 형태가 완성됐어' 하고 확인 매도해야 한다. 또 '하락할 만큼 하락했고 삼천형이 만들어지고 있어' 하는 판단으로 매수에 임해도 안 된다. '삼천이 완성됐어' 하는 확인판단으로 들어가야 한다. 종이 한 장 차이 같지만 엄청나게 다른 매매다.

'삼위의 때에 이르러 무언가 일이 일어나 상승할 때를 아는 것이 기술이다.'

이 말이 무엇인가를 숙고해야 한다. 만일 삼천형이 만들어졌다면 매수시점에 이른 것은 틀림없는 사실이다. 그러나 삼천형이 만들어지고 있는 중이라면 매수시점에 이른 것은 아니다. 삼천형이 완성됐을 때가 바로 삼위의 때인 것이다. 이때가 거래를 위해 움직여도 좋은 시기인 것이다. 그러나 '지금이 사야 할 때고 기회다' 하는 절묘한 타이밍의 순간은 더욱 정교한 접근이 필요한데 이것은 삼병으로 알 수 있다. 바닥권에서는 적삼병, 천정권에서는 흑삼병이 나타나면 적극적으로 매매할 시기에 이르렀다고 판단하는 것이다. 이것이 혼마 무네히사가 말하는 기술이다.

오늘날 상당히 노련한 트레이더들도 종종 실패를 경험하는 주된 이유 중 하나가 확인매매가 아니라 예측매매를 하기 때문이다. 욕심을 삼가고 자신을 믿지 말며 시장에 겸손하고 순응하는 매매가 필요하다. 수익은 내가 움직여서 발생되는 것이 아니고 시장이 움직여서 주는 것이라는 점을 인식해야 한다.

다시 한 번 강조한다면 거래할 때 삼갈 일이 많지만 예측매매야말로 아주 위험한 일 중 하나다. 만일 가격이 천정을 쳤다고 확신해 매도 포지션을 취했는데 전고점을 상향돌파해 추가적으로 상승한다면 아주 난감한 상황에 처하게 될 것이다. 따라서 장이 어디로 가는지 확인한 후에 매매해도 이익을 얻기에 충분한 만큼 좀 늦게 움직이는 것이 사실은 빨리 가는 길이다.

해야 할 일과
해서는 안 되는 일들

08

풍년에 쌀을 팔지 말라

> 풍년에 쌀을 팔지 말라는 말이 있다. 풍년이라는 전망으로 장세가 약하고, 약세장을 예견한다. 하지만 일본 전체가 풍년이 되는 경우는 드물다. 어느 지방에선가 흉작이 되므로 9, 10월부터 오사카는 상승하기 마련이다. 또 풍년이라고 모두 말하므로 겨울에 사들이는 사람도 있기 마련이다.

참으로 단순한 논리지만 부정하기 힘든 것이 바로 '소문에 사서 뉴스에 팔라'는 투자격언이다. 이 격언이 타당하기 위해서는 다음 조건을 충족해야 한다.

첫째 소문과 뉴스가 동일한 것이어야 한다. 만일 동일한 것이 아니라면 얘기는 사뭇 달라진다. 예를 들어 소문보다 뉴스가 훨씬 좋은 내용이라면 소문에 사서 뉴스에 팔았을 경우 추가상승에 따른 이익의 기회가 상실된 것이고, 소문보다 뉴스가 부족한 재료였다면 엄청난 이익을 챙긴 것이다.

둘째는 소문으로 표현된 재료가 뉴스가 나올 때까지 가격에 충분히 반영됐어야 한다는 점이다. 만일 소문과 뉴스 사이의 기간이 너무 짧아 반영될 기회가 없었거나 적었다면 뉴스가 나온 이후에도 충분한 상승 여력이 있다는 사실이다. 그러므로 문제는 재료의 가치와 함께 이 재료가 충분히 반영됐는가다.

이러한 두 가지 조건이 충족된다면 소문에 사서 뉴스에 팔라는 격언은 맞다고 할 수 있다. 그런데 혼마 무네히사는 여기서 한 걸음 더 나아가 이와 같은 격언을 좀더 깊이 있게 관찰했다고 볼 수 있다. 다만 가격에 반영이 됐는지 아닌지를 분별하는 차원에서 떠나 수급동향을 통한 '삼위의 방책'을 밝히려고 하는 것이다.

풍년이라는 사실을 모두가 짐작하게 되면 쌀 공급이 원활해질 것이므로 가격상승을 억제하고 오히려 끌어내리는 작용을 할 것이라는 점은 시장 사람들이라면 누구나 추측할 수 있고 이는 쌀 가격에 반영될 수밖에 없다. 따라서 사람들은 쌀을 사들이는 것을 뒤로 미루고 가능하면 싸게 사려 할 것이다. 그러므로 가격은 추세를 이루고 하락하다가 가을 수확기에 이르면 쌀 가격이 바닥에 이른다. 이때가 되면 사람들이 창고에 보유하고 있던 재고 쌀은 거의 바닥권에 도달하며 햅쌀과 더불어 시장에는 쌀이 넘쳐나게 된다. 이때쯤 사람들은 겨울에는 가격이 더 내려갈 것이므로 그때는 좀 사둬야겠다고 생각할 것이다.

그러나 그때는 이미 늦다. 시장에는 쌀이 풍부하고 유통이 원활한 듯해도 재고 쌀이 바닥난 상태기 때문에 내면적으로는 언제든 수급 불균형이 발생할 가능성을 안고 있다. 따라서 막상 겨울에 가서 쌀을 사들이려고 하면 이미 일차 상승이 이뤄진 뒤가 될 가능성이 높다. 그러므로 햅쌀이 나올 시기에 쌀을 매도한다는 것은 바닥에서 쌀을 파는 것이 되며 이는 시세의 흐름을 모르는 일이 된다. 더욱이 쌀 선물을 매도한다면 엄청난 손실로 귀결될 것이다.

'소문에 사서 뉴스에 팔라' 는 격언을 쌀과 연관해 생각해 본다면, '풍년이 들 것이다' 라고 소문이 돌 때 쌀을 매도해야 하고, 막상 풍년이 들어 햅쌀이 충분할 때는 매도물량을 청산하고 사들여야 하는 것이다.

여기서 혼마 무네히사가 말하고자 하는 바는 수급동향을 통해 바닥을 어떻게 찾을 것인가 하는 점이다. 이것이 바로 '풍년에 쌀을 팔지 말라' 의 핵심이다.

흉년에 쌀을 사지 말라

> 흉년에 쌀을 사지 말라는 말이 있다. 흉작이라는 전망으로 향후 고가를 예견하고 거래한다. 게다가 각지의 상인들 모두 같은 생각이며 동네마다 무용한 쌀을 사두고 쌓아두니, 작황에 비하여 7, 8, 9, 10월까지 과매수 상태가 된다. 매수 분위기가 팽배한 가운데 여름 내내 쌓아둔 결과 드디어 하락하기 시작하니 잘 생각할 것이다.

전 장과 이번 장은 연속된 이야기다. 풍년에 쌀을 사지 말라는 내용을 역으로 생각하면 쉽다.

흉작이 될 거라는 소문이 돌고 누구나 알 수 있을 정도로 병충해나 가뭄 혹은 태풍과 홍수 등이 휩쓸고 가며, 심지어는 주요 산지에서 지진이 발생하는 등의 사건이 일어난다면 실제로도 흉작이 분명하다. 이때 사람들은 가격이 상승할 것을 예상해 쌀을 창고에 쌓아두고 파는 것을 미룬다. 가격이 상승할 대로 상승한 뒤에 내놓으려는 것이다. 그리하여 시중에는 쌀이 귀해지고 쌀값이 금값이 되는 상승이 일어난다.

이와 같은 상승이 과도한 것인지 아닌지를 판별하는 것이 중요한데, 만일 현지 작황에 비해 가격상승이 지나치다는 판단이 될 때는 햅쌀이 나올 무렵이면 가격은 천정을 치고 곧 급락할 가능성이 높아진다. 왜냐하면 예상보다 흉작의 정도가 덜하고 사람들의 창고에는 재고 쌀이 넘치므로 더 이상 쌀 가격이 상승할 이유가 없기 때문이다. 오히려 비쌀 때 팔아야 한다는 심리가 순식간에 시장을 지배할 가능성이 높다. 따라서 '흉작에 쌀을 사지 말라'는 꼭대기 가격에서 쌀을 살 가능성이 있다는 뜻이고 햅쌀이 나올 무렵이 수급에 따른 천정 가능성이 크다는 의미다. 이때는 쌀을 살 것이 아니라 오히려 매도해야 할 시점인 것이다. 그러나 아차 하는 순간에 판단에 오류를 일으켜 풍년에 쌀을 팔고 흉년에 쌀을 사게 된다. 이것이 시장 분위기고 거래하는 사람의 심리다.

천정에서 사지 말고 바닥에서 팔지 말라

> 천정에서 사지 말고 바닥에서 팔지 말라. 오직 가장 마음에 둘 일이다. 오를 때도 내릴 때도 천정 바닥을 알지 못하므로, 게다가 어느 정도 오르고 내리고 하면 상승정지 하락정지를 생각하지도 않고 매수 일방, 매도 일방 한 끝에 결국 손실을 입는 것이다. 지나치게 상승할 때는 그 후 반드시 내린다고 생각하라. 내릴 때에는 반드시 오른다고 생각하라. 이때 욕심을 버리고 마음을 다잡아 기회를 노릴 것이다.

혼마 무네히사가 누누이 강조하는 것이 천정에서 매도하고 바닥에서 매수하라는 말이다. 이를 거꾸로 말하면 천정에서 사지 말고 바닥에서 매도하지 말라는 말이다. 그가 이런 말을 하는 이유가 이번 장에서 설명되고 있다. 가격이 상승할 때 상승이 멈출 것을 생각하지 못하고 가격이 하락할 때 하락이 멈출 것을 생각 못하는 데서 손실은 발생한다는 것이 그것이다. 이 말은 언제든지 매수매도를 할 때는 지금 가격의 위치가 어느 정도인지를 파악하려고 노력해야 한다는 뜻이기도 하다.

혼마 무네히사는 병법을 깊이 있게 연구했다고 전해지고

있다. 특히 「육도삼략」을 집중적으로 탐구했다고 한다. 그가 강조하는 '삼위의 방책'은 그의 병법연구와 무관하지 않다고 판단된다. 전쟁에서 승리하기 위해서는 많은 조건들이 충족되어야 하는데 그중에서 무엇보다 중요한 것은 승리할 수밖에 없는 국면에 서는 것이라 할 수 있다.

승리할 수밖에 없는 국면을 차지했다고 한다면 상대편은 질 것이 뻔하기 때문에 굳이 싸우려고 하지 않을 것이고 스스로 삼가며 자신에게 유리한 국면에 이르기까지 물러나는 모습을 보일 것이다. 그러므로 이런 경우 싸우지 않고 이기는 무혈승리까지도 가능해진다. 이런 국면을 차지하는 것은 병사들이 적과 부딪혀 힘으로 눌러 이기는 것과는 비교가 안 된다. 되도록 피해를 적게 하여 이기는 것이야말로 최선이다. 이러한 국면을 어떻게 하면 확보할 수 있을 것인가. 이것은 전쟁에 임하는 장수로서 최대의 과제라고 할 수 있다.

혼마 무네히사의 '삼위의 방책'은 바로 이런 고민으로부터 비롯됐다고 추측된다. 상인이 거래에서 이익을 내기 위한 가장 좋은 거래는 어떤 국면인가? 굳이 적과 싸울 필요도 없고 자잘한 이익에 연연할 필요도 없고 한번 움직이면 엄청난 이익을 볼 수 있는 그러한 거래는 없을까?

이러한 거래를 찾는 것은 오늘날 사람들에게도 마찬가지로 관심거리다. 좀더 안전하면서도 고수익을 줄 수 있는 그런 마땅한 투자처는 없을까. 해서 사람들은 땅을 사고 아파트를 매입하며 상가를 분양받거나 은행과 증권사의 각종 상품에 관심을 기울인다. 투자의 핵심은 이익이고 시장평균보다 높은 고수익의 추구다.

예를 들면 아파트의 경우 지난 몇 년간 시장평균보다 높은 수익률을 보여왔고 지금은 조정기간을 거치고 있다. 앞으로 하락추세를 형성하게 될지 다시 상승추세를 만들어갈지 아직은 뚜렷한 징후가 발견되지 않는다.

문제는 지금이라도 살 것인가 하는 점이다. 이에 대해서는 자신 있는 사람이 별로 많지 않다. 왜냐하면 이미 많이 올라 있고 추가상승 여부는 미래의 일로서 불확실하기 때문이다. 상품 가격이라는 것은 기대감이 상승의 중요한 촉매제가 된다. 즉 어디 아파트는 얼마까지 상승했으므로 어디 아파트도 어디까지는 상승할 여력이 있다는 식이다. 그러나 이러한 기대감은 심리적인 것이기 때문에 심리적 요인이 사그라지면 그에 따라 형성됐던 가격은 하락조정을 받게 마련이다.

가장 중요한 문제는 수급이다. 가격상승의 실질적인 뒷받침을 하는 것이 바로 수급인데 이명박 새 정부의 정책이 가격상승 기대감을 낳게 되는 근본적인 이유이기도 하다. 그동안 노무현 정부의 강도 높은 주택 가격 안정화 정책이 새 정부 들어 친 시장정책으로 전환되리라는 기대감이 벌써부터 강북지역과 고가 아파트들의 가격에 반영되고 있다. 그러나 새 정부의 정책 전환은 미래의 일이고 현실은 아니며 심리적 기대치일 뿐이다. 문제는 항상 이런 곳에서 발생한다. 막연한 기대감이 낳은 결과는 약간의 오차만 발생해도 심리적 불안감과 공포를 불러오고 결국 급락조정을 받을 수 있기 때문이다. 여기에 땅값과 주택에 대한 새 정부정책의 규제강도가 오히려 강하고 지속적이라면 더욱 그러하다. 그리고 설상가상으로 전체 주택시장의 공급이 지속적으로 이뤄지고 주택 가격이 하향 안정화된다면 주택 가격, 특히 아파트 가격의 상승은 저평가 회복 차원의 상승은 있을지언정 추세적 상승은 어렵다고 할 것이다.

시간이 지나고 나서야 비로소 사람들 모두가 알게 되는 것이 적절한 매수시점은 언제였는가 하는 점이다. '아, 그때 샀어야 했는데' 하는 생각을 누구나 가질 수 있다. 이 말은 지금 사기는 부담스럽다는 뜻이다. 그러나 추가적인 상승이 일어나고 어느 정도 시간이 흐른 뒤에는 다시 '아, 그때라도 사두는 건데'라고 생각하게 된다. 이런 후회가 몇 차례 반복되면 자칫 추격매수를 하게 되고 결국 꼭대기 가격을 잡게 될 수도 있다. 조심할 일이다.

가격이 하락할 때 악재는 더욱 부각되고 사람들을 공포로 몰아가며 호재는 숨어버리고 가볍게 치부된다. 그래서 하락할 때는 갈수록 속도를 높이며 하락한다. 거꾸로 가격이 상승할 때는 악재는 사람들의 주목을 끌지 못하고 흘러가버리며 호재는 부풀려지고 사람들을 장밋빛 환상으로 이끌어간다. 그리하여 가격은 날이면 날마다 상승속도를 높여가는 것이다. 이것이 인간의 심리다.

바닥권에서는 매수하기 힘들고 매도하기는 쉽고, 천정권에서는 매도하기는 힘들고 매수하기가 쉽다. 이것이 바로 투자에 실패하는 이유다. '바닥권에서 터진 악재는 전무후무한 기회다' 라는 투자격언도 있다. 또 바닥권에서는 악재를 잡아먹고 상승한다는 말도 있다. 그래서 바닥권에서 호재가 터졌을 때는 여기 주목해 정밀하게 분석하고 평가해야 하며 일단 매수한 뒤에는 어떠한 흔들기가 있어도, 즉 악재가 터져도 꽉 움켜쥐고 놓지 말아야 한다.

예를 들면 수년 전, 행정수도 이전 재료가 그러한 문제였다. 노 대통령은 행정수도 이전을 공약으로 내걸었고 대통령에 당선됐다. 그렇다면 이때가 절호의 매수기회다. 그때까지만 해도 충청권 땅값과 아파트값은 수도 이전을 고려한다면 저평가상태가 심했다. 더구나 서울과 주변의 아파트값은 이미 상승할 대로 상승하고 있는 중이었다. 따라서 상대적 저평가는 심화될 수밖에 없었다.

아무튼 노 대통령의 당선 이후 수많은 악재들이 터져 나왔다. 주택 가격 상승에 대한 정부규제는 갈수록 강도를 더했고 여소야대 국면에서 대통령에 대한 탄핵정국이 이어졌다. 이러한 것들은 모두 충청권 부동산시장에는 악재였지만 오히려 저가 매입 찬스로 삼았던 사람들은 고수익을 얻을 수 있었다. 바닥이 어디인지 잘 드러나는 대목이다.

'삼위의 방책'이란 싸우지 않고 이기는 비법이다. 싸울 필요가 없이 자잘한 흔들기는 무시할 수 있는 대범함을 추구하는 비전이다. 투자할 때, 거래할 때 가장 유리한 고지를 점하려고 애써야 한다. 그리하여 항상 질문하리. 지금은 몇 시인가, 우리는 어디에 있는가.

풍년의 흉작, 흉년의 풍작

> 풍년의 흉작, 흉년의 풍작이라는 것이다. 다만 2, 3년 작황이 좋아 각지에 쌀이 풍부할 때에 흉작에도 깊이 관여하지 않으며, 4, 5년 5, 6, 7할로 쌀 부족인 때는 작황이 좋을 때도 쌀 가격이 오른다. 좋은 작황이 2, 3년 계속할 때는 부족에 대한 생각도 잊고 태만하여지므로 이 같은 때는 1, 2년 내에 반전하여 고가가 출현함을 생각하라.

이번 장에서는 수급의 불균형이 발생되는 과정을 소상히 밝히고 있다. 풍년이 몇 년 지속되면 한 해 흉작이 되어도 쌀 시세는 눈에 띄게 상승하지 않고 상승하더라도 그 강도가 현저히 약하다. 그것은 몇 년의 풍작으로 어느 정도 비축미가 존재하고 사람들은 낙관적인 견해를 갖기 때문에 별로 쌀을 급히 비축하려는 마음을 먹지 않는다. 따라서 시중에는 여전히 쌀 공급이 원활한 상태를 유지한다. 즉, 몇 해 풍년 뒤 한 해 흉작으로는 가격에 큰 영향을 미치지 못한다는 것이다. 오히려 흉작이 들어도 쌀 가격이 하락하는 기현상이 일어나기도 한다.

또한 몇 년 흉작이 지속되면 비축미가 거의 없어지고 한

해 풍작이 되더라도 시중에는 쌀이 부족한 상태가 유지돼 여간해서는 가격하락이 일어나지 않는다. 왜냐하면 풍작으로 시중에 햅쌀이 나오더라도 몇 년의 흉작으로 인해 쌀을 비축하려는 마음들이 강하며 사재기가 일어나기 때문이다. 이런 이유로 풍작인데도 오히려 가격이 상승하기도 한다.

사람들은 심리적으로 일정한 방향으로 지속적인 자극을 받으면 관성이 생겨 어느 정도는 다른 방향의 자극까지 흡수하면서 그 심리적 관성을 유지하려는 경향이 생긴다. 이것이 바로 가격이 추세적으로 움직일 때 이를 한 방향으로 지속적으로 밀어가는 심리적 요인이다. 투자격언에 '상승추세는 악재를 먹고 호재를 부풀리며 형성된다'는 말이 있는데 이러한 심리적 요인으로 설명될 수 있다. 물론 '하락추세는 호재를 잡아먹고 악재를 부풀리며 형성된다'는 격언도 마찬가지다.

몇 년간 흉작이었기 때문에 한 해 정도 풍작이 되어도 사람들은 미래를 비관적으로 보게 되고 풍작을 마치 우연처럼 해석하는 경향이 있다. 비록 풍작이라 할지라도 다음해는 다시 흉작이 될 것이라고 전망하는 것이다. 그리하여 쌀 사재기가 지속되고 매수세가 득세해 매도세마저 위축시키는 현상이 일어나 풍작이라는 악재에도 가격이 상승한다.

그런데 문제는 사람들의 비관적 전망에 반해 다음해에도 또 풍작일 때 발생한다. 즉 사람들의 예상을 완전히 무너뜨리는 움직임이 일어나는 경우인데, 이렇게 되면 사람들은 연이은 풍작에 급격히 반응을 하게 되고 이에 따라 가격은 급락하게 되는 경우가 많다. 이유는 간단하다. 연이어 풍작이 되면서 시중에는 쌀이 풍부해지고 흉작에 대비해 비축해뒀던 쌀들까지 시중에 출회된다. 이와 함께 가격조정이 일어나기 때문에 쌀 가격이 고공행진을 할 것이라는 기대감이 붕괴되면서 매수세가 사라져 결국 가격은 급강하는 것이다. 연이은 풍작 뒤에 흉작이 연속될 때도 마찬가지 현상이 일어난다. 다만 다른 것은 가격의 변동 방향이 연이은 흉작 뒤의 연이은 풍작과 반대라는 것뿐이다.

그러므로 이 장에서 짚고 넘어가야 할 것은 추세는 기대감에 의해 형성되는 측면이 있지만 수급에 의해 결정된다는 점이다. 즉 언제든지 수급이 변하면 추세가 변할 수 있다는 점을 잊지 말아야 한다. 혼마 무네히사는 수급과 사람들의 심리가 어떤 상관관계가 있는지 다음과 같이 분석한다.

'부족한 것은 남고 남는 것은 모자란다고 말한다. 다만 많을 때는 사람들이 많다고 생각하여 해이해져 각오하지 않고, 그 때문에 부족한 법이다. 부족하면 사람들은 주의하여 각오하므로 남는 법이다.'

이러한 사람들의 심리를 읽을 줄 알았던 혼마 무네히사는 사람들이 동쪽으로 가면 서쪽을 향할 수 있었고, 사람들이

한 방향을 향해 합창을 해도 홀로 고고히 노래를 부를 수 있었던 것이다.

거래에 감정은 금물이다

> 화가 나서 팔고 화가 나서 사는 것은 절대 하지 말 것이니, 크게 삼가라.

거래에 감정이 개입되는 건 거래에 실패를 하기 때문이다. 매매를 하면서 실패를 거듭하다 보면 오기가 생기고, 이 오기는 투자자를 걷잡을 수 없는 실패의 늪으로 이끈다. 감정에 사로잡히게 되면 시장의 움직임이 눈에 들어오지 않게 되고, 자그마한 가격변동에도 집착하게 되며 쉽게 감정적 대응을 하게 된다. 이런 상태에 도달했다는 것 자체가 이미 실패한 것이다.

거래할 때 만일 자신의 감정이 시세변화에 민감하게 반응한다는 것을 느낀다면 거래를 중단하고 시장을 떠나 잠시 머리를 식혀야 한다. 손실이 난 상태라면 손실을 인정하고 추가적인 거래를 일으키지 말아야 한다. 실패했다 하여 감정적으로 대응하는 것은 마치 장수가 전쟁 중에 적에게 한 차례 밀렸다 해서 부하들에게 폭언하고 폭력을 행사하며 괜한 이유로 벌을 주는 것과 같이 어리석은 일이다. 이런 일이 거듭된다면 그 장수는 전투 중에 전사하는 것이 아니라 부하에게 살해당할 수 있다. 거래란 이와 거의 흡사하다. 감정적으로 거래를 한다는 것은 스스로 자신의 생명을 단축시키는 것과 다를 바 없다.

    이는 실패할 때뿐 아니라 이익을 내고 있을 때도 마찬가지다. 스스로 여유만만해지고 오만해지는 마음에 사로잡힌다면 지켜야 할 이익을 지키지 못하고 자금이 새는 것을 방관하게 돼 어느 틈에 손실로 돌아서고 만다. 더욱이 이익이 나고 있어 즐거워하다가 시장의 변동으로 손실로 돌아서게 되면 크게 당황하게 되고 자칫 감정적으로 변하기 쉽다. 그렇게 되면 청산해야 할지 아니면 포지션을 추가해야 할지 정확하게 판단하지 못하고 손실을 키울 가능성이 있다. 그러므로 이익이 나든 손실이 나든 항상 주위를 살피고 삼가면서 거래에 임해야 한다.

쌀 거래는 군술軍術과 같다

> 삼략육도(三略六韜)의 글은 무예군술의 비의이다. 그 대비함을 견고히 하고 진을 치는 기술이나, 매번 적을 격파하고 승리를 얻기는 불가능함을 알아야 한다. 쌀 거래는 군술(軍術)과 같다. 모름지기 수만의 사람들이 거래함에 있어 법을 세워 한다고 말하지 않는다. 이 삼위의 방책은 삼략육도의 글보다 더 자유롭게 생각해둘 것이다. 7월 갑(甲)을 돌아 3년 추우면 이는 곧 팔진(八陣)이다. 경외심으로 소중하게 소지해야 할 것이다.

이번 장은 특이한 장이다. 혼마 무네히사가 직접적으로 「육도삼략」을 언급하고 거래를 군술에 비유하고 있다.

여기서 팔진이라는 말이 등장하는데 이는 「육도삼략」에 나오는 말은 아니다. 다만 「육도삼략」에서 각종의 진법에 대해 언급하고는 있고, 병법을 연구한 사람들 중에는 그 안에 팔진의 원형이 있다고 말하는 사람이 있기도 하다.

팔진이 널리 알려져 있기로는 제갈량 때문이다. 「삼국지」에 보면 제갈량이 팔신도를 가지고 수많은 전투에서 승리한 것으로 되어 있다. 팔진으로 오나라의 대장인 육손을 꼼짝 못하게 만들었고, 사마의 역시 이 진법에 걸려 혼쭐이 나기도 했다. 칠종칠금으로 유명한 맹획 역시 팔진도에 의해 잡혔다.

특히 어복포에서 제갈량이 만들어놓은 팔진에 육손이 갇혀서 죽을 고생을 할 때 제갈량의 장인인 황승언이 나타나 육손을 구해주는 장면으로 팔진도는 더욱 유명하다. 더구나 어복포에는 오늘날에도 제갈량이 만들어놓았던 것으로 추정되는 돌무더기들이 남아 있어 제갈량의「삼국지」이야기가 사실적으로 다가온다.

어찌 됐든「삼국지」에 등장하는 제갈량의 팔진 이야기 때문에 팔진이 마치 숲 속에 미로를 만들어 적을 혼란시킨 다음 공격해 승리를 거두는 진법인 것처럼 알려져 있으나 사실은 군대가 진을 치는 형세를 가리킨다. 진을 치는 형태는 적군의 수와 진세에 영향을 받고 주변 지형지물과도 관계가 있다. 따라서 여러 가지 조건에 따라 군진을 쳐야 하는데 팔진도 그중 하나다.

「육도삼략」에 따르면 원진圓陣은 평탄하고 시야가 트인 평야지대에서 갑자기 적을 만났을 때 방어를 위한 진으로 전차나 수레로 둥글게 방어막을 치고 그 안에 병력을 집결해 몰려오는 적을 막는 법이다. 방진方陣은 정면 공격에 집중하기 위한 진법인데, 정면에 병력을 집중하고 좌우를 보강해 적군을 분열시킬 때 주로 사용한다. 삼진三陣은, 하늘을 보고 부대

대형을 취하는 천진, 산과 언덕 또는 강이나 연못을 보고 대형을 결정하는 지진, 전차병을 쓸 것인지 기마병을 쓸 것인지 혹은 설득할 것인지를 결정하는 인진 이들 셋을 말한다. 또 사무충진四武衝陣은 넉 대의 돌격용 전차를 사용해 적을 마구 휘저은 다음 무찌르는 것이고, 오운진烏雲陣은 일정한 대오 없이 뭉쳤다 흩어졌다를 반복하며 적을 격퇴하는 것이다.

팔진은 이와 같은 진형의 일종으로 군술에 속한다. 제갈량의 팔진도를 석병팔진이라 하여 돌무더기로 미로를 만들어 적을 혼란시켜 승리를 거뒀다는 이야기가 있으나 나관중의 창작이라는 설이 강하다. 어쨌거나 혼마 무네히사가 이번 장에서 말하고자 하는 팔진은 제갈량이 사용했던 신비로운 팔진처럼 반드시 승리하고야 마는 형세, 국면을 뜻한다. 그리하여 거래하는 사람은 이 팔진을 펼칠 줄 알아야 하며 팔진을 펼칠 수 있는 적절한 장소와 때를 알아야 한다는 것이 혼마 무네히사가 말하고자 하는 요지다.

여기서 혼마 무네히사는 팔진을 3년 추울 때라고 했다. 이때는 흉작이 찾아올 가능성이 높으므로 바닥권에서 쌀을 매수해야 하는 것이다. 이뿐 아니라 '삼위의 방책' 역시 팔진이라 할 수 있다. 반드시 이길 수 있는 방책, 이것이 팔진인 것이다.

잘 모르면 나누어 팔라

> 사야 할 쌀이 여기 있다고 적극적일 때, 시세가 상승할 때는 상승이 멈출 것을 생각하지 않고 더욱더욱 사모으고, 결국 고가매수가 누적되어 이익을 얻을 수 없으니 삼갈 것이다. 이것을 멈추려면 천 냥분을 사서 오백 냥분은 매도하고 쌀의 강약을 살펴라. 천정이 어디인지 알지 못하므로 남김없이 파는 것도 좋지 않다. 팔아서 이익을 남기는 것도 같은 마음가짐이다. 하락할 때는 얼마나 내려갈지 알 수 없는 것이다. 상승할 때와 마찬가지로 잘 생각하라.

타쿠앙澤庵, 1573-1645이라고 하는 스님이 있다. 이 사람은 도쿠가와 막부 2대 쇼군인 히데타다 시대의 사람인데 다이토쿠지大德寺의 주지였다. 히데타다는 이미 언급한 바와 같이 도쿠가와 막부의 기틀을 확립시키려 무던히 애를 쓴 사람이다. 그는 다이묘들에게는 무가제법도를 만들어 적극적인 통제에 나섰고, 황실 쪽에는 금중병공가제법도禁中竝公家諸法度를 만들어 견제에 나섰다. 이 금중병공가제법도의 주요한 내용은 천황은 학문 수행이 주 임무라고 규정해 정치로부터 완전히 손을 떼게 만드는 것이었다. 그리고 다이묘들에 대한 천황의 영향을 차단하고 사찰과의 관계를 제약해 경제력을 축소시키고자 했다.

이와 관련된 일로 '자의紫衣사건'이라는 것이 있다. 여기서 '자의'란 사찰 주지의 자색 법의를 말한다. 1613년 막부는 '칙허자의지법도勅許紫衣之法度'를 내렸는데 일본 내 5산10찰의 주지 후보는 막부의 허가를 받은 후 주지로 임명된다는 내용이다. 그렇지만 그중 다이토쿠지와 묘신지妙心寺는 나름대로 세력이 막강했고 이제껏 막부의 강압이 없었기 때문에 막부에는 허가를 신청하지 않고 당시 천황이던 고미즈노오後水尾 1611~1629의 윤지만으로 주지 임명을 했다. 그런데 1627년에 이것을 문제 삼아 막부가 자의를 박탈하고 관련 승려를 처벌하는 등의 소동이 있었다. 이때 타쿠앙이 그 법도에 대해 강력하게 비판함으로써 귀양까지 가는 사태로 발전했다.

선승으로 유명했던 타쿠앙은 카미노야마上山라는 지역에서 유배생활을 하면서 무절임을 자주 먹었다고 한다. 지금 우리가 먹는 단무지, 다쿠앙은 이 타쿠앙이라는 스님 이름으로부터 유래했다고 한다.

음식의 유래와 승려들과 밀접한 관계가 있는 것들 중 또 하나로 우동이 있다. 에도시대에는 다쿠앙뿐만 아니라 우동이라는 것도 등장했는데 요즘 말로 하면 최고의 히트상품이었다. 오늘날 일본의 대표적인 음식이 된 우동은 조선에서 건너간 원진元珍 스님으로부터 비롯됐다. 조선의 학승이었던 원진 스님은 메밀가루와 밀가루를 섞어 반죽해 국수를 만들어 사람들에게 대접했다고 하는데 이것이 우동의 유래다. 아마도 혼마 무네히사도 이러한 음식을 먹었을 것이고, 항상 바쁘게 움직여야 하는 상인에게는 우동은 맛도 좋고 먹기도 쉬워 적합한 음식이었을 것이다.

다시 이번 장의 내용으로 돌아가면, 혼마 무네히사는 '사는 법은 8할의 이익을 생각하라. 파는 법은 2할의 이익을 생각하라'고 했다. 최대 이익은 8할 정도이나 정해진 바는 아니므로 천정을 보느셌으면 나누어 팔라고 한다. 이러한 방법은 기술적 분석에 자신이 없거나 준비가 안 된 사람들에게는 적절한 매매법이라고 본다.

그런데 여기서 흥미로운 것은 파는 법은 2할의 이익을 생각하라는 표현이다. 판다는 것은 선물을 매도한다는 뜻이다. 아마도 혼마 무네히사가 이렇게 말한 이유는 통상적으로 일본은 쌀이 부족한 국가이기 때문에 매도보다는 매수가 유리한 게임이라는 인식을 가지고 있었기 때문이 아닐까 싶다. 쌀이 화폐 대용으로 쓰였을 정도니 쌀의 가치는 어느 정도 보장받고 있었던 것이다.

마음가짐이 제일이다

> 상월(霜月) 선물거래*를 할 때 마음가짐이 제일이다. 예를 들면 재력에 따라서 천 섬 이익이 되면 오백 섬 이익실현하는 마음이 되어야 한다. 백 섬 이익이 될 때에는 오십 섬 이익실현하도록 마음을 다잡는다. 이 마음가짐이 없을 때는 욕심에 미혹되어 천정이건 바닥이건 분별없이 매매하므로 고생만 하고 이익은 나지 않는다. 이 길을 가려는 사람은 항상 이 마음가짐을 잊지 말아야 한다.

오늘날 투자격언에 '꼬리와 머리는 시장에게 돌려주라' 는 말이 있다. 또 '무릎에서 사서 어깨에서 팔라' 는 말도 있다. 이는 욕심을 버리고 시장에 접근해야 한다는 뜻이다. 완전히 바닥에서 사서 머리 꼭대기에서 팔려는 마음을 먹는다면 오히려 이익이 적고 손실이 날 가능성이 커진다는 말이다. 항상 겸손한 자세로 예측이 아니라 확인을 하고 확실할 경우에만 매매해야 한다. 이익이 날 경우 너무 적은 이익에 이익실현하는 것도 문제지만 너무 많이 이익을 얻으려고 하는 것도 위험한 일이기 때문에 이익의 일부는 남에게 준다는 마음으로 매매해야 여유도 있고 위험에 빠지지 않는다.

※　6월에 시작해 11월에 끝나는 선물거래

거래를 서두르지 말라

> 거래 진행을 서두르지 말라. 매도매수 모두 생각대로 진행할 때는 오늘 이외에 다른 거래 장은 없는 것처럼 생각되어도 이것은 기교가 없기 때문이다. 몇 달이고 보류하여 시세변동을 생각하고, 확실한 곳에서 행동하는 것이다. 무리하게 천정가격, 바닥가격을 생각하지 않고 행동하므로 실수하게 되는 것이다. 이것, 서두르기 때문이다.

「탈무드」에 보면 랍비 힐렐이 급히 걸어가고 있을 때 학생이 다가와 물었다.

"선생님, 어딜 그리 바쁘게 가십니까?"

힐렐은 걸음을 더욱 빨리하며 대답했다.

"좋은 일을 하기 위해 급히 가고 있는 중이야."

학생은 궁금해서 힐렐이 어딜 가는지 쫓아갔다. 그런데 힐렐은 공중목욕탕으로 들어가는 것이 아닌가?

"선생님, 목욕하러 가는 게 좋은 일 하러 가는 겁니까?"

"자기를 깨끗이 씻는 것은 좋은 일이지. 로마인들은 동상을 깨끗이 닦지만 그보다는 자신을 깨끗하게 하는 게 더 좋은 일이야."

거래하는 사람은 남보다는 자신을 먼저 돌아보고 시장의 분위기에 휩쓸려가지 않도록 마음 한가운데 고요히 쉴 만한 공간을 만들어놓아야 한다. 항상 깨끗이 닦아 맑게 유지해둘 필요가 있다.

급한 마음이 드는 것은 욕심이 앞서기 때문이다. 시장에서 거래를 하다 보면 두 번 다시 오지 않을 것 같은 기회가 다가온 듯한 착각이 들 때가 있다. 당장 이익이 눈앞에 보이고 공짜 돈이 굴러다니는 듯한 생각이 들기도 한다. 이럴 땐 스스로 삼가고 조심해야 한다.

'삼위의 방책'에 따라 만일 바닥권에서 매수했다면 어차피 이익이 나므로 급할 것이 없고 오르고 내림에 마음이 흔들릴 것도 없다. 오늘 당장 이익을 내려고 매수한 것도 아니기에 하루하루의 등락은 별로 신경을 쓰지 않아도 된다. 그러므로 반드시 이익이 되어 돌아온다.

그러나 바닥권에서 사지 않았다면 그리고 바닥권을 생각해보지도 않고 매매했다면, 오늘 당장 산 가격 이하로 내려갈 경우 어쩌겠는가. 또 오늘은 산 가격보다 올랐지만 내일은 오늘 오른 가격의 두 배나 더 내려간다면 어쩌겠는가. 크게 흔들릴 수밖에 없고 매매의 기준이 없어 결국 손실로 이어지고 만다.

이것은 적은 차이에 불과하지만 결과는 천양지차가 된다.

매매할 때는 반드시 아무리 눈에 이익이 보이더라도 삼가고 먼저 '삼위의 방책'을 고려해야 하는 이유가 여기에 있다.

시세 고저를 논하는 어리석음

> 아무리 대하기 편한 사람이라 해도 매도매수를 추천하는 일은 좋지 않다. 판단이 틀릴 때는 원한을 사게 된다. 참으로 시세 고저를 논하는 것은 좋지 않은 일이다. 이 길을 마음에 두는 사람은 자신의 판단을 내세우지 않고, 타인의 판단에 거래하지 않는다. 조금이라도 예상이 맞았을 때는 교만하여 판단을 내세우고 싶어지는 것이다. 이는 제일 삼갈 것이다. 물론 확실한 고저를 파악하여 타인에게 설명할 때는 타인도 그 기분이 되어 2, 3섬 이익은 얻을 수 있을지 모르나 이운(利運)이 되지를 않는다. 사람들을 관여하지 말고 매매할 것이다. 더욱이 세상을 따라, 각지의 작황에 따라, 풍작 흉작, 오사카의 시세, 큐우슈우의 모습을 듣는 것이 대단히 바람직한 일이다. 마음속의 것을 결코 타인에게 말하지 말 것이다. 이는 대비결이다. 항상 전적으로 삼가라.

「탈무드」에 보면 페인트공에 대한 이야기가 나온다.

어느 추운 겨울 하루는 페인트공에게 일감이 들어왔다. 작은 보트에 페인트를 칠하는 일이었다. 일을 하기로 한 그는 보트에 정성껏 페인트를 칠했다. 칠을 하다 못자국이나 작은 구멍 등이 있으면 칠이 고르게 나오지 않기 때문에 메울 것은 메우고 다듬을 것은 다듬어 평소 하던 대로 성실히 일을 마쳤다. 일을 맡겼던 사람은 그의 일처리가 깔끔한 것에 만족했다.

그 후 봄이 되어 보트 주인은 호수로 나가 낚시를 하겠다고 성화를 부리는 아이들에게 보트를 내주었다. 아이들은 신이 나서 보트를 타고 나갔다. 아이들이 배를 몰고 호수 한가운데로 나간 뒤 얼마가 지났을 때 보트 주인은 갑자기 놀라며 황급히 호수로 달려갔다. 그리고 보트에 타고 있는 아이들에게 빨리 뭍으로 나오라고 소리쳤다. 지난겨울 보트 바닥에 구멍이 났는데 메우지 않고 방치했던 기억이 떠오른 것이다. 아이들은 수영을 배우지 못해 배가 침몰할 경우 난감할 수밖에 없는 상황이었다. 그러나 걱정과 달리 보트에는 물이 차오르지 않았고 아이들은 배를 몰고 무사히 뭍으로 나왔다. 놀란 가슴을 진정시키면서 보트 주인은 어떻게 된 영문인가 하며 배 밑바닥을 살폈다. 구멍은 메워져 있었고 깨끗이 페인트가 칠해진 상태였다. 페인트공이 메워놓았던 것이다.

보트 주인은 페인트공을 찾아가 선물을 하며 감사의 말을 전했다. 자신의 일을 성실히 한 페인트공은 자랑하지 않았고 자랑할 필요도 없었지만 남에게 도움이 되는 일을 했다.

거래하는 사람도 거래만 열심히 하면 그 자체가 남에게 도움이 될 수 있다. 괜한 추천으로 남에게 도움을 주려고 하지 말아야 한다. 거래는 자신의 실력을 자랑하기 위해 하는 것이 아니다. 그리고 매매는 자신의 판단으로 하는 것이지 남의 판단을 좇아 할 수 있는 일이 아니다. 만일 남의 판단을 좇아 매매한다면 그는 걸음마도 서툰 유아와 다름이 없다. 유아는 살벌한 시장에서 살아남기 어렵다. 설사 남에게 추천한 것이 그에게 유익이 됐다 하더라도 시간이 흐르면 결국 그를 해하는 일이 되고 만다. 다른 사람에게 추천할 여유가 있다면 차라리 작황을 살피고 도오지마 거래소의 시세나 주요 쌀 산지를 조사하는 것이 바람직할 것이다.

그러므로 당시 상인들이 혼마 무네히사의 매매법을 궁금해하며 묻고 또 물어도 절대 대답하지 않았다는 그의 애기를 가슴에 담을 필요가 있다. 남에게 매매를 말한다는 것은 참으로 헛되고 허무한 일이다.

전년의 선입견에서 벗어나라

> 전년의 매도방식으로 이운(利運)을 얻은 사람은 어쨌든 매도하고 싶은 생각을 벗어나지 못하고, 매도 쪽으로만 향하는데 불합리한 것으로 좋지 않다. 햅쌀이 처음 나올 때 전년의 선입견을 완전히 떠나 그해 작황의 상태, 물건의 다소, 분위기의 모습을 생각하는 것이 제일이다. 우선 가을 쌀은 매수 방법을 제일로 한다. 또는 이도 저도 아닌 가격이 되었을 때 그로부터 판단을 내려야 하는 것이다. 전년, 매수방법으로 이운(利運)을 얻은 사람도 이와 같은 것이다.

혼마 무네히사의 글을 읽다 보면 그의 깊이 있는 생각과 통찰을 만나기도 하지만 오늘날 노련한 트레이더들의 노하우처럼 아주 정교한 기술적 매매법을 접하게 된다. 이번 장이 바로 그러하다.

오늘날 트레이더들 중에는 굳이 한 방향만 고집하는 사람들이 종종 있다. 이들 중에 매도만을 고집하는 사람들이 있는데 이들은 많은 경우에 매도로 상당히 이익을 내기도 한다. 이들은 장이 오르든 내리든 무조건 매도를 고집한다. 이들은 자나 깨나 매도만을 생각한다. 그래서 이들에게 도대체 왜 그토록 매도만을 고집하느냐고 물으면 그들은 이렇게 말한다.

"나는 비관주의자입니다. 매도가 편하고 매수는 불안합니다. 한번은 매수 포지션을 취한 적이 있었는데 며칠간 도통 잠을 이룰 수가 없었습니다. 나는 매수 포지션을 취하면 하늘이 무너질까 봐 걱정이 되고 어디서 전쟁이라도 터질까 겁이 납니다. 매수 포지션을 취하면 세상이 온통 사건사고로 뒤덮여 있는 것만 같고, 심지어는 길을 가다가 재수 없이 차에 치어 죽을 것만 같은 불안에 시달립니다. 그래서 저는 무조건 매도만 합니다. 우습게도 매도를 하면 마음이 평온해지며 세상이 살 만하게 느껴지고 행복한 느낌에 빠집니다. 그렇지만 나는 비관주의자이긴 해도 염세주의자는 아닙니다."

혼마 무네히사가 살던 시대에는 쌀의 절대량이 부족하여 상대적으로 쌀 가격이 오르긴 쉽고 내리긴 어려워 매수게임이 유리한 측면이 많았다고 한다. 그러나 오늘날 주식시장을 예를 들면 많은 사람들이 매수보다는 매도가 유리한 측면이 있다고 말한다. 그 이유는 세상에는 호재보다는 악재가 많고 호재보다는 악재가 충격이 강하며 주가는 올릴 때 드는 비용보다 내릴 때 드는 비용이 적다는 점을 근거로 든다.

그러나 그런 분석이 많은 공감대를 형성하고 있음에도 매수만을 고집하는 트레이더들도 있다. 이들 중에는 병적일 정도의 낙관주의자들이 있기도 하지만 그 근본적인 원인은 매수가 편하기 때문이다. 즉 자신의 성품과 맞는다는 점인데, 이들은 매도로 이익을 얻으면 세상에 미안하고 죄스러운 맘이 일어 기분이 좋지 않으며, 금방이라도 나라 경제가 무너지고 공황상태에 빠질 것만 같은 공포 분위기 속에서 모두가 손실로 괴로워할 때 자신만 매도 포지션으로 이익을 얻는 것이 마땅치가 않다는 것이다. 성격적으로 자신들은 밝은 것을 지향하며 남들이 웃는 분위기 속에서 자신도 이익을 내는 매수 포지션이 매매하기 편하다고 한다.

아무튼 시장에 참여하는 사람들 중에는 이렇게 의도적으로 한 방향만을 고집하는 사람들이 있지만 자신이 의식하지 못하는 가운데 습성에 젖어 한 방향을 고집하는 것은 좋지 못하다고 본다. 한 방향을 고집할 경우 나름대로 그 방향에서의 노하우를 얻게 되고 그것은 그를 보호하기도 하지만 막연히 지난번에 이익을 얻었기 때문에 다시금 그 방향의 포지션을 취한다는 것은 극히 위험한 매매법이라 하겠다.

매매는 유연하고 시장에 순응하며 겸손해야 한다는 것이 혼마 무네히사의 시장관이다. 먼저 시장을 살피고 시장이 들려주는 소리를 경청해야 할 것이다.

연중 내내 거래하고 있으면
이운 利運에서 멀어진다

> 1년 내내 거래하고 있으면 이운(利運)이 멀어진다. 때때로 그만두고 휴식을 취하는 것이 제일이다.

250여 년 전 혼마 무네히사가 오사카 곡물거래소에서 얻었던 경험을 오늘날에도 그대로 적용할 수 있다는 사실이 때로는 신기하기만 하다. 예나 지금이나 거래가 잦으면 손실을 입을 가능성이 높기는 마찬가지였나 보다. 거래횟수와 리스크가 비례한다는 사실은 조금만 생각해보면 쉽게 알 수 있다.

일단 거래에서 이익을 얻을 가능성과 손실을 볼 가능성이 확률적으로 50대 50이라고 할 때 거래를 하기 위한 제 비용, 수수료, 세금 등은 거래 시마다 내야 하므로 매매가 잦을수록 원금은 감소하게 된다. 즉 아무리 거래 손실이 없다 해도 결과적으로 손실이라는 얘기다.

게다가 거래를 할 때마다 50%의 리스크를 감수해야 하며, 1년 내내 거래를 계속한다면 1년 동안 발생할 수 있는 천재지변, 자연재해, 테러, 전쟁, 민란 그리고 정부정책의 변화나 경기전반의 흐름에 따른 위험 등 가지각색의 리스크에 그대로 노출된다.

 호재와 악재가 50대 50으로 거래에 영향을 미친다면 그것 역시 중립적이라고 할 수 있으나 하늘은 거래하는 이들에게 그렇게 공평하지만은 않다. 매매를 자주 혹은 항상 하는 것은 이익과는 거리가 먼 행위다.

 현대는 옛날에 비해 거래에 미치는 영향이 더 다양하고 복합적이라는 점에서 리스크 요인은 더 크다. 세계의 모든 문제를 짊어지고 힘들어하며 고뇌하는 사람들이 바로 투자자들이요, 트레이더들인 것이다. 멀고 먼 나라 미국에서 테러가 일어나도 주식시장이나 채권시장, 환율시장은 직격탄을 맞는다. 중동에서 원유를 감산한다든가 OPEC에서 생산량을 동결한다는 발표라도 하면 다음날 바로 영향을 받고 신음해야 하는 처지다. 매달 금융통화위원회에서 금리를 어떻게 결정하는지 신경을 곤두세워야 하고, 심지어 미국의 FOMC에서 금리정책을 어떻게 결정하느냐에도 관심을 온통 기울여야 한다. 어느 회사의 파업이나 분식회계로 인해 졸지에 돈을 날리기도 하고 난데없는 부도로 치명타를 입기도 한다. 그런가 하면 투자와 별 관계가 없을 것 같은 철근값, 목재값, 종이값 등 원자재값 동향에도 신경을 쓰고 적절한 대응을 해야만 한다.

 시장에서 거래를 하기 전에는 아무런 관계가 없는 듯이 보이던 문제들이 일단 거래를 시작하면 자신에게 밀접한 것이 된다. 그야말로 세상의 모든 짐을 지고 가는 가여운 존재가 되어버린다. 이것이 투자자이고 트레이더들이다.

이러할진대 1년 내내 거래를 한다면 리스크를 짊어지고 1년 내내 고통과 불안 속에서 살아야 하므로 몸은 망가지고 정신은 황폐화될 것이다. 이렇게 하여 이익을 얻는다 한들 그 이익이 얼마나 클 것이며, 설사 크다 한들 무슨 큰 보람이 되겠는가? 하여 혼마 무네히사는 이렇게 말한다.

'연중 내내 2, 3회 이외에 거래할 수 있는 기회는 없다. 이 쌀, 2, 3개월이나 오르고 내림을 잘 지켜보고 사고 싶은 마음이 들면 매수에 나서는데 그간의 고저에 미혹되지 않고 입장을 정해야 하는 것이다. 그렇지 않고 조금이라도 마음에 들지 않으면 몇 달이고 보류해 판단이 섰을 때 출동해야 한다. 자주 기분을 바꾸어서는 이익을 얻을 수 없는 것이다.'

거래는 1년에 두세 번으로 족하고 나머지는 쉬어야 한다. 이러한 쉼이 있어야만 두세 번의 거래가 성공할 수 있는 것이기도 하다.

하루의 시세를 생각하여 거래하지 말라

하루의 시세를 생각하여 거래하는 것은 좋지 않다. 삼위의 방책을 가지고 고저를 생각하고 상승 하락 중 어느 정도 오르고 어느 정도 내리고 어느 정도에서 멈추는지, 그때 오사카의 시세와 현지의 작황을 생각하고, 시종 어떻게 입장을 유지할까 생각하라. 예를 들면 매수에 나설 때는 그동안의 일시적인 고저에 개의치 않고 입장을 정해 분명하게 매수하기 시작해야 한다. 생각이 맞아서 상승할 때는 계산대로 이익을 실현할 것이다. 그러나 싼 가격에서는 매수를 생각하고 비싼 가격에서는 매도를 생각하는 것은 수고만 많고 손에 쥐는 것은 별로 없다. 오른다고 판단했을 때는 쌀의 전체를 생각하고 매수 일방을 생각해야 한다. 만약 판단이 틀릴 때는 재빨리 팔고 휴식하면서 쌀의 움직임을 잘 살펴야 한다. 이때 시세를 약하게 보아 과매도하기 쉽다. 매우 좋지 않은 일이다. 반드시 하락 중이라고 할지라도 팔지 않고 쉴 것이다. 천정 부근의 가격 후에 매도방법에 임해서도 마찬가지 마음의 자세이다.

혼마 무네히사의 매매법이 핵심적으로 요약되어 있는 장이다. 바닥과 천정을 생각해 한번 방향을 정하면 가격이 오르건 내리건 자잘한 등락은 무시하고 한 방향으로 포지션을 잡아가며, 다만 주의를 기울일 것은 작황과 수급을 살피고 목표가에 근접할 경우 처음 세웠던 원칙대로 청산하는 것이다.

이 글을 읽다 보면 원/달러 환율이나 주식시장에서 외국인들의 매매방식을 떠올리게 된다. 그들은 한국시장의 전체 수급과 펀더멘털, 세계 경기전망, 국제 자금의 흐름 등을 분석해 투자에 나서는데 한번 방향이 정해지면 무식하다 싶을 정도로 한 방향으로 배팅하는 모습을 보인다. 그들은 한번 매수하기 시작하면 끝도 없을 것만 같이 지속적으로 매수하며 한번 매도하기 시작하면 끝을 볼 듯이 집요하게 매도하기도 한다. 그래서 투자격언에 '바닥은 외인이 만들고 천정은 개인이 만든다' 는 말이 있다. 천정을 만드는 주체로 개인이 아니라 기관을 넣기도 하는데 그 이면에는 기관투자가에 대한 개인투자자들의 냉소가 반영되어 있다.

외인들은 전체를 보고 투자하기 때문에 싸게 사기 위해 기다리기보다는 비싸게라도 물량을 잡아가며, 한번 관심을 보인 종목은 어느 정도의 지분이 확보될 때까지 지속적으로 매수한다. 때문에 외인들이 관여하는 종목은 상당한 가격상승이 일어난다. 그리고 이런 연유로 투자자들은 외인들의 동향에 민감하게 반응한다. 외인들이 사기 시작하면 투자자들도 따라 매수에 나서고 외인들이 팔기 시작하면 다투어 팔자에 나선다.

이와 같은 외인 추종매매는 전체 시장을 분석하고 흐름을 읽기에는 정보력과 분석력에 한계가 있는 개인들로서는 불가피한 측면이 있다. 그러나 모든 외국인이 같은 방식의 매매를 하는 것은 아니기 때문에 외인 추종매매를 통해 수익을 얻던 사람들도 투자에 실패하는 경우가 있다. 또한 경기흐름과 시장흐름의 변화를 먼저 감지한 외인들이 매도로 돌변할 경우 개인들은 이 '변심'에 취약할 수밖에 없다. 게다가 외인들이 운용하는 자금력과 자금을 회전시키는 시간이 개인과는 너무 차이가 나기 때문에 외인들이 집중적으로 매수하는 종목에서도 개인들이 성공하기 어려운 경우도 많다.

그러므로 가장 바람직한 것은 스스로 시장을 분석하고 업체들을 분석할 만한 능력을 키우고 스스로 판단해 매매하는 것이라 할 수 있다.

자금을 정하여 시작하라

> 거래를 함에 있어서 어느 정도의 재원으로 매매해야 하는가, 자신의 자금에 응하여 정해야 하는 것이다. 예를 들면 사는 쪽이라면 우선 조금 투자하여 쌀을 사고, 조금이나마 이익을 얻으면 점점 사들여서 처음 계획한 금액까지 사모은다. 판단한 대로 되면 동요하지 않고 확실히 상승을 기다려야 한다. 그때 생각 이상으로 오를 때는 욕심에 빠져 승리에 도취해서 고가에서 재력 이상으로 매집한 까닭에 실수하는 것이다. 상승할 때는 처음 계획한 재원에 반드시 머물러야 한다고 생각하는 것이 제일이다. 파는 것도 마찬가지이다.

거래하는 사람에게는 반드시 숙지해야 할 몇 가지 원칙이 있다. 첫째는 자신이 누구인지를 알고 이해하는 일이다. 이것은 스스로의 욕심에 사로잡히거나 감정적으로 시세에 대응하는 것을 막아주고 시장의 분위기에 휩쓸리지 않게 한다. 항상 스스로를 지킬 수 있도록 깨어 있는 것이 무엇보다 중요하다.

둘째 자신에게 알맞은 투자법, 매매법의 수익모델을 찾거나 만드는 것은 매매에 임하기 전에 반드시 준비해야 할 사안이다. 시장은 전쟁터를 방불케 하기 때문에 전략, 전술과 무기가 필요하다.

셋째는 자신만의 고유한 자금관리 원칙을 가지고 있어야 한다는 것이다.

여기서 이야기하고자 하는 것은 세 번째 자금관리에 대한 것이다. 예를 들면 추가자금은 절대 투입하지 않는다는 원칙을 세운다든가, 이익이 났을 때 이익은 반드시 인출해 투자자금으로부터 분리한다든가 하는 것이다. 이와 같은 원칙은 손실을 한정시키는 효과가 있고 투자에 욕심이 개입되는 것을 방지해준다. 손실이 났을 때 자금을 추가로 투입한다면 손실이 커질 가능성이 있다. 또 이익금을 그대로 투자금과 합쳐서 재투자한다면 손실이 날 경우 이익이 급격히 축소되고 손실로 돌아설 수도 있어 평정심을 잃게 되기도 한다. 그러나 이는 원칙의 문제이지 모든 사람이 반드시 이 방법을 따라야 하는 것은 아니다.

자금관리 방법 중에 또 다른 것을 예를 든다면 투자자금 중 실제 거래자금은 50%만으로 한정하고 항상 50%는 현금으로 가지고 있는 방법도 있다. 또 어떤 사람의 경우는 거래는 30%만으로 하고 정말 확실히 이익이 날 것으로 예상되는 경우에는 70%까지 매수매도에 사용한다. 즉 이 사람의 경우는 투자자금의 70%가 투입할 수 있는 금액 전부이며 항상

30%는 현금상태로 유지하는 것이 원칙이다.

거래 시에 일정분의 현금을 가지고 있는 것은 심리적으로 안정감을 확보할 수 있고, 만에 하나 거래에 실패할 때 손실을 축소시키는 효과가 있어 좋은 방법이다. 또한 경우에 따라서는 분할매매용으로도 활용 가능해 성능 좋은 무기를 숨기고 있는 것과 같다. 그 어떤 방법이 됐든 자신만의 고유한 자금관리법을 마련하고 거래 시에 원칙대로 임해야 한다.

여기에서 혼마 무네히사가 말하는 자금관리법은 자금을 정하고 그 이상은 투입하지 말라는 것이다. 특히 욕심 때문에 현재 이익이 나고 있는데도 자금을 추가로 투입해 이익이 나고 있는 포지션마저도 손실로 돌아서게 만들어서는 안 된다는 것이다.

좀 과장해서 부연 설명하면 이렇다. 김 씨는 100만 원을 투입해 쌀장사를 하기로 했다. 쌀 가격이 더 떨어지지 않을 것으로 판단해 10만 원에 10가마니를 샀는데 이 쌀이 상승해 1가마니에 20만 원이 됐다. 이때 시장 분위기가 쌀 가격이 추가적으로 상승하는 쪽으로 한창 들떠 있어서 김 씨는 이참에 돈을 왕창 벌어야겠다는 생각으로 600만 원을 추가로 투입해 쌀 30가마니를 샀다. 김 씨가 산 40가마니의 평균 매수가격은 1가마니당 17만 5,000원이 된다. 그런데 쌀 가격이 더 오르는 듯하다가 내려가기 시작해 가마니당 15만 원이 되고 말았다. 그래서 김 씨는 가마니당 2만 5,000원의 손실을 보아 전체적으로 100만 원을 잃게 됐다. 만일 처음에 산 10가마니만 계속 가지고 있었다면 쌀 가격이 20만 원까지 갔다가 15만 원으로 떨어졌더라도 그는 가마니당 5만 원씩의 이익을 보아 50만 원의 이익을 얻을 수 있었을 것이다.

혼마 무네히사가 말하는 것이 바로 이것이다. 자금은 처음 정한 만큼만 가지고 매매할 것이며 만일 이익이 났다고 해서 지나치게 높은 가격에 추가적으로 매수한다면 손실을 입게 된다는 것이다. 이익이 많이 나고 있을 때는 추가로 매수하지 말고 기존의 포지션만을 유지하면서 청산시점에 대해서만 집중해야 한다.

자금관리 원칙이 있는 것과 없는 것의 차이는 결과의 차이로 나타난다는 것을 알 수 있다. 자신만의 고유한 자금관리법을 가지고 있어야 한다.

심심풀이 삼아 시작하지 말라

시세 정체의 때 생각 없이 위로삼아 거래에 손을 대는 일이 있는데 매우 좋지 않은 것이다. 이 거래에 이끌려 처음 자세를 잃어버리는 것이다. 웬만한 숙달자가 아니라면 끊는 것이 불가능하다. 예를 들면 백 냥 매도하고 나서 조금 오를 때 처음 거래의 백 냥분에 미련이 남아서 사는 것을 잊고 계속하여 매도하게 된다. 시세가 자꾸 오를 때는 여기서 팔아야 한다고 팔기 때문에 자연히 번거롭기만 하고 나중에는 되팔기도 되사기도 자연스럽지 못하고 큰 실패에 이른다. 처음 거래를 심심풀이하듯 무심코 시작하는 거래로부터 발생하는 것이다. 예를 들면 백 냥분 거래한다고 해도 용이하게 이해할 수 없는 것이다. 신중히 쌀 시세의 변동을 파악하고 작황, 자금사정 등을 생각하여 매매에 나서야 하는 것이다.

심심하다고 해서 독사를 가지고 장난해서는 안 된다는 뜻이다. 시장은 독사와 같아서 심심풀이로 매매를 하다가는 독사에게 물려 생명의 위협까지 받을 수 있다. 특히 독사를 건드릴 때는 극도로 긴장해서 조심스럽게 뱀의 목을 잡아야지 괜히 꼬리를 건드리거나 잡으면 날카로운 이빨에 물려 중독되고 만다.

심심풀이 매매는 설사 만 원을 가지고 해도 안 된다. 만 원이 수 천만 원, 수억 원을 동원하게끔 만들기 때문이다. 거래는 항상 깨어서 작황을 살피고 수급을 계산하고 바닥과 천정을 고려해 해야 한다고 혼마 무네히사는 말한다.

아무리 적은 거래일지라도 매매는 전투를 벌이듯이 무사가 진검승부를 하듯이 정신 차려 하지 않으면 안 된다. 시장이 시세를 움직이면서 유혹해도 준비가 안 됐다면 차라리 삼십육계가 낫다. 거래는 시퍼렇게 날이 선 칼날 위에 서는 것이다. 이 점을 항상 마음에 담아둬야 한다.

이 글을 다른 사람에게
절대 보여서는 안 될 것이다

> 이 글, 아무리 막역한 사이라 할지라도 절대 보여주어서는 안 된다. 오직 나 혼자 부자가 되고자 함이 아니다. 이 글을 잘 이해하지 못하고 쉽게 생각하여 매매를 함으로써 실수하게 되고, 때에 따라서는 신상에 해를 끼치고 원한을 사기 때문에 다른 사람이 보는 것은 무용한 일이므로 반드시 비밀로 할 것이다. 특히 삼위의 방책은 천하에 드문 법을 세우므로 아는 사람이 적다. 이 법에 따라서 팔고 사기를 한다면 복덕(福德) 이운(利運)을 얻고 손실을 입는 일이 없다. 소중히 생각하고 비장해야 하며, 삼가야 하고, 비밀로 해야 한다.

우리가 사는 현대사회는 혼마 무네히사가 살았던 시대와는 여러 가지 면에서 많이 다르다. 교통과 정보통신, 국제무역 등 현란한 발전을 거듭해 비교하는 것조차 무의미할 정도가 됐다. 이러한 시대에 사는 현대인들에게는 250여 년 전 쌀장사의 이야기가 가당치 않을는지도 모른다.

그렇지만 투자할 때 고려해야 할 요인이 많아지고, 인터넷의 발달로 거래의 속도가 빨라지고 이와 함께 거래횟수와 거래량이 폭발적으로 늘었다 하더라도 사실 불변의 진리는 여전히 굳건하다. 그것은 시장에서 어떻게 하면 승리할 것인가 하는 물음에 대한 대답이다. 이 해답을 혼마 무네히사는 찾았으며, 거대한 부를 축적함으로써 그 해답이 옳다는 것을 확인했다.

마지막 장까지 혼마의 글을 소개하면서 필자는 그의 해답이 무엇인지 강조했고, 독자들도 읽으면서 분명히 알았으리라 생각한다. 그것은 '혼마 무네히사는 옳다' 이다.

한 번 더 그의 글들을 요약해본다면 다음과 같다.

1) 시장에서 승리하려면 시장을 있는 그대로 봐야 한다. 욕심이나 온갖 감정을 섞어 시장을 보려고 해서는 안 된다. 이를 위해 스스로 고요해져야 한다.
2) 싸우지 않고 이기는 법을 찾아야 한다. 이것이 혼마 무네히사에게는 '삼위의 방책' 이다. 바닥에서 사고 천정에서 팔아라. 만물이 스스로 자라듯이 저절로 이기는 법이다. 돈은 안달한다고 해서 벌리는 것이 아니다. 농부가 심고 가꾸면 어느 틈에 훌쩍 자라는 작물들처럼 돈은 스스로의 힘으로 불어난다.
3) 시장에서 승리하려면 사람들의 심리를 알아야 한다. 남의 약점이나 찾으려는 조잡한 심리 이해가 아니다. 사람들이

가지고 있는 욕심과 공포, 대중의 삶을 지배하는 원리를 이해해야 한다는 말이다. 현대인들 역시 250여 년 전과 그리 다를 바가 없는 마음을 가지고 있다.

누구나 부자가 되고 싶고, 돈이 모이는 곳으로 가고 싶고, 돈이 되는 일을 하고 싶다. 누구나 좋은 대학을 나오고 싶고, 인기인이 되고 싶고, 소위 명품들만 쓰고 싶고, 그 시대의 주류에 편승하고 싶다. 텔레비전을 바보상자라고 하는 사람도 텔레비전의 얼굴을 꿈꾼다. 이것이 시대다.

대중의 마음을 갖는 것과 이해하는 것은 다르다. 그리고 대중의 마음을 이해하는 것과 시대의 흐름을 타는 것은 또 다르다. 혼마 무네히사는 쌀 거래를 하여 엄청난 부자가 됐다. 그는 대중의 마음을 이해했을 뿐만 아니라 그로써 거대한 부를 이뤘다.

혼마 무네히사가 남긴 캔들차트와 사카타 5법, 「혼마비전」을 보면 그의 거래는 심오한 인간의 심리 이해와 시대인식을 바탕으로 하고 있고, 거래를 넘어서는 정신적 세계에 이르고 있음을 확인할 수 있다.

거래에서 성공한다는 것은 이익을 내는 것만이 전부가 아니다. 스스로를 극복하고, 사람들의 마음과 시대를 이해하며, 시대변화의 리듬을 탈 때 그 거래는 성공적이라고 평가

할 수 있다. 이것이 우리가 혼마 무네히사의 거래법을 접하고 생각해보는 이유이기도 하다.